Friedrich-Wilhelm v. Herrmann

—

Transzendenz und Ereignis

**Der Autor** Friedrich-Wilhelm von Herrmann ist emeritierter Professor für Philosophie an der Universität Freiburg i.Br. und wurde von Martin Heidegger, dessen Privatassistent er war, als „philosophischer Hauptmitarbeiter an seiner Gesamtausgabe" von 102 Bänden eingesetzt, von denen seit 1975 bereits 93 Bände erschienen sind. Außer zahlreichen Publikationen zu Heidegger hat er Monographien zu Augustinus, Descartes und Leibniz verfaßt.

Friedrich-Wilhelm v. Herrmann

# Transzendenz und Ereignis

## Heideggers „Beiträge zur Philosophie (Vom Ereignis)“

*Ein Kommentar*

Königshausen & Neumann

*Bibliografische Information der Deutschen Nationalbibliothek*

Die Deutsche Nationalbibliothek verzeichnet diese Publikation in der Deutschen Nationalbibliografie; detaillierte bibliografische Daten sind im Internet über http://dnb.d-nb.de abrufbar.


Gedruckt auf säurefreiem, alterungsbeständigem Papier
Umschlag: skh-softics / coverart

Printed in Germany
ISBN 978-3-8260-6853-9
www.koenigshausen-neumann.de
www.libri.de
www.buchhandel.de
www.buchkatalog.de

FRANCESCO ALFIERI

in großer Dankbarkeit zugeeignet
für seinen Einsatz, die Wahrheit
des Denkens Martin Heideggers
in den Schutz zu stellen

# Vorwort

Hier wird der lange vermißte und daher lange erwartete *Kommentar* zu Martin Heideggers zweitem Hauptwerk aus der Mitte der dreißiger Jahre „Beiträge zur Philosophie (Vom Ereignis)“ vorgelegt.

Das handschriftliche Manuskript der „Beiträge“ besteht aus einem „Vorblick“, der die Aufgabe einer Einleitung und Hinführung zum Hauptteil hat. Dieser umfaßt sechs Textteile, die Heidegger *Fügungen* nennt, sechs Fügungen, die die *Fuge* der Wahrheit des Seyns als Ereignis bilden. Fügung heißen die sechs Teile, weil sie die Gefügeteile der Fuge als des sachlichen Gefüges des seinsgeschichtlichen Denkens sind. Die sechs Fügungen tragen die sachlichen Titel: „Der Anklang“; „Das Zuspiel“; „Der Sprung“; „Die Gründung“; „Die Zu-künftigen“; „Der letzte Gott“. Der Gedankenweg dieser sechs Fügungen ergibt sich dadurch, daß jede Fügung in die ihr folgende Fügung sachlich übergeht. Der „Vorblick“ und die sechs Fügungen bilden zusammen das Manuskript der „Beiträge zur Philosophie (Vom Ereignis)“, das nach langen Vorarbeiten seit dem Herbst 1932 in den Jahren 1936-37 verfaßt und zusammengestellt wurde.

Im Jahre 1938 verfaßte Heidegger ein kleineres, zunächst eigenständiges Manuskript „Das Seyn“, das gedanklich auf dem Grunde der sechs Fügungen der „Beiträge“ steht, aber nicht das Gefüge der sechs Fügungen um eine weitere Fügung ergänzt. In den „Beiträgen zur Philosophie (Vom Ereignis)“ geht es um die denkende Entfaltung des Seyns als Ereignis, dergestalt, daß sich der Weg dieses Denkens als die „erste Durchgestaltung der Fuge (Der Anklang – Der letzte Gott)“, das aber heißt, als die erste Durchgestaltung der Fuge der Wahrheit des Seyns als Ereignis in ihren sechs Fügungen vom „Anklang“ zum „Letzten Gott“ versteht. Der Text-Teil „Das Seyn“ ist keine Erweiterung der Fuge, sondern ein Anhang, dessen gedanklicher Inhalt die geschlossene sechsfach gefügte Fuge voraussetzt. Mit der sechsten Fügung „Der letzte Gott“ ist der Weg der Durchgestaltung der Fuge der Wahrheit des Seyns als Ereignis thematisch abgeschlossen. Die gedankliche Konzeption der „Beiträge“, die schon auf das Jahr 1932 zurückgeht, sah und sieht nur sechs Fügungen vor. Systematisch erlangt die Durchgestaltung der Fuge der Wahrheit des Seyns als Ereignis mit der Fügung „Der letzte Gott" ihren sachlichen Abschluß. Der nachträglich entstandene Text „Das Seyn" ist keine systematische Erweiterung des Weges der sechs ineinandergreifenden Fügungen und gehört nicht zur *systematischen* Konzeption der „Beiträge".

Das ist nun auch die Begründung dafür, daß sich der Kommentar bewußt auf den als *„Beiträge zur Philosophie"* konzipierten Text, also auf den Text der Eröffnung und Durchgestaltung des ganzen Fugenbereiches vom „Anklang" bis zum „Letzten Gott" beschränkt, der den Grundriss des seinsgeschichtlichen Denkens darstellt. Was mit dem „Anklang" einsetzt, vollendet sich systematisch in der Fügung „Der letzte Gott". Um den Blick des Lesers auf die systematische Komposition der *„Beiträge"* zu konzentrieren, verzichtet unser Kommentar auf den von Martin Heidegger angehängten Teil *„Das Seyn"*.

Da die Rezeption der 1989 anläßlich des 100. Geburtstages Martin Heideggers aus dem Nachlaß veröffentlichten *„Beiträge zur Philosophie (Vom Ereignis)"* sich bis zum heutigen Tage weitgehend in einem erstaunlichen Rückstand befindet, ist es erforderlich, daß sich der Leser zunächst nur auf den systematischen Gedankenweg der *„Beiträge"* konzentriert.

Jetzt erscheint mein Kommentar zu den *„Beiträgen zur Philosophie (Vom Ereignis)"*, der dem Leser und Studierenden ein sicheres Hilfsmittel an die Hand gibt, um zu erkennen, daß der Text der *„Beiträge"* von wahren Phänomenen ausgeht, die hermeneutisch-phänomenologisch von Heidegger ausgelegt werden, um auf dieser Phänomen-gesicherten Basis den großen gedanklichen Entwurf einer Philosophie des Wesungsgeschehens der Wahrheit des Seyns als Ereignis auszuarbeiten, ein Entwurf, der in seiner Denkkraft mit den großen Philosophien des Abendlandes vergleichbar ist, die Heidegger im *93. Abschnitt* der *„Beiträge"* als „ragende Berge, unbestiegen und unbesteigbar", d.h. unbesiegt und unbesiegbar, kennzeichnet (GA 65, S. 187).

Der Verfasser darf bemerken, daß er gleich nach dem Erscheinen der *„Beiträge zur Philosophie (Vom Ereignis)"* ab 1989 in Seminaren und Vorlesungen dieses Werk mit einer zahlreichen hochmotivierten Studentenschaft, zum großen Teil aus dem Ausland stammend, durchgearbeitet hat mit dem Erfolg, daß eine stattliche Reihe groß gelungener Dissertationen zu verschiedenen Themenfeldern des seinsgeschichtlichen Denkens verfaßt wurde, die hier im Literaturverzeichnis aufgeführt sind. Eine große Anzahl von diesen Doktoranden sind seit

Jahrzehnten Lehrstuhlinhaber in vielen Ländern. In den „*Beiträgen*" werden die sachlichen Grundlagen für das Denken Heideggers nach 1931 bis in die Spätzeit hinein erarbeitet. Alle nach 1931 gedachten und verfaßten Texte Heideggers, die nach 1945 in den „*Holzwegen*", „*Vorträgen und Aufsätzen*", „*Unterwegs zur Sprache*", „*Was heißt Denken?*", „*Der Satz vom Grund*", „*Identität und Differenz*" veröffentlicht sind, fußen auf der Grundlegung des *seinsgeschichtlichen bzw. des ereignisgeschichtlichen Denkens der „Beiträge zur Philosophie (Vom Ereignis)"*.

Der Kommentar zu den „*Beiträgen zur Philosophie (Vom Ereignis)*" ist Professor Francesco Alfieri von der Päpstlichen Lateranuniversität des Vatikans gewidmet, mit dem mich eine enge wissenschaftliche Zusammenarbeit verbindet.

Mit meinem Verleger, Herrn Prof. Dr. Johannes Königshausen, verbindet mich eine fruchtbare Zusammenarbeit seit meiner aktiven Universitätszeit. Für die Aufnahme meines Kommentars in das Programm seines Verlages sowie für den Studenten-freundlichen Ladenpreis spreche ich ihm meinen großen und herzlichen Dank aus. Frau Heike Hanenberg vom Verlag danke ich herzlich für die ansprechende Ausführung der Satz- und Formatierungsarbeiten.

Meiner Frau Dr. Veronika v. Herrmann verdanke ich die Digitalisierung der von mir mit meiner mechanischen Schreibmaschine (Olympia aus dem Jahre 1940) geschriebenen Satzvorlage, wofür ich ihr herzlich Dank sage. Dem Informatiker, Herrn Dr. Jason Davis, danke ich herzlich für seine fachkundige Hilfe, einige schwierige Probleme mit dem Computer freundschaftlich schnell zu lösen.

Freiburg i.Br., im Februar 2019 F.-W. v. Herrmann

# Inhalt

# Erstes Kapitel

## Vorbereitende Verständigung über das Thema im Ausgang vom Titel des Kommentars

Der Kommentar beabsichtigt, in das Ereignis-Denken Heideggers einzuleiten, und zwar unter besonderer Berücksichtigung dessen inneren *Gefüges, dessen Werk* – als dessen *Weg*charakters und dessen *tragender Grundbegriffe.* Der Text, den wir kommentieren, trägt den Titel „Beiträge zur Philosophie"[1]. Freilich ist damit der Manuskript-und Buchtitel noch nicht vollständig benannt. Sowohl in der Handschrift wie auf dem Buchdeckel steht unter dem Titel „Beiträge zur Philosophie" in runde Klammern gesetzt „(Vom Ereignis)". Was es mit diesen beiden Überschriften auf sich hat, erfahren wir auf der ersten Textseite, die die Aufgabe einer ‚Vorbemerkung' hat. Denn sie gibt eine erste Erläuterung beider Überschriften und eine vorläufige Anzeige dessen, wovon der Text handelt.

Das Buch, dem der Kommentar gilt, trägt, wie wir hier erfahren, einen „öffentlichen Titel", und dieser lautet „Beiträge zur Philosophie" (S. 3). Zugleich und darüberhinaus hat das Buch eine „wesentliche Überschrift: Vom Ereignis" (S. 3). Der „öffentliche Titel" ist „notwendig blass", „gewöhnlich", „nichtssagend" (S. 3). Denn jede philosophische Studie oder Abhandlung versteht sich als einen „Beitrag" zur Philosophie, ohne daß schon mitgesagt ist, in welche Richtung der Beitrag geht. Beim Hören des Titels „Beiträge zur Philosophie" wird der Anschein erweckt, es handele sich hierbei um „‚wissenschaftliche' ‚Beiträge' „die den „Fortschritt" der Philosophie (S. 3) befördern wollen. Der Titel „Beiträge zur Philosophie" knüpft wissentlich an das öffentliche Verständnis der Philosophie an, wonach die Philosophie eine Wissenschaft ist, die sich um ihren Wissenschaftscharakter bemühen muß, damit sie angesichts der positiven Wissenschaften selbst als Wissenschaft bestehen kann. So wie jede positive Wissenschaft um ihren

[1] M. Heidegger, *Beiträge zur Philosophie (Vom Ereignis).* Gesamtausgabe (GA) Bd. 65. Hrsg. v. Friedrich-Wilhelm v. Herrmann. Vittorio Klostermann Frankfurt a.M. 1989.

eigenen Fortschritt bemüht ist, muß es auch der Philosophie – so scheint es – um ihren eigenen Fortschritt gehen. In der vielschichtigen öffentlichen Meinung kann die Philosophie nur dann ernst genommen werden, wenn sie auf die Wissenschaften orientiert bleibt.

Warum aber wählt Heidegger dann diesen blassen, gewöhnlichen und nichtssagenden Titel ? Mit diesem so charakterisierten Titel zeigt er jene Philosophie, um die es hier gehen soll, „öffentlich" an. Denn die Öffentlichkeit gehört einer *geschichtlichen* Zeit an, in der „alle wesentlichen Titel" „unmöglich geworden sind", und zwar dadurch, daß in dieser geschichtlichen Zeit alle „Grundworte" ‚vernutzt' und der ‚echte Bezug' des heutigen geschichtlichen Menschen „zum Wort" ‚zerstört' ist (S. 3). Würde sich die Philosophie dieses Textes nicht zunächst durch den blassen Titel „Beiträge zur Philosophie", sondern sogleich durch das Grundwort dieser Philosophie „öffentlich" anmelden, setzte sie sich der Gefahr aus, daß ihr Wesentliches, das in ihrem Grundwort zu Wort kommt, der herrschenden Vernutzung aller Grundworte anheimfiele. So ist der „öffentliche Titel" eine Schutzmaßnahme gegenüber der herrschenden Öffentlichkeit und ihrem Umgang mit den Grundworten und so auch mit dem Grundwort der Philosophie der „Beiträge zur Philosophie". Der Anschein, den die hier sich anmeldende Philosophie erweckt, als handele es sich auch bei ihr um wissenschaftliche Beiträge zum Fortschritt der Philosophie, schützt sie zunächst davor, ihr Eigentliches und Eigenstes, das sich in ihrem Grundwort ausspricht, der öffentlichen Vereinnahmung preiszugeben.

Mit dem Titel „Beiträge zur Philosophie" hat es aber auch noch eine andere Bewandtnis, die nichts mit der Öffentlichkeit, sondern mit der „Sache" zu tun hat, um die es in der Philosophie der „Beiträge zur Philosophie" geht. Diese „Sache" wird in der „wesentlichen Überschrift" „Vom Ereignis" genannt (S. 3). *„Ereignis"* ist das Grundwort dieses Denkens, mit dem dieses sich nicht öffentlich anmelden möchte, um sein Eigenstes nicht der öffentlichen Nivellierung preiszugeben. Doch der geschichtliche Ort für dieses Denken, dessen zu denkende Sache das „Ereignis" ist, wird von Heidegger gekennzeichnet als das „Zeitalter des Übergangs von der Metaphysik in das seynsgeschichtliche Denken" (S. 3). Das *„seynsgeschichtliche Denken"* ist dasselbe wie das *Ereignis-Denken.* Metaphysik aber ist hier nicht nur der Name für die philosophische Disziplin, sondern ist Heideggers Wesenstitel für das bisherige, mit Platon und Aristoteles beginnende und bis zu Hegel und Nietzsche sich erstreckende Denken. „Metaphysik" ist hier ein Wesenstitel, weil dieser das einheitliche Wesen der abendländisch-europäischen Philosophie von Platon bis Nietzsche kennzeichnet. Das Wesenhafte dieses Philosophierens zeigt sich in dem, was es leitet. Die das Denken von Platon bis Nietzsche ausdrücklich und unausdrücklich leitende Frage ist jene, die Aristoteles in seiner „Metaphysik" in die Gestalt gebracht hat: Ti To On; Was ist das Seiende, das Seiende aber nicht als dieses oder jenes besondere, sondern das Seiende *als das Seiende* ,d.h. sofern es überhaupt seiend ist. Diese das überlieferte abendländische Philosophieren leitende Frage nennt Heidegger *„die Leitfrage"*.

Gegenüber der Metaphysik, deren Leitfrage die nach dem Seienden als dem Seienden, nach dem Seienden als solchem oder nach dem Seienden in seinem Sein fragt, fragt nun das seynsgeschichtliche Denken „aus der ursprünglicheren Grundstellung" die Frage nach der „Wahrheit des Seyns" (S. 3). Hier muß aber sogleich betont werden, daß das seynsgeschichtliche Denken ganz und garnicht die Metaphysik verwirft, sondern daß es die Frage nach dem Seienden in seinem Sein so ernst nimmt, daß es sich mit dieser Fragestellung nicht begnügt, vielmehr die Notwendigkeit sieht, diese überlieferte Frage ursprünglicher zu fragen. Das seynsgeschichtliche Denken sieht die *sachliche* Notwendigkeit, nicht nur nach dem Seienden in seinem Sein zu fragen, sondern ursprünglicher nach dem Sein *selbst* in seiner ihm eigenen eigensten *Wahrheit*, d.h. aber *Unverborgenheit, Lichtung, Offenheit.* Diese gegenüber der metaphysischen Leitfrage (Seinsfrage) ursprünglichere Frage nennt Heidegger die *Grundfrage.*

Der geschichtliche Augenblick – so sagten wir –, in dem die Philosophie sich als seynsgeschichtliches Denken (Ereignis-Denken) in Gang setzt, ist das „Zeitalter des Übergangs von der Metaphysik in das seynsgeschichtliche Denken", also das Zeitalter des Überganges von der Leitfrage nach dem Seienden in seinem Sein zur Grundfrage nach der Wahrheit (Unverborgenheit) des Seyns selbst. Die Betonung liegt hier auf dem „Übergang". Damit wird ein Unterschied angezeigt: das beginnende seynsgeschichtliche Denken im Übergang und das künftige seynsgeschichtliche Denken, das diesen Übergang vollzogen hat. Weil nun aber das seynsgeschichtliche Denken der Wahrheit des Seyns selbst erst noch im Übergang steht, also sich erst noch finden und entfalten muß, kann das Fragen der Frage nach der Wahrheit des Seyns in den „Beiträgen zur Philosophie“ zunächst nur ein „Versuch“ sein (S. 3). Was hier erstmalig „versucht“ wird, ist, die Wahrheit des Seyns selbst in ihrem Bezug zum Wesen des Menschen und das korrespondierende Wesensverhältnis des Menschen zur Wahrheit des Seyns als „Ereignis“ zu denken. Weil es sich doch um den ersten „Versuch“ handelt, die Wahrheit des Seyns als Ereignis zu denken, wählt dieses Denken als ersten Titel, unter den es sich stellt, „Beiträge zur Philosophie“ und nicht „Vom Ereignis“. Die wesentliche Überschrift „Vom Ereignis“ kann nur der zweite Titel für jenes Denken sein, das hier den „Versuch“ unternimmt, die überlieferte Seinsfrage ursprünglicher als Frage nach der Wahrheit des Seyns selbst als Ereignis zu fragen. Das ist die zweite Bewandtnis, die es mit dem Titel „Beiträge zur Philosophie“ hat – die zweite, die sachbezogene Bewandtnis im Unterschied zur ersten, wonach „Beiträge zur Philosophie“ der Titel für die Öffentlichkeit ist, mit dem sich das seynsgeschichtliche Denken der Wahrheit des Seyns als Ereignis vor der Öffentlichkeit schützt.

Wir erfahren aber aus der „Vorbemerkung“ zu den „Beiträgen zur Philosophie (Vom Ereignis“) auch Wesentliches über den „Werkcharakter“ dieses Textes. Die „Beiträge zur Philosophie (Vom Ereignis)“ als erster und ‚geglückter Versuch‘, die Wahrheit des Seyns als Ereignis zu denken, sind kein „‚Werk‘ bisherigen Stils“ (S. 3). Darin liegt nicht etwa ein Ausdruck von Bescheidenheit, als wollte Heidegger sagen, die „Beiträge zur Philosophie“ können nicht den Anspruch erheben, auch ein Werk wie jene großen überlieferten Werke zu sein. Vielmehr sind die „Beiträge zur Philosophie (Vom Ereignis)“ kein Werk bisherigen Stils, weil die Sache ihres Denkens nicht mehr die Seiendheit des Seienden, sondern die noch niemals gedachte Wahrheit des Seyns ist. Es ist eben die Sache des Denkens, die den Werkcharakter des Gedankenwerks vorzeichnet. Die „Beiträge zur Philosophie“ sind, wenn sie kein Werk bisherigen Stils sind, nicht etwa überhaupt kein Werk, sondern ein Werk ganz anderen Stils. Diesen anderen Stil kennzeichnet Heidegger so: „Das künftige Denken [der Wahrheit des Seyns als Ereignis] ist Gedanken-*gang*“ (S. 3), es hat den Wesenscharakter eines Ganges, eines Gehens. Durch den Gang, das Gehen, des Denkens wird „der bisher überhaupt verborgene Bereich“ der Wahrheit des Seyns selbst oder, wie es jetzt heißt, „der Wesung des Seyns durchgangen“ (S. 3). Erst in diesem denkenden Durchgehen wird der für das metaphysische Denken des Seienden in seinem Sein verborgene Bereich der Wahrheit des Seyns „gelichtet" und in diesem lichtenden Durchgehen „in seinem eigensten Ereignischarakter erreicht" (S. 3). Erst wenn wir Einblick genommen haben in die Wesungsweise des Ereignisses, können wir verstehen, wie sich aus dem Ereignis-Charakter der Wahrheit des Seyns der eigenste Werk-Charakter als Gang und Weg ergibt. Es ist der Weg und Gang des Denkens im Ausgang vom Anklang zum Zuspiel, zum Sprung, zur Gründung, zu den Zu-künftigen und zum Letzten Gott – insgesamt sechs Wesens- als Wesungsbereiche des Ereignisses.

Weil die Wahrheit des Seyns als Ereignis nichts ist, was vorliegt und nur von uns noch nicht erkannt ist, deshalb ist die Wahrheit des Seyns nichts, „über" das gehandelt, nichts, was im bisherigen Stil abgehandelt wird, kein „Gegenständliches", das dargestellt werden soll (S. 3). Sofern die hier zu denkende Wahrheit des Seyns in ihrer Wesung als Ereignis anderen Charakters ist als das, was das metaphysische Denken als Sein des Seienden denkt, ist auch der Bezug dieser Sache des Denkens zum Denken selbst ein wesentlich anderer als im Philosophieren entlang der Leitfrage. Das schrittweise Denken der Wahrheit des Seyns in ihrer Wesung als Ereignis bedeutet, daß das Denken selbst in jedem seiner Schritte „dem Er-eignis übereignet" wird (S. 3). Dieses Denken empfängt sein Wesen aus dem von ihm Zudenkenden, aus dem Ereignis, sofern es selbst in das Ereignis gehört. Es gehört in das Er-eignis, sofern es sich vollzieht als ereignetes Entwerfen, das aus dem ereignenden Zuwurf (Sichzuwerfen) der Wahrheit des Seyns geschieht. Denn das Ereignis ist in sich die Ereignung als er-eignender Zuwurf für den daraus ereigneten Entwurf, der denkend auseinanderfaltet, was ihm aus dem er-eignenden Zuwurf als das Zudenkende zugeworfen wird. Das denkende Entwerfen (Lichten) der sich zuwerfenden Wahrheit des Seyns gehört selbst zur Wesung des Ereignisses. Es kommt daher im Denken der Wahrheit des Seyns darauf an, daß dieses Denken sich selbst als zur Wesung des Ereignisses gehörend erfährt. Wenn sich das Denken der Wahrheit des Seyns in dieser Weise vollzieht, wird es dem Er-eignis als zu seiner Wesung gehörig „übereignet".

Darin ist bereits angedeutet, daß sich das Wesen des Denkens der Wahrheit des Seyns nicht als Reflexion im strengen überlieferten Sinn bestimmt. Denn Reflexion ist die Wesensbestimmung des Denkens, die zur Wesensbestimmung des Menschen als animal rationale, als vernünftiges Lebewesen gehört. Die Zugehörigkeit des Denkens der Wahrheit des Seyns als Ereignis schließt somit den „Wesenswandel des Menschen aus dem ‚vernünftigen Tier' (animal rationale) in das Da-sein" ein (S. 3). Denn das denkende Entwerfen vollzieht sich als das ‚-sein' (die Existenz), das die zugeworfene Wahrheit als das ‚Da-', als die Lichtung des Seyns entwerfend offenhält.

Weil es im Denken der „Beiträge zur Philosophie" um das denkende und das heißt aufschließende, eröffnende Durchgehen des bislang verborgenen Bereiches der Wesung der Wahrheit des Seyns als Ereignis geht, lautet die „wesentliche", die „gemäße" Überschrift im Anschluß an den „öffentlichen Titel" „Vom Ereignis" (S. 3). ‚Vom' Ereignis heißt nicht ‚über' das Ereignis denken, sondern besagt: Vom Ereignis, vom Er-eignen, vom er-eignenden Zuwurf her die Wahrheit des Seyns in ihrer Wesung als Er-eignis denkend entwerfen. „Vom Ereignis" will also sagen: daß das Denken vom Ereignis er-eignet ist als ein „denkerisch-sagendes Zugehören zum Seyn" (S. 3), zum Ereignis. Sofern das Denken von seinem Zudenkenden „er-eignet" ist, gehört es als denkerisches Sagen zur Wesung der Wahrheit des Seyns als Ereignis. Das vom Er-eignis er-eignetete Denken (in dem erläuterten Sinne) gehört nicht nur als Denken, sondern auch als „denkerisches Sagen" zum Seyn, genauer: „in das Wort ‚des' Seyns" (S. 3). Darin wird angedeutet, daß die denkerische Sprache und die Sprache überhaupt und das heißt das Wesen der Sprache in das Wesen (Wesung) des Seyns gehört.

Mit den vorstehenden Ausführungen haben wir in einem ersten Anlauf ein Vorverständnis von dem gewonnen, was im Titel des Kommentars „Ereignis" besagt. Der ganze Titel lautet aber: „Transzendenz und Ereignis". In welchem sachlichen Verhältnis steht „Transzendenz" zum „Ereignis" ? Das Wort „Transzendenz" steht im Titel des Kommentars als das Grundwort für den ersten Gedankenweg, auf dem Heidegger die gegenüber der Metaphysik ursprünglichere Frage nach der Wahrheit des Seins angesetzt und ausgearbeitet hat. Es ist jener großartige Weg, den er im Jahre 1919 in seinen frühen Freiburger Vorlesungen zu bahnen begonnen hat und der dann systematisch ausgearbeitet wurde in jenem Werk, das den Titel trägt „Sein und Zeit". Der französisch-jüdische Philosoph Emmanuel Levinas hat von „Sein und Zeit" gesagt: „Sein und Zeit" ist ein Werk, das nur mit Platons „Phaidros", Kants „Kritik der reinen Vernunft" und Hegels „Phänomenologie des Geistes" vergleichbar ist. In „Sein und Zeit" ist „Transzendenz" das Grundwort für die Wesensstruktur des Menschen. Gewonnen wird diese Wesensstruktur auf dem Wege der Analytik des Wesens des Menschen als Da-sein und als seinsverstehende Existenz. Das Dasein ist in seinem seinsverstehenden Existieren transzendierend. Um sich zu Seiendem verhalten zu können, bedarf es des Transzendierens, des Übersteigens, des Überstiegs über das Seiende auf die Wahrheit des Seins hin, weil der daseinsmäßige Mensch nur von der Wahrheit des Seins her Seiendes *als* Seiendes in dessen Sein verstehen kann. Transzendenz heißt somit Transzendieren, Übersteigen, und das Übersteigen des Seienden auf die Wahrheit (Erschlossenheit) des Seins hin ist der Grundzug des seinsverstehenden Daseins. Woraufhin das Dasein je schon (a priori) das Seiende überstiegen hat, die Wahrheit des Seins, ist der Gesichtskreis des Verstehens, der Horizont. Zum Transzendieren als Wesensverfassung des Daseins gehört der Horizont, und umgekehrt, wo von Horizont die Rede ist, da gibt es auch die Transzendenz.

In „Sein und Zeit" und der darin ausgearbeiteten existenzial-ontologischen Daseins-Analytik ist es die Fragebahn von Transzendenz und Horizont, in der Heidegger die Frage nach der Wahrheit des Seins entfaltet. Wir können daher von der transzendental-horizontalen Fragebahn sprechen. Aus sachlichen Einsichten erwies sich jedoch für Heidegger die transzendental-horizontale Frage-und Blickbahn für das Fragen nach der Wahrheit des Seins in ihrem Bezug zum Wesen des Menschen zwar nicht als falsch, wohl aber als nicht zu-reichend. Innerhalb dieser transzendental-horizontalen Blickbahn zeigte sich Heidegger die Notwendigkeit, diese Blickbahn in die Blickbahn des Ereignisses zu überführen. Somit handelt es sich nicht um das Springen von einem philosophischen Standpunkt zu einem anderen, sondern um einen *immanenten Wandel.* In diesem wird Wesentliches aus dem ersten Ausarbeitungsweg der Seinsfrage für den zweiten Weg festgehalten, so, daß von einer übergreifenden Einheit der beiden Ausarbeitungswege der Seinsfrage gesprochen werden muß.

Das Grundwort „Ereignis" steht für den zweiten, den seinsgeschichtlichen Ausarbeitungsweg der Seinsfrage, das Grundwort „Transzendenz" für den ersten, den transzendental-horizontalen Ausarbeitungsweg derselben Frage. Das Thema des Kommentars ist das

Ereignis-Denken, so, wie es sich erstmals und weitgehend maßgeblich in den „Beiträgen zur Philosophie (Vom Ereignis)“ darbietet. Weil nun aber der Weg des Ereignis-Denkens aus dem *immanenten Wandel* des transzendental-horizontalen Weges *hervorgeht*, läßt sich das Ereignis-Denken nicht nachvollziehen und auslegend aneignen ohne ein sicheres Wissen vom transzendental-horizontalen Weg. Deshalb lautet der Titel des Kommentars „Transzendenz und Ereignis“ und nicht nur „Das Ereignis“ oder „Das seynsgeschichtliche Denken der Wahrheit des Seyns als Ereignis“. Heidegger selbst äußert sich in dem ausführlichen Einleitungsteil der „Beiträge“, den er „Vorblick“ nennt, über das sachliche Verhältnis der seynsgeschichtlichen zur transzendental-horizontalen Ansetzung der einen und selben Seinsfrage. Nur wenn wir diese Ausführungen Heideggers in zureichender Weise verstehen, gewinnen wir den rechten Ansatz für ein zureichendes Verständnis des Ereignis-Denkens. Wir können jedoch Heideggers Ausführungen darüber, in welcher Weise der transzendentale Weg verlassen wird zugunsten des Weges des Ereignis-Denkens, nur dann zureichend verstehen, wenn wir ein text-und sachgegründetes Verständnis von jenem ersten Weg der Seinsfrage haben. Deshalb werden wir in unserem Kommentar zuerst den transzendental-horizontalen Weg der Seinsfrage in seinen drei Hauptschritten entfalten.

Wenn wir uns den „Beiträgen zur Philosophie (Vom Ereignis)“ zuwenden, befassen wir uns mit dem zweiten Hauptwerk Heideggers. Sein erstes Hauptwerk ist das im April 1927 erschienene „Sein und Zeit“[2], das aber zugleich Heideggers Grundwerk ist, weil der zweite Ausarbeitungsweg der Seinsfrage aus dem ersten von „Sein und Zeit“ hervorgeht. Die „Beiträge zur Philosophie (Vom Ereignis)“ werden von uns das zweite Hauptwerk genannt, weil in ihm die Eröffnung der maßgebenden Blickbahn des Ereignis-Denkens geschieht, die das Denken Heideggers seit dem Beginn der dreißiger Jahre bis in seine Spätzeit hinein leitet. Ein Beleg dafür ist Heideggers Äußerung aus

[2] M. Heidegger, *Sein und Zeit.* GA Bd. 2. Hrsg. v. F.-W. v. Herrmann, Vittorio Klostermann Frankfurt a.M. 2018, 2. Auflage. (Am Seitenrand stehen die Seitenzahlen der Einzelausgabe) M. Heidegger, *Sein und Zeit.* Einzelausgabe. Fünfzehnte, an Hand der Gesamtausgabe durchgesehene Auflage mit den Randbemerkungen aus dem Handexemplar des Autors im Anhang. Max Niemeyer Verlag Tübingen 1979 (Die Seitenzahlen der Einzelausgabe stehen am Seitenrand der Gesamtausgabe).

dem Jahre 1962 (Vgl. Zur Sache des Denkens, S. 52[3]: „Die den Wesensbau des Ereignisses ausmachenden Bezüge und Zusammenhänge sind zwischen 1936 und 1938 ausgearbeitet worden." Mit dieser Zeitangabe sind die „Beiträge zur Philosophie (Vom Ereignis)" gemeint. In diesen heisst es (S. 59), sie seien „die erste Durchgestaltung der Fuge", d.h. des Gefüges des Ereignis-Denkens. Als erste Durchgestaltung verzeichnen die „Beiträge" alle wesentlichen Gedankenzüge, die in ihrem inneren Zusammenhang das Ganze des Ereignis-Denkens ausmachen. Alles, was Heidegger selbst veröffentlicht hat vom Beginn der dreißiger Jahre bis zu seinem Tod, hält sich in der Blickbahn des Ereignis-Denkens, das seine erste gefügemäßige Ausarbeitung in den sechs Fügungen (Kapiteln) der „Beiträge" in den Jahren 1936 bis 1938 erhalten hat.

Einer Aufzeichnung zufolge lag der Plan zu den „Beiträgen" in seinen Grundzügen seit dem Frühjahr 1932 fest. Diese Aufzeichnung lautet: „Seit dem Frühjahr 1932 steht in den Grundzügen der Plan fest, der in dem Entwurf „Vom Ereignis" seine erste Gestalt gewinnt" (GA 66, S. 424)[4]. Der Beginn des Ereignis-Denkens fällt somit nicht mit der Zeit der Ausarbeitung der „Beiträge" (1936-1938) zusammen, sondern ist wesentlich früher angesetzt. Wenn aber die „Beiträge" eine so zentrale Stelle auf dem Weg des Denkens Heideggers einnehmen, warum hat Heidegger dann dieses grosse Manuskript nicht selbst veröffentlicht ? Warum blieb gerade diese Arbeit, die den Lesern sehr viel früher Einblick in den Beginn und in den Aufriß des seynsgeschichtlichen Denkens gegeben hätte, unveröffentlicht ? Auch dazu hat sich Heidegger in derselben schon herangezogenen Aufzeichnung geäußert: „Diese ‚Beiträge zur Philosophie' sollen in einem neuen Anlauf die Weite der Seinsfrage sichtbar machen; hier gilt nicht die Ausfaltung im Einzelnen, weil diese allzu leicht den eigentlichen Gesichtskreis verengt und den Grundzug des Fragens verlieren lässt. Noch aber ist auch hier nicht *die* Form erreicht, die ich für eine Veröffentlichung als ‚Werk' gerade hier fordere; denn hier muß sich der neue Stil des Denkens kundgeben – die Verhaltenheit in der Wahrheit des Seyns; das Sagen des Erschweigens – das Reifmachen für die Wesent-

3 M. Heidegger, *Zur Sache des Denkens.* GA Bd. 14. Hrsg. v. F.-W. v. Herrmann; Vittorio Klostermann Frankfurt a.M. 2007.

4 M. Heidegger, *Besinnung.* GA Bd. 66. Hrsg. v. F.-W. v. Herrmann, Vittorio Klostermann Frankfurt a.M. 1997.

lichkeit des Einfachen". (GA 66, S. 427). Somit blieb eine Veröffentlichung der „Beiträge" einer ferneren Zukunft anheimgestellt, wenn einmal der Nachlaß zur Veröffentlichung kommt. Dies geschah dann auch, als im Jahre 1989 anläßlich des 100. Geburtstages Heideggers die „Beiträge zur Philosophie (Vom Ereignis)" als Band 65 der Gesamtausgabe erschienen.

Seitdem ist des öfteren die Meinung vertreten worden, Heidegger habe die „Beiträge"deshalb nicht selbst veröffentlicht, weil er dieses Manuskript in einem unfertigen Zustand liegengelassen habe. Diese Meinung nährt sich aus der Feststellung, daß dieses Buch im Anschein einer Sammlung von Aphorismen steht, deren Sätze zum Teil nicht ganz ausformuliert sind. Um die oft vertretene Meinung zu unterbauen, weist man gern auf die Tatsache hin, daß in die Zeit der Ausarbeitung der „Beiträge" Heideggers Vorlesungen zu Nietzsche fallen. So hat sich Heidegger scheinbar an Nietzsches Aphorismen-Stil orientiert. Entgegen solchen Mutmaßungen äußert sich Heidegger zu dem äußeren Erscheinungsbild der „Beiträge", wonach man diese als eine unfertige Sammlung von Aphorismen verstehen möchte, in dem schon zitierten Stück aus den Aufzeichnungen, daß aus einem sachlichen Grund „die Ausfaltung im Einzelnen" bewußt vermieden wurde. Was wie unfertig und unabgeschlossen erscheint, ist in Wahrheit vom Autor in dieser Gestalt gewollt umwillen der unverkürzten Ausarbeitung des „eigentlichen Gesichtskreises" und der Betonung des „Grundzuges des Fragens" des Ereignis-Denkens.

Unser Kommentar wird nicht alle von Heidegger mit arabischen Ziffern durchgezählten Abschnitte erläutern, sondern beschränkt sich auf die wesentlichsten Abschnitte, die für das Verständnis der sechs ineinander übergehenden Wesensbereiche des Ereignisses (vom Anklang bis zum Letzten Gott) in entscheidender Weise aufschlußreich sind. Auf diese Weise wird dem Leser ermöglicht, auch die nicht eigens kommentierten Abschnitte aus dem jeweiligen Wesensbereich selbständig auszulegen. Die überaus wichtigen Abschnitte aus dem „Vorblick" werden von uns für die Erläuterung der Abschnitte innerhalb der sechs Wesensbereiche herangezogen.

# Zweites Kapitel

## „Sein und Zeit“ im Rückblick aus den „Beiträgen zur Philosophie (Vom Ereignis)“

Im Ersten Kapitel des Kommentars sagten wir: „Transzendenz“ im Titel des Kommentars nenne die Blick-und Fragebahn des ersten Weges der Seinsfrage Heideggers, „Ereignis“ stehe für die Blick-und Fragebahn des zweiten Weges, auf dem die Seinsfrage angesetzt und ausgearbeitet wird. Das systematische Werk, in dem der erste Weg ausgearbeitet vorliegt, ist Heideggers Grundwerk „Sein und Zeit“, während die „Beiträge zur Philosophie (Vom Ereignis)“ die systematisch gedachte erste Durchgestaltung des zweiten Ausarbeitungsweges der Seinsfrage sind. Nun könnte man meinen: Wenn der erste Weg aufgegeben und ein zweiter Weg beschritten wird, hat der erste Weg seine Bedeutung verloren, so daß wir uns nur noch dem zweiten Weg zuzuwenden brauchen. Sehen wir aber zu, ob Heidegger selbst in seinem in den „Beiträgen“ vorgenommenen Rückblick auf „Sein und Zeit“ den in diesem Grundwerk beschrittenen Weg ebenso beurteilt wie man zunächst meinen könnte. Dafür wenden wir uns jenen Abschnitten zu, die vor allem in den „Beiträgen“ zum „Vorblick“ gehören. In diesen Abschnitten setzt Heidegger den Weg von „Sein und Zeit“ ins Verhältnis zu dem in den „Beiträgen“ auszuarbeitenden zweiten Weg der Seinsfrage.

Die erste Textstelle aus dem „Vorblick“, die Rückschau hält auf „Sein und Zeit“, findet sich im *4. Abschnitt* mit der Überschrift „Vom Ereignis“ (S. 10): „Die Frage nach dem Sinn, d.h. nach der Erläuterung in ‚Sein und Zeit‘, die Frage nach der Gründung des Entwurfsbereiches, kurz nach der *Wahrheit des Seyns* ist und bleibt *meine* Frage und ist meine *einzige*, denn sie gilt ja dem *Einzigsten*“. Diese Textpassage ist deshalb von so großer Bedeutung, weil sie uns zeigt, dass Heidegger sein denkerisches Anliegen in den „Beiträgen“ mit derselben Formulierung kennzeichnet, die er in „Sein und Zeit“ für die Grundfrage dieses Werkes gewählt hatte. Schlagen wir in „Sein und Zeit“ die erste Textseite auf, die das knappe „Vorwort“ enthält, das mit dem griechischen Zitat aus Platons Dialog „Sophistes" einsetzt, dann lesen wir, es gelte, „die Frage nach dem Sinn von Sein" erneut zu stellen. Heidegger gibt also hier der Frage nach dem Sein die Formulierung: die Frage nach dem *Sinn* von Sein. „Sinn" meint aber in „Sein und Zeit" jenen Gesichtskreis oder Horizont, von dem her der Mensch als das seinsverstehende Dasein das *Sein* des Seienden versteht. Das hier genannte Verstehen meint ein Entwerfen, aber nicht in der gewöhnlichen Bedeutung von Planen, sondern in der seinsmäßigen Bedeutung von Erschließen, Aufschließen, Eröffnen. Der „Sinn" von Sein ist der „Entwurfsbereich", d.h. jener horizontale Bereich, der im eröffnenden Entwerfen offen ist. In dieser Offenheit oder – wie Heidegger sagt – Erschlossenheit ist Sein offen, aufgeschlossen. Die Offenheit oder Aufgeschlossenheit für das Sein ist jener Bereich, in dem es Sein gibt, wo also Sein überhaupt antreffbar ist. Die Erschlossenheit als die Offenheit von Sein überhaupt ist aber, wie Heidegger in „Sein und Zeit" zeigt, zeithaft aufgeschlossen. Die Erschlossenheit hat an ihr selbst einen zeithaften Charakter, zeithaft jedoch nicht im Sinne unseres gewöhnlichen Zeitverständnisses, wonach die Zeit das Nacheinander der Jetzte ist, sondern zeithaft im Sinne der ursprünglichen Zeit, aus der die als das Nacheinander der Jetzte verstandene Zeit abkünftig ist. Von diesem andeutungsweise Gesagten fällt ein erstes klärendes Licht auf den Titel „Sein und Zeit". Weil die Erschlossenheit als die Aufgeschlossenheit für das Sein an ihr selbst zeithaft verfaßt ist, empfängt das in der zeithaft aufgeschlossenen Erschlossenheit aufgeschlossene Sein einen zeithaften oder, wie Heidegger sagt, einen temporalen Charakter. „Sein und Zeit" heißt, daß der Sinn von Sein überhaupt und im Ganzen gesucht wird als die ursprüngliche Zeit.

Schon in „Sein und Zeit", vor allem im 3. Abschnitt des Ersten Teiles, der in der Marburger Vorlesung vom Sommersemester 1927 „Die Grundprobleme der Phänomenologie" (GA 24)[5] in zweiter Ausarbeitung unter dem Titel „Zeit und Sein" vorliegt, nennt Heidegger das Phänomen der Erschlossenheit als der eigensten Offenheit für Sein überhaupt die *Wahrheit des Seins.* ‚Wahrheit' ist hier bereits in Anlehnung an das griechische Wort Alétheia gedacht, das soviel heißt wie Unverborgenheit, Unverschlossenheit, Aufgeschlossenheit.

---

[5] M. Heidegger, *Die Grundprobleme der Phänomenologie.* Marburger Vorlesung Sommersemester 1927. GA Bd. 24. Hrsg. v. F.-W. v. Herrmann. Vittorio Klostermann Frankfurt a.M. 1975.

Nach diesen Erläuterungen verstehen wir, was Heidegger meint, wenn er sagt, die Frage nach dem „Sinn" von Sein sei die Frage nach dem „Entwurfsbereich" des Seins oder die Frage nach der „Wahrheit des Seyns". Die so formulierte Frage, so hieß es, sei *seine* Frage – sowohl in „Sein und Zeit" wie nun auch in den „Beiträgen zur Philosophie (Vom Ereignis)". Wichtig ist, daß er der Grundfrage der „Beiträge" dieselbe Formulierung gibt wie einst in „Sein und Zeit". Damit wird aber in betonter Weise hingewiesen auf die Zusammengehörigkeit beider Ausarbeitungswege der Seinsfrage.

Im 34. Abschnitt aus dem „Vorblick" mit der Überschrift „Das Ereignis und die Seinsfrage" (S. 73ff.) heißt es mit Bezug auf die „Zeit" im Titel „Sein und Zeit": „,Zeit' ist in ,Sein und Zeit' die *Anweisung* und der *Anklang* auf jenes, was als Wahrheit der Wesung des Seyns geschieht in der Einzigkeit der Er-eignung" (S. 74). „Zeit" in „Sein und Zeit" meint, so sagten wir, die ursprüngliche Zeit als die temporale-ekstatische Verfaßtheit der Erschlossenheit oder Wahrheit des Seins. Diese „Zeit" sei der *Anklang* an die Wahrheit des Seins, denn in ihr klinge dasjenige an, was in den „Beiträgen" als „Wahrheit der Wesung des Seyns [...] in der Einzigkeit der Ereignung gedacht werden soll. Mit anderen Worten, die temporale Verfaßtheit der Wahrheit des Seins in „Sein und Zeit" ist bereits eine Vorgestalt dessen, was sich auf dem zweiten Weg der Seinsfrage als Wahrheit des Seyns qua Ereignis zeigt. Damit haben wir eine weitere Textstelle aus den „Beiträgen" herangezogen, die darauf hinweist, daß der Weg der „Beiträge" nicht ohne den Weg von „Sein und Zeit" begangen werden kann.

Wir hatten gesehen, daß sich derjenige Zeitraum, in dem die „Beiträge" gedacht und verfaßt werden, als „das Zeitalter des Übergangs von der Metaphysik in das seynsgeschichtliche Denken" versteht (S. 3). „Sein und Zeit" gehört selbst noch nicht zum seynsgeschichtlichen Denken, weil in diesem Werk die Seinsfrage in der transzendental-horizontalen Blickbahn ausgearbeitet wird. Heißt dies nun, daß „Sein und Zeit" selbst noch zur Metaphysik, zur metaphysischen Frageweise nach dem Seienden in seinem Sein, zur metaphysischen Leitfrage und noch nicht zur Grundfrage gehört ? Auf diese Frage erhalten wir eine Antwort ebenfalls aus dem zum „Vorblick" gehörenden *34. Abschnitt:* „Alles, was zunächst und in der Not nur im *Übergang* von der entfalteten Leitfrage zur Grundfrage über das Seyn gedacht und als Weg zu seiner Wahrheit erfragt ist [die Entfaltung des Da-seins], dies alles darf nie in die bodenlose Öde einer bisherigen ‚Ontologie' und ‚Kategorienlehre' übersetzt werden" (S. 73). Das ist die Antwort auf unsere Frage: Auch der Weg von „Sein und Zeit" ist bereits der Weg im Übergang von der Metaphysik und deren Leitfrage nach dem Seienden in seinem Sein zur Grundfrage nach der Wahrheit des Seins. Die „Entfaltung des Da-seins" in den beiden in „Sein und Zeit" veröffentlichten Abschnitten der existential-ontologischen Daseins-Analytik wird hier von Heidegger als Weg zur Wahrheit des Seins gefaßt. Die Daseins-Analytik dient also als Weg, der hineinführen soll in die Wahrheit als die Erschlossenheit des Seins. Der transzendental-horizontale Weg der Seinsfrage in „Sein und Zeit" gehört somit nicht mehr zur Metaphysik und deren Leitfrage, auch wenn der transzendental-horizontale Weg noch nicht der seynsgeschichtliche Weg ist.

Ganz in diesem Sinne heißt es an einer anderen Stelle des *34. Abschnittes* (S. 76): Es müsse „durch die entfaltende Überwindung der Leitfragenstellung und ihrer Antworten als solcher ein Übergang geschaffen werden, der den anderen Anfang vorbereitet und überhaupt sichtbar und ahnbar macht. Dieser Übergangsbereitung dient ‚Sein und Zeit', d.h. es steht eigentlich schon in der Grundfrage, ohne diese rein aus sich anfänglich zu entfalten". Auch hier ist wieder die Rede von der Leitfrage, von der Grundfrage und vom Übergang. Hier taucht für uns erstmals die Wendung vom „anderen Anfang" auf. Zum „anderen" Anfang gehört der „erste Anfang". Dieser ist der erste Anfang des Denkens des Seins des Seienden, das mit dem griechischen Denken (vor allem Platons und des Aristoteles) anfängt und seine Geschichte in der Geschichte der Metaphysik, der metaphysischen Seinsfrage, hat. Die Geschichte des ersten Anfangs als die Geschichte der Metaphysik ist die Geschichte der Leitfrage. Der erste Anfang fängt jedoch vor der Frage nach dem Seienden in seinem Sein an als die erste denkerische Erfahrung der Alétheia, der Phýsis und des Lógos im frühesten Denken der Griechen (Anaximander, Heraklit, Parmenides). Weil aber dieses früheste Denken nicht von Platon und Aristoteles aufgenommen und denkend entfaltet worden ist, nennt Heidegger den Übergang von den frühesten griechischen Denkern zum Denken von Platon und Aristoteles den „Fort-gang" (im wörtlichen Sinne), nämlich den Fort-gang vom vormetaphysischen Denken zum metaphysischen Denken. Die Geschichte (**nicht die Historie**) des Seins denkt Heidegger somit als die Einheit des ersten vormetaphysischen Anfangens des ersten Anfangs, des Fort-gangs von diesem zum metaphysischen Anfangen des ersten Anfangs und des nicht mehr metaphysischen Anfangens des anderen Anfangs. Das Ganze dieser drei Weisen des Anfangens ist für Heidegger das Ganze der Wesungsgeschichte des Seins.

Der „andere“ Anfang (den Heidegger eine Zeitlang auch den zweiten Anfang genannt hat) ist der „andere“ gegenüber dem „ersten“. Der andere Anfang ist bestimmt durch das Fragen der Grundfrage, die nicht nur – wie die Leitfrage – nach dem Seienden in seinem Sein, sondern nach der Wahrheit (Unverborgenheit) des Seins fragt. Im Übergang von der Leitfrage zur Grundfrage wird der andere Anfang erstmals „sichtbar“ und „ahnbar“ gemacht, und d.h. „vorbereitet“. „Sein und Zeit“ diene der „Übergangsbereitung“. „Sein und Zeit“ macht den anderen Anfang des Denkens erstmals „sichtbar“ und „ahnbar“ und gehört selbst in den Übergang.

Ganz in dem jetzt erläuterten Sinne heisst es im *117. Abschnitt*, der zum dritten Wesungsbereich des Ereignisses „Der Sprung“ gehört und auch so überschrieben ist: „Die ‚fundamentalontologische‘ Besinnung (Grundlegung der Ontologie als ihre Überwindung) ist der *Übergang* aus dem Ende des ersten Anfangs zum anderen Anfang. Dieser Übergang aber ist zugleich der Anlauf für den Sprung, durch den allein ein Anfang und zumal der andere [...] anfangen kann“ (S. 228). Fundamentalontologie ist in „Sein und Zeit“ der von Heidegger neu geprägte Titel für die Entfaltung der Grund-oder Fundamentalfrage nach dem Sinn von Sein überhaupt.

Das fundamentalontologische Fragen der Grundfrage vollzieht sich in der Blickbahn von Transzendenz und Horizont, so daß wir künftig beide Bezeichnungen synonym verwenden können. Deutlich heißt es, daß die „fundamentalontologische Besinnung“, also die Fundamentalontologie von „Sein und Zeit“, der „Übergang“ ist „aus dem Ende des ersten Anfangs zum anderen Anfang“. Mit dem Ende des ersten Anfangs zielt Heidegger vor allem auf die letzte metaphysische Grundstellung des Denkens von Nietzsche.

Nun wird aber innerhalb des „Übergangs“ ein Unterschied festgemacht. Die Fundamentalontologie von „Sein und Zeit“ ist als Übergang ein „Anlauf“ für den „Sprung“, den „Sein und Zeit“ selbst noch nicht vollzieht. Aber als „Anlauf“ ermöglicht „Sein und Zeit“ den „Sprung“. Dieser wird auf dem zweiten Weg der Seinsfrage vollzogen in jener Gliederungseinheit der „Beiträge“, die den Titel „Der Sprung“ trägt. Wer springt hier ? Das seinsgeschichtliche Denken, aber nicht im Sinne eines Gedankensprunges, sondern es springt, wie es im *115. Abschnitt* zu Beginn dieses dritten Wesungsbereiches des Ereignisses heißt, in die „Zugehörigkeit zum Seyn in dessen voller Wesung als Ereignis“ (S. 227). „Sein und Zeit“ ist nur der Anlauf zu diesem Sprung, weil dieses Werk die Wahrheit des Seins noch nicht wie die „Beiträge“ in ihrem Ereignis-Charakter denkt. Aber „Sein und Zeit“ bereitet mit der transzendental-horizontalen Fassung der Wahrheit des Seins den Sprung in den Ereignis-Charakter der Wahrheit des Seyns vor.

Dasselbe lesen wir im *119. Abschnitt* „Der Sprung in der Vorbereitung durch das Fragen der Grundfrage“ (S. 234): „‚Sein und Zeit‘ ist der Übergang zum Sprung (Fragen der Grundfrage). Solange man daher diesen Versuch als ‚Existenzphilosophie‘ sich zurechtlegt, bleibt alles unbegriffen“.

Und ebenso heißt es auf S. 257 (im *135. Abschnitt* „Die Wesung des Seyns als Ereignis (der Bezug von Da-sein und Seyn)“, daß „der Ansprung zum anderen Anfang als *‚Sein und Zeit‘* versucht“ werden mußte. Der „Ansprung“ ist nicht selbst der „Sprung“, aber der Anlauf zum Sprung, der als Vorbereitung dieses Sprunges zum Sprung gehört. Das Wort „An-sprung“ ist zu verstehen als eine zusammensetzende Bildung aus *An*-lauf und Sprung: *An*-sprung.

Ähnlich heißt es auf S. 243 im *125. Abschnitt:* „‚Sein und Zeit‘ ist daher kein ‚Ideal‘ und kein ‚Programm‘, sondern der sich vorbereitende Anfang der Wesung des Seyns selbst“. Der „Anfang der Wesung des Seyns selbst“ – das ist das Ereignis. Weil in „Sein und Zeit“ die Wahrheit des Seins transzendental-horizontal und noch nicht ereignishaft entfaltet ist, bereitet „Sein und Zeit“ den Anfang der Wesung des Seyns als Ereignis vor.

Der *Weg,* auf dem in „Sein und Zeit“ die Grundfrage nach dem Sinn von Sein überhaupt ausgearbeitet wird, ist der Weg der Enfaltung des Daseins, d.h. in der Sprache von „Sein und Zeit“ die existenzial-ontologische Analytik des Da-seins. Bisher haben wir betont, daß der Weg von „Sein und Zeit“ der transzendental-horizontale Weg sei, und soeben haben wir gesagt, der Weg von „Sein und Zeit“ sei der Weg der Daseins-Analytik. Man könnte nun meinen: Wenn Heidegger auf dem zweiten Weg der Seinsfrage in den „Beiträgen“ den transzendental-horizontalen Weg verläßt umwillen des seinsgeschichtlichen Weges, dann verläßt er damit auch den Weg der Daseins-Analytik. Dann aber verlören die existenzial-ontologischen Teilanalysen, die das Ganze der Daseins-Analytik bilden, ihre Bedeutung für das Ereignis-Denken. Dann aber scheint eine Zuwendung zum Ereignisdenken unter Absehung des Weges und der Analytik von „Sein und Zeit" möglich zu sein. Doch diese Meinung geht fehl.

Zunächst sehen wir uns an, wie Heidegger selbst sich in den „Beiträgen zur Philosophie (Vom Ereignis)" zu den existenzial-ontologischen Analysen von „Sein und Zeit" äußert. Im *175. Abschnitt*, der zum Wesensbereich der „Gründung" gehört und überschrieben ist „Das Da-sein und das Seiende im Ganzen", heißt es (S. 299): „Der erste Hinweis auf das Da-sein als Gründung der Wahrheit des Seyns ist vollzogen („Sein und Zeit") im Durchgang durch die Frage nach dem Menschen, sofern dieser als der Entwerfer des Seins begriffen und so aus jeder ‚Anthropologie' herausgenommen wird". Hier wird ganz offenbar die Daseins-Analytik, sofern sie der erste Hinweis auf die Gründung der Wahrheit des Seyns ist, nicht als überholt aufgegeben, sondern festgehalten. Was es aber heißt, daß die Daseins-Analytik der erste Hinweis auf das Da-sein als Gründung der Wahrheit des Seyns ist, bringen wir uns zum Verständnis, wenn wir den systematischen Aufriß von „Sein und Zeit" in seinen Hauptschritten durchdenken.

Zunächst wenden wir uns einer weiteren Textpassage aus dem *176. Abschnitt* (S. 300) zu, der die bezeichnende Überschrift trägt „Da-sein. Zur Erläuterung des Wortes". Dieser Abschnitt beginnt so: „In *der* Bedeutung, die ‚Sein und Zeit' erstmals und wesentlich ansetzt, ist dies Wort nicht zu übersetzen, d.h. es widersetzt sich den Hinsichten der bisherigen Denk-und Sagensweise der abendländischen Geschichte: das *Da sein*". Diesem Zitat entnehmen wir, daß in „Sein und Zeit" das Wort Da-sein erstmals und wesentlich angesetzt sei. „Wesentlich" heißt doch: nicht nur innerhalb von „Sein und Zeit" und für „Sein und Zeit", sondern auch „wesentlich" für den seynsgeschichtlichen Weg der „Beiträge". Wir müssen aber fragen: Auf welche Weise wird in „Sein und Zeit" die Bedeutung des Wortes „Dasein" wesentlich angesetzt ? Offenbar nicht dadurch, daß dieses Wort lediglich durch eine Kennzeichnung seiner neuen Bedeutung eingeführt wird. Vielmehr wird die Bedeutung des Wortes „Dasein", die „Sein und Zeit" erstmals und wesentlich ansetzt, nur gewonnen auf dem langen Weg der existenzial-ontologischen Analytik des „Daseins". Erst durch diesen analytischen

Weg gewinnt das Wort „Dasein“ seine volle Bedeutung, die wesentlich bleibt auch für das Ereignis-Denken. Aber das Wort „Dasein“ behält seine Bedeutung auch nur dadurch, daß diese Bedeutung nicht abgelöst wird von jenen Analysen, in denen diese Bedeutung allererst gewonnen wurde.

Daraus geht für uns die Anweisung hervor, das Ereignis-Denken nicht von der Daseins-Analytik abzutrennen, sondern umgekehrt, das Ereignis-Denken unter ausdrücklichem Festhalten der Daseins-Analytik zur Darstellung zu bringen. Sagten wir aber nicht, Heidegger habe in „Sein und Zeit“ den transzendental-horizontalen Weg beschritten, den er als einen solchen für das Ereignis-Denken aufgeben mußte ? Hat Heidegger dann nicht auch die Daseins-Analytik für das seinsgeschichtliche Denken übergangen ? Dies träfe nur dann zu, wenn die Daseins-Analytik als solche mit dem transzendental-horizontalen Weg ganz und gar einerlei wäre. Dies ist aber nicht der Fall. Wir werden lernen müssen, zu unterscheiden zwischen den existenzialontologischen Analysen und deren Wesenseinsichten in die Wesensverfassung des Daseins einerseits und demjenigen, was als Transzendenz und Horizont die leitende Blickbahn für die Daseins-Analytik bildet. Nur in dem Fall, daß die existenzialontologischen Analysen unablösbar wären von der Struktur des Transzendental-Horizontalen, würden mit dem Aufgeben der transzendental-horizontalen Blickbahn auch die existenzial-ontologischen Analysen des Daseins aufgegeben. So werden wir lernen müssen, die Daseins-Analysen selbst von ihrer Blickbahn des Transzendental-Horizontalen so zu lösen, daß jene Analysen nunmehr in der gewandelten Blickbahn des Ereignis-Denkens zu stehen kommen.

Eine volle Bestätigung unserer Ausführungen erhalten wir aus einer Textstelle zu Beginn des *198. Abschnittes* (S. 321), der auch zur „Gründung“ gehört: „Da-sein lässt sich nie auf-weisen und beschreiben wie ein Vorhandenes. Nur hermeneutisch zu gewinnen, d.h. aber nach ‚Sein und Zeit‘ im geworfenen Entwurf“. Von nicht zu überschätzender Bedeutung und Aussagekraft ist der knappe Hinweis Heideggers: Da-sein könne nur „hermeneutisch“ gewonnen werden. Darin blickt Heidegger zurück auf die existenzial-ontologische Analyse des Daseins in „Sein und Zeit“. Phänomenologie ist für Heidegger in formaler Hinsicht: das, was sich zeigt, so wie es sich von ihm selbst her zeigt, von ihm selbst her sehen lassen. Wird dieser formale Phänomenologie-Begriff entformalisiert mit Blick auf den thematischen Gegenstand „Dasein“, dann erweist sich der methodische Sinn der Phänomenologie als Hermeneutik in der besonderen Bedeutung von „Auslegung“. Was also heißt hier Auslegung ? Scheinbar nur das, was wir sonst auch unter ‚Auslegung‘ verstehen. Doch das ist ein Irrtum. Wir müssen fragen, welche Struktur die „Auslegung“ hat. Wir möchten antworten: Wenn es sich um wissenschaftliche und gar um philosophische Auslegung handelt, dann wird sie die Struktur der Reflexion haben, also reflektierende Auslegung. Das ist aber nicht der Fall. In der Frühen Freiburger Vorlesung „Grundprobleme der Phänomenologie“ vom Wintersemester 1919/20 wird von Heidegger der eigenste Charakter der hermeneutischen Phänomenologie in der Abhebung von der reflexiven Phänomenologie Husserls herausgestellt. Das Hermeneutische des phänomenologischen Sehens und Auslegens bestimmt Heidegger in dieser Vorlesung maßgeblich auch für die Daseins-Analytik von „Sein und Zeit“ als ein ausdrückliches „Mitgehen“ mit dem reflexiv unangetasteten faktischen Leben und dieses nicht als ‚Bewusstsein‘, sondern als ‚Dasein‘ zur Kenntnis nehmen (GA 58, S. 123f.)[6] Von diesem hermeneutischen Mitgehen mit dem faktischen Lebensvollzug hebt er ab jenes phänomenologische Vorgehen, dass die „Erlebnisse gleichsam vor dem Blick paradieren, vorbei-marschieren“ lässt (GA 58, S. 123). Nur auf dem Wege dieses phänomenologischen Mitgehens wird in „Sein und Zeit“ das Dasein schrittweise sichtbar gemacht. In dem oben gegebenen Zitat aus dem *198. Abschnitt* der „Beiträge“ ist auch nicht von ‚Reflexion‘ die Rede, sondern vom „geworfenen Entwurf“. Das hermeneutische Mitgehen mit dem faktischen Leben ist in sich ein hermeneutisches geworfenes Entwerfen, d.h. Aufschliessen und zum Sichzeigenbringen des faktischen Lebens als „Dasein“. Damit weist Heidegger darauf hin, daß sich das Wesen der hermeneutischen (und nicht reflexiven) Auslegung in der Daseins-Auslegung (Analytik) selbst aus dem bestimmt, was hermeneutisch ausgelegt wird. Der „geworfene Entwurf“ ist in der Daseins-Analytik die fundamentale Seinsstruktur des Daseins, die auch das phänomenologische Denken bestimmt. Phänomenologisches Denken als Hermeneutik vollzieht sich ausdrücklich als entwerfendes Aufschliessen des

[6] M. Heidegger, *Grundprobleme der Phänomenologie.* Frühe Freiburger Vorlesung Wintersemester 1919/20. GA Bd. 58. Hrsg. v. H.-H. Gander. Vittorio Klostermann Frankfurt a.M. 1993.

im Mitgehen Gesichteten. Das Dasein existiert nicht nur vorwissenschaftlich und vorphilosophisch in der Weise des „geworfenen Entwurfs", sondern auch das hermeneutisch-phänomenologisierende Dasein denkt als solches in der Weise des geworfenen Entwerfens. Die Auslegung des Daseins als eines solchen verfährt in der Weise des hermeneutischen geworfenen Entwerfens. Die Hermeneutik des Daseins vollzieht sich als ein hermeneutisches Entwerfen. Und so kann Heidegger auf dem seynsgeschichtlichen Denkweg hervorheben, daß Dasein nur hermeneutisch zu gewinnen ist.

Dieser bedeutsame Hinweis in den „Beiträgen" gibt uns die Anweisung, für die Einarbeitung in das Ereignis-Denken die Hermeneutik des Daseins festzuhalten.

Die verschiedenen Textstellen, die wir den „Beiträgen" entnommen haben, sollten uns deutlich machen, daß wir nicht unvorbereitet in das Ereignis-Denken hineinspringen können. Die verschiedenen Textstellen haben uns gezeigt, wie Heidegger selbst innerhalb seiner ersten Durchgestaltung des Gefüges des Ereignis-Denkens an „Sein und Zeit" festhält. Die Hermeneutik des Daseins ist unverzichtbar für das seynsgeschichtliche Denken. Wir haben aber auch eine Ahnung von dem bekommen, daß wir auch die transzendental-horizontale Blickbahn beherrschen müssen, um begreifen zu können, wie durch eine *immanente Wandlung* dieser die Ereignis-Blickbahn unter Beibehaltung des hermeneutisch gewonnenen Daseins hervorgeht.

# Drittes Kapitel

## „Sein und Zeit", die Hermeneutik des Daseins und der transzendental-horizontale Weg der Seinsfrage im Aufriß

Weil auf dem zweiten Ausarbeitungsweg der Seinsfrage und somit in den „Beiträgen zur Philosophie (Vom Ereignis)" die Hermeneutik des Daseins nicht wiederholt, aber als bekannt vorausgesetzt wird, und weil ferner in den „Beiträgen" lediglich mitgeteilt wird, daß für die Gewinnung der Ereignis-Blickbahn die transzendental-horizontale Blickbahn übersprungen werden muß, ergibt sich die Notwendigkeit, zunächst die Hermeneutik des Daseins und die Blickbahn von Transzendenz und Horizont im systematischen Aufriss darzustellen. Nur so verschaffen wir uns die Voraussetzungen für ein zureichendes Verständnis des Ereignis-Denkens in den „Beiträgen" vom „Anklang" bis zum „Letzten Gott".

Für die jetzt anstehende Aufgabe wählen wir als textlichen Leitfaden zum einen den § 8 aus „Sein und Zeit", der die Einleitung in „Sein und Zeit" beschließt und überschrieben ist „Der Aufriß der Abhandlung", und zum anderen das Inhaltsverzeichnis zu „Sein und Zeit".

Wir knüpfen an das an, was schon zur Sprache gekommen ist. Die Grundfrage Heideggers ist die „Seinsfrage". Mit dieser schließt Heidegger an den griechischen Anfang der abendländischen Philosophie an: Parmenides, Platon, Aristoteles, die Denker, die erstmals und ausdrücklich nach dem Sein und dem Sein des Seienden fragen. Heidegger wieder-holt diese Frage, aber ursprünglicher, indem er nach dem Sein selbst und als solchem im Unterschied zum Seienden in seinem Sein fragt. Die Frage nach dem Sein selbst wird für ihn zur Frage nach dem Sinn von Sein überhaupt.

Heidegger gewinnt die entscheidende Einsicht, dass die Weise, wie nach dem Sein gefragt wird, einen Leitfaden für dieses Fragen einschließt. Was hier Leitfaden genannt wird, ist die Zugangsweise zum Sein. Der Zugang verweist auf den Fragenden. Der Fragende ist der Philosophierende. Der Zugang zum Sein als dem Gefragten verweist in das Wesen des Philosophierenden. Aber das Wesen des Menschen als des Philosophierenden ist nicht in eindeutiger Weise vorgegeben. Die Bestimmung dessen, wer der Mensch in seinem Wesen ist, gehört selbst zur Aufgabe der Philosophie. Aber innerhalb der Philosophie ist die Wesensbestimmung des Menschen nicht nur Aufgabe der logischen Begriffsbestimmung. Die Wesensbestimmung des Menschen ist geschichtlich wandelbar, so, daß das Wesen des Menschen sich je nur zeigt, wie es interpretiert wird.

Eine für die anschließende Geschichte entscheidende Wesensbestimmung des Menschen stammt von Aristoteles: der Mensch als dasjenige Lebewesen (Zóon), das sich von den anderen Lebewesen dadurch unterscheidet, daß nur er den Lógos, die Sprache hat: Zóon lógon échon. Der Lógos ist das Artwesen, durch das sich der Mensch innerhalb des Gattungswesens von den anderen Lebewesen, die nicht den Lógos, die Sprache haben, wesensmäßig unterscheidet. Schon in römischer Zeit wird aus dem Zóon lógon échon das animal rationale. Diese Übersetzung ist aber keine bloße Übertragung von der einen in die andere Sprache, sondern eine gewandelte Interpretation des Artwesens des Menschen: ratio als Vernunft, der Mensch als das vernünftige Lebewesen. Doch auch die ratio ist kein eindeutig Vorhandenes, sondern sie ist nur das, als was sie im Gang der Geschichte jeweils ausgelegt wird: die Auslegungsgeschichte der Vernunft, die den Gang der Geschichte des Denkens bestimmt.

In dieser Interpretationsgeschichte der Vernunft hält sich jedoch ein Allgemeines durch: das vernünftige Lebewesen. Wenn wir Vernunft hier in einem weiten Sinne nehmen, dann müssen wir auch die griechische Bedeutung von Vernunft im Sinne des Nous einbeziehen. Das allgemeinste Wesen des Menschen, das animal rationale im weitesten Sinne, bildet in der überlieferten Geschichte der Seinsfrage die Zugangsweise zum Sein und somit den Leitfaden für das griechische, römische und europäische Fragen nach dem Sein des Seienden.

Dieser Leitfaden ist es, der vorzeichnet, wie nach dem Sein gefragt werden kann. Die Vernunft und der Verstand zeichnen ein solches Fragen vor, wonach Sein sich zeigt als Sein des Seienden, als Seinsverfassung des Seienden, die als solche durch Vernunft oder Verstand kategorial abhebbar ist. Denken wir exemplarisch an die zehn Kategorien des Aristoteles oder an die 12 Kategorien Kants. Kategorien sind Seinsbegriffe, die verschiedenen Bestimmungen des Seins, die uns sagen, worin das Seiendsein des Seienden beruht. In der Blickbahn von Vernunft und Verstand zeigt sich Sein immer nur als Seiendheit des Seienden und nicht anders.

Wenn sich nun, wie für Heidegger, die Möglichkeit und Notwendigkeit ergibt, daß ursprünglicher nach dem Sein gefragt werden müsse, eben nicht nur als Frage nach dem Seienden in seiner Seiendheit oder Seinsverfassung, sondern als Frage nach dem Sein selbst und dem Sinn von Sein, dann zeigt sich mit dieser ursprünglicheren Frageweise der Seinsfrage auch eine ursprünglichere Frageweise der Wesensfrage des Menschen. Das sich dann zeigende ursprünglichere Wesen des Menschen ist die ursprünglichere Zugangsweise zum ursprünglicher erfahrenen Sein: Sein nicht nur als Seiendheit des Seienden, sondern Sein in seinem ihm eigensten Wesungsbereich. Dies, was wir als Bereich ansprechen, in dem es das Sein selbst gibt, dieser Bereich, den wir als Wahrheit im Sinne der Offenheit und Aufgeschlossenheit für das Sein bezeichnet haben, wird für das Fragen nur zugänglich an einem Leitfaden, der nicht Vernunft und Verstand sind. Der dem Sein eigene Bereich seiner Aufgeschlossenheit gehört zu einem ursprünglicheren Wesen des Menschen, das Heidegger das Dasein (Da-sein) nennt. Das Dasein ist der neue Leitfaden für die ursprünglicher angesetzte Seinsfrage. Wenn es das Wesen des Menschen als Dasein ist, das zur Aufgeschlossenheit des Seins selbst gehört, mehr noch, das zur Aufgeschlossenheit des Sinnes von Sein überhaupt gehört, dann bedarf es einer Untersuchung des Daseins, einer Daseins-Analytik. Denn im fragenden und bestimmenden Durchgang durch das daseinsmäßige Wesen des Menschen gelangen wir zu dem Bereich, in welchem der Sinn von Sein überhaupt und das Sein selbst in der Mannigfaltigkeit seiner Strukturen, Weisen und Charaktere aufgeschlossen ist.

In diesem Sinne heißt es im § 8 von „Sein und Zeit“ (S. 39): „Die Gewinnung des Grundbegriffes 'Sein' und die Vorzeichnung der von ihm geforderten ontologischen Begrifflichkeit und ihrer notwendigen Abwandlungen bedürfen eines konkreten Leitfadens“. Das „Vordringen“ zum Begriff des Seins und seines Sinnes muß „auf dem Wege einer speziellen Interpretation eines bestimmten Seienden, des Daseins“, geschehen. Denn im Dasein soll „der Horizont für Verständnis und mögliche Auslegung von Sein gewonnen“ werden“ (S. 39). Der Horizont ist aber der gesuchte ‚Sinn‘, der sich als die ursprüngliche Zeit erweisen wird. Von diesem Horizont heißt es zuerst, er sei Horizont für „das Verständnis von Sein", d.h. für jenes Seinsverständnis, das vor der philosophischen Frage nach ihm je schon für das vorphilosophisch existierende Dasein im Vollzuge steht. Nur deshalb kann das Philosophieren eigens nach ihm fragen, d.h. das im vorphilosophischen Daseinsvollzug verhüllt bleibende Verstehen von Sein ausdrücklich enthüllen und begrifflich auslegen.

Von dieser neuen Wesensbestimmung des Menschen als des seinsverstehenden Daseins her muß auch gefragt werden nach der bisherigen Geschichte der philosophischen Seinsfrage von der Antike bis in unsere Gegenwart. Es muß nach dem Verhältnis gefragt werden, in dem die bisherige Geschichte der Seinsfrage als Frage nach der kategorial auslegbaren Seinsverfassung des Seienden steht zur ursprünglicheren Frage nach dem Sinn von Sein überhaupt. Die ursprünglicher angesetzte Seinsfrage erhält nur dann ihre zureichende Antwort, wenn von ihr aus auch die Überlieferung ihre Deutung empfängt. Das ist der Grund dafür, daß sich die unter dem Titel „Sein und Zeit" stehende Aufgabe der „Ausarbeitung der Seinsfrage" in zwei große Teilaufgaben gabelt, die sich auf zwei Teile verteilen, und jeder dieser Teile gliedert sich in drei Abschnitte. Das ist die systematische Großgliederung der Abhandlung „Sein und Zeit", wie sie der § 8 vorzeichnet.

Der Erste Teil trägt die Überschrift „Die Interpretation des Daseins auf die Zeitlichkeit und die Explikation der Zeit als des transzendentalen Horizontes der Frage nach dem Sein". Diese Überschrift besteht aus zwei Gliedern, die durch ein „und" verbunden sind. In beiden Gliedern zusammen ist jene Thematik angezeigt, die in den drei Abschnitten des Ersten Teiles ausgearbeitet werden soll. Der 1. Abschnitt behandelt „Die vorbereitende Fundamentalanalyse des Daseins", der 2. Abschnitt „Dasein und Zeitlichkeit", der 3. Abschnitt „Zeit und Sein". Somit wird deutlich: Das erste Glied der Überschrift für den Ersten Teil „Die Interpretation des Daseins auf die Zeitlichkeit" bezieht sich auf die Thematik des 1. und 2. Abschnittes. Das zweite Glied zeigt die Thematik des 3. Abschnittes an. Denn die Thematik „Zeit und Sein" ausführen heißt „die Explikation der Zeit [im Unterschied zur Zeitlichkeit des Daseins] als des transzendentalen Horizontes der Frage nach dem Sein".

Was 1927 unter dem Titel „Sein und Zeit" erschien, waren der 1. und 2. Abschnitt, gekennzeichnet als „Erste Hälfte". Die „Zweite Hälfte" sollte zu einem späteren Zeitpunkt erscheinen: der 3. Abschnitt „Zeit und Sein“ und der Zweite Teil mit seinen drei Abschnitten. In der im § 8 von „Sein und Zeit“ vorgesehenen Weise ist die geschlossene „Zweite Hälfte“ nie erschienen. Auf die Gründe für dieses Ausbleiben der „Zweiten Hälfte“ kommen wir an einem anderen Ort unseres Kommentars zurück. Von größter Bedeutung ist aber, daß die zweite Fassung des 3. Abschnittes „Zeit und Sein“ innerhalb der Gesamtausgabe als Band 24 1975, also noch zu Lebzeiten Heideggers, als Erstveröffentlichung und Beginn der Gesamtausgabe erschienen ist. Der Band 24 trägt den Titel „Die Grundprobleme der Phänomenologie“.

Die Thematik des 1. und des 2. Abschnittes des Ersten Teiles von „Sein und Zeit“, „Die vorbereitende Fundamentalanalyse des Daseins“ und „Dasein und Zeitlichkeit“, bildet zusammen die Thematik der Daseins-Analytik, der Hermeneutik des Daseins. In dieser allein erschöpft sich aber nicht die Ausarbeitung der Frage nach dem Sinn von Sein. Denn die gesuchte Antwort auf jene Frage wird erst im 3. Abschnitt „Zeit und Sein“ gegeben. Diese entscheidende Antwort auf die Grund- oder Fundamentalfrage müssen wir der eben erwähnten Vorlesung „Die Grundprobleme der Phänomenologie“ vom Sommersemester 1927 entnehmen. Seitdem diese erschienen ist (1975), kann „Sein und Zeit“ nicht mehr ohne diesen Text gelesen und angeeignet werden. Denn die Hermeneutik des Daseins im 1. und 2. Abschnitt von „Sein und Zeit“ ist nicht umwillen ihrer selbst verfaßt. Ihr Ansatz und ihre Durchführung sind vorgezeichnet durch die sie leitende Frage nach dem Sinn von Sein überhaupt, die im 3. Abschnitt, für uns allein zugänglich in der zweiten Fassung, unter dem Namen „Die Grundprobleme der Phänomenologie“, ihre Entfaltung und Beantwortung erhält.

Schauen wir auf das Inhaltsverzeichnis von „Sein und Zeit“, auf die innere Gliederung des 1. und 2. Abschnittes, und vergegenwärtigen wir uns die Hauptschritte der Analytik als Hermeneutik des Daseins. In dieser soll nicht eine philosophische Anthropologie, schon garnicht eine Existenzphilosophie, ausgearbeitet werden. Auch die Analysen jener Daseinsphänomene, die Heidegger in den Titeln der Uneigentlichkeit, Eigentlichkeit und des eigentlichen Selbstseins ausarbeitet, stehen im Dienst der Ausarbeitung der universellen Seinsfrage. Die Ausarbeitung der Hermeneutik des Daseins ist die notwendige Ausarbeitung des neuen, ursprünglicheren philosophischen Leitfadens für das Fragen nach dem Sein. Wenn die Frage nach dem Sein für Heidegger die

Grundfrage der Philosophie ist, dann heißt das aber nicht, daß sie die einzige Frage sei unter Ausschluß der anderen philosophischen Hauptfragen. Sie ist die Grundfrage nur insofern, als sie die maßgebliche Frage für alle anderen Wesensfragen ist. Zur Frage nach dem Sein selbst gehören dann auch die Fragen nach dem Wesen der Wahrheit, nach dem Wesen von Welt, nach dem Wesen von Zeit, nach dem Wesen von Raum. Alle diese Wesensfragen stehen in einem inneren Zusammenhang. Je nach der Weise, wie nach dem Sein gefragt wird, bestimmt sich auch die Weise, wie nach Wahrheit, Welt, Zeit und Raum gefragt wird. Wenn daher die Seinsfrage ursprünglicher als in der Überlieferung angesetzt und gefragt wird – als Frage nach dem Sinn von Sein überhaupt, und wenn diese ursprünglichere Ansetzung und Frageweise nur möglich ist durch einen ursprünglicheren Leitfaden, durch die Hermeneutik des Daseins, dann bildet diese nicht nur den ursprünglicheren Leitfaden für die Seinsfrage, sondern mit dieser auch für eine ursprünglichere Frage nach Wahrheit, Welt, Zeit und Raum. Nur wenn wir uns diese grundsätzlichen Zusammenhänge klarmachen, verfehlen wir nicht Sinn und Aufgabe der Hermeneutik des Daseins.

### *Zum 1. Abschnitt „Die vorbereitende Fundamentalanalyse des Daseins“*

Diese Analyse der Hermeneutik des Daseins heißt „Fundamentalanalyse“, weil in ihr die wesenhaften Seinsstrukturen des Daseins freigelegt werden, die die Seinsverfassung des Daseins bilden. „Vorbereitend“ ist diese Analyse in Bezug auf die Aufgabe des 2. Abschnitts „Dasein und Zeitlichkeit“. „Zeitlichkeit“ ist Heideggers existenzialer Begriff für den Seinssinn der Seinsverfassung des Daseins. Dieser Seinssinn als Zeitlichkeit bleibt im 1. Abschnitt noch unabgehoben. Aber die Fundamentalanalyse soll die anschließende Enthüllung der Zeitlichkeit des Daseins vorbereiten. Die Vorbereitung besteht darin, daß alle die Seinsverfassung des Daseins bildenden Seinsstrukturen oder Seinsbestimmungen analytisch enthüllt werden, ohne daß diese Seinsstrukturen schon hinsichtlich ihres ursprünglichen Seinssinnes zur Auslegung gelangen. „Vorbereitend“ wird die Fundamentalanalyse nicht deshalb genannt, weil sie die Beantwortung der Grundfrage nach dem Sinn von Sein überhaupt vorbereitet. Zwar trifft es zu, daß die

„Vorbereitende Fundamentalanalyse" ein erster entscheidender Schritt in der Vorbereitung der Beantwortung der universellen Seinsfrage ist. Doch dies trifft nicht nur für sie, sondern auch für den 2. Abschnitt „Dasein und Zeitlichkeit" zu. Beide Abschnitte zusammen, die Hermeneutik des Daseins im Ganzen, ist vorbereitend für die Entfaltung und Beantwortung der Frage nach dem Sinn von Sein überhaupt unter dem Titel des 3. Abschnitts „Zeit und Sein".

Das Dasein des Menschen soll in der Analytik auf seine Seinsverfassung hin ausgelegt werden. Doch deshalb ist diese Analytik keine anthropologische, sondern eine ontologische, genauer eine existenzial-ontologische. Diese Seinsverfassung aber, auf die hin das Dasein des Menschen existenzial-ontologisch enthüllt werden soll, ist in aller bisherigen Wesensbestimmung des Menschen, die sich am Leitfaden des vernünftigen Lebewesens orientiert hat, verhüllt geblieben. Diese Seinsverfassung nennt Heidegger „Existenz". Dabei ist nicht entscheidend, daß der Begriff „Existenz" schon bei Schelling und dann bei Kierkegaard und von daher bei Jaspers und den Vertretern der Existenzphilosophie auftaucht. Allein entscheidend ist, welches Seinsphänomen hier in der Hermeneutik des Daseins mit dem Begriff „Existenz" angezeigt wird. Wenn wir nur darauf achten, dann sehen wir, daß es sich um ein ursprünglicheres Seinsphänomen handelt, das sich weder bei Schelling noch bei Kierkegaard noch bei Jaspers findet. Damit ist gesagt, daß die Hermeneutik des Daseins auch dann nicht zur Existenzphilosophie gehört, wenn sie die Seinsverfassung des Daseins als Existenz begrifflich faßt.

Existenz als Seinsverfassung des Menschen, aber nicht des Menschen als animal rationale, sondern als Dasein, ist eine Seinsweise, die nur dem daseinsmäßigen Menschen eignet. Sie ist die eigenste Seinsweise des Menschen. Sie läßt sich nicht begrifflich fassen von den überlieferten Seinsbestimmungen her, weder von dem Unterschied zwischen Wassein (essentia) und Daßsein (existentia) noch von dem Unterschied von Realität und Idealität. In den Ontologien und Philosophien, in denen diese Unterscheidungen vorgenommen werden, bleibt die dem Menschen als Dasein eigenste Seinsweise, die Existenz des Daseins, verhüllt.

Diejenigen Seinsbestimmungen oder Seinsstrukturen, die zur Seinsverfassung der Existenz gehören, nennt Heidegger nicht Kategorien, sondern Existenzialien. Kategorien sind dagegen nur Seinsbestimmungen von nichtdaseinsmäßigem Seienden. Die ontologische Analytik des Daseins hinsichtlich seines Seins, der Existenz, heißt deshalb nicht kategorial-, sondern existenzial-ontologische Analytik.

Weil es in dieser Analytik darauf ankommt, das Dasein in seiner Existenz und deren existenzial-ontologischen Verfassung hermeneutisch zur Auslegung zu bringen, muß die Idee von Existenz, die die Analytik auf jedem ihrer Schritte leiten soll, in einer formalen Anzeige an den Anfang der Analytik gestellt werden. Diese in methodischer Hinsicht notwendige Aufgabe, der einsetzenden Analytik den sicheren Leitfaden in Gestalt einer formalen Anzeige an die Hand zu geben, übernimmt das 1. von insgesamt 6 Kapiteln des 1. Abschnitts. Hier ist es vor allem der § 9 „Das Thema der Analytik des Daseins", der die Herausstellung der formalen Anzeige nach zwei Hinsichten vornimmt (S. 41-45).

Die erste Hinsicht geht auf die Existenz selbst. Hierzu heißt es: „Das ‚Wesen' des Daseins liegt in seiner Existenz" (S. 42) und nicht in einem wie auch immer faßbaren Wassein, aber ebensowenig im Wirklichsein in der Bedeutung von existentia. Damit ist die Existenz des Daseins von vornherein dem überlieferten ontologischen Begriffspaar von essentia – existentia entzogen. Existenz als Seinsweise des Daseins besagt: Das Dasein *ist* (existiert) in der Weise, daß es ihm *in* seinem Sein *um* dieses Sein *geht*. Existieren heißt somit: Sorgetragen für das eigene Sein, und dieses Sorgetragen für das Wie seines Seins ist der Vollzugscharakter des Existierens.

Die zweite Hinsicht betrifft jenen Seinscharakter des Menschen, den die Tradition mit dem Begriff des Selbst gefaßt hat vor allem in der Rede vom Selbstbewußtsein. Aber die Tradition hat diesen Selbstcharakter im Horizont ihres Seinsverständnisses ontologisch so gefaßt, daß die Selbstheit zum Wassein des Menschen als dem vernünftigen Lebewesen gehört. Daher kommt es in der existenzial-ontologischen Analytik darauf an, den Selbstcharakter des Menschen dem kategorial-ontologischen Seinsverständnis zu entziehen und ihn mit Blick auf die daseinsmäßige Existenz neu zu gewinnen. Diesen zur Seinsweise der Existenz gehörenden Selbstcharakter nennt Heidegger zunächst die *Jemeinigkeit* (S. 42).

Die Selbstheit als die Jemeinigkeit bestimmt sich ihrerseits aus der Existenz, d.h. aus der Weise, wie es mir in meinem Sein um mein Sein geht. Die Jemeinigkeit ist keine starre Ichheit, sondern ist selbst eine

Weise, wie ich mich zu ihr verhalte. Hier sind vor allem drei Vollzugsweisen abzuheben, in denen ich das je-meinige Dasein bin. Die erste Vollzugsweise der je-meinigen Existenz nennt Heidegger die „Eigentlichkeit", die zweite die „Uneigentlichkeit" und die dritte die modale „Indifferenz", jene Vollzugsweise, die sich zwischen Eigentlichkeit und Uneigentlichkeit hält. Die Indifferenz wird auch als die Seinsart der „Alltäglichkeit" bezeichnet, weil das Dasein alltäglich, d.h. zunächst und zumeist, in dieser indifferenten Vollzugsweise existiert. Die Existenz in ihrer Jemeinigkeit besagt, daß es mir in meinem Sein um dieses geht. Das besagt ferner, daß ich mich in meinem Sein verstehe, nicht in der Weise des Erkennens, sondern in der Weise des vollzugshaften Sorgetragens-für. In diesem ist mir mein Sein als Existenz vollzugshaft aufgeschlossen. In meiner für mich selbst jemeinig aufgeschlossenen Existenz existiere ich aber entrückt bzw. erstreckt in die Erschlossenheit des Seins jenes Seienden, zu dem ich mich im Existenzvollzug so oder so verhalte.

Das Für-mich-selbst-aufgeschlossensein der jemeinigen Existenz und das darin aufgeschlossene verstehende Entrücktsein in die Erschlossenheit vom Sein des nichtdaseinsmäßigen Seienden bildet zusammen das Seinsverstehen oder Seinsverständnis. Der Mensch als Dasein ist in der Weise eines Verstehens von Sein, seines eigenen Seins und in der Weise des verstehenden Erstrecktseins der Seinsweisen des Seienden, zu dem er sich wesenhaft verhält. Das im Existenzvollzug als je je-meinige Existenz verstandene Sein ist aufgeschlossen als jemeiniges Entrücktsein-in, während das im Existenzvollzug verstandene Sein des nichtdaseinsmäßigen Seienden aufgeschlossen ist als das, wohin das Dasein existierend erstreckt ist. Das Erstreckt-oder Entrücktsein der Existenz nennt Heidegger in Anlehnung an das griechische Wort Ekstatikon den ekstatischen Charakter der Existenz. Das Wohin aber der verstehend entrückten Existenz ist der *Horizont.* Die Existenz des Daseins ist somit ekstatisch-horizontal verfaßt.

Von hier aus klärt sich das Wort „Da-sein" auf. „*-sein*" im Wort Da-*sein* steht für die Existenz. Im Vollzug des Existierens ist Sein als Existenz und Sein als nichtdaseinsmäßiges verstanden, aufgeschlossen. Diese im Vollzug des Existierens aufgeschlossene *Erschlossenheit* von Existenz und nichtdaseinsmäßigen Seinsweisen ist das „Da-" aus dem „*Da*-sein".

Nur weil der Mensch als Da-sein seinsverstehend existiert, versteht er sich selbst in seinen Verhaltungsweisen zu Seiendem und versteht er das Seiende, zu dem er sich verhält, als das, was und wie dieses Seiende jeweils ist.

Was wir jetzt in formal anzeigender Weise herausgestellt haben: das Da-sein in seiner zwiefach seinsverstehenden Existenz, soll auf dem Weg der Hermeneutik des Daseins seine schrittweise Erfüllung finden.

Im 2. *Kapitel* setzt die in methodischer Hinsicht phänomenologisch enthüllend verfahrende Analytik ein mit der ersten Enthüllung jener Grundverfassung des Daseins, die als das *In-der-Welt-sein* bezeichnet wird. Weil das In-der-Welt-sein keine ontische, sondern eine ontologisch-existenziale Verfassung des Daseins in seiner seinsverstehenden Existenz ist, wird diese Grundverfassung phänomenologisch enthüllt als eine Verfassung der ekstatisch-horizontalen Erschlossenheit. Das In-derWelt-sein zeigt eine strukturale Dreigliederung von drei Strukturen: die erste existenzial-ontologische Struktur ist die *Welt,* die zweite das jeweilige *Wersein* des Daseins als des In-der-Weltseins, die dritte das *In-Sein* selbst. Jede dieser drei Strukturen wird in dieser Reihenfolge kapitelweise in der vorbereitenden Fundamentalanalyse hermeneutisch-phänomenologisch freigelegt und untersucht.

Diese existenzial-ontologische Grundverfassung des In-der-Weltseins hält sich mit ihrer ekstatisch-horizontalen Erschlossenheit verhüllt. Als so wesensmäßig verhüllte ist sie aber zugleich die Bedingung der Möglichkeit dafür, daß das Dasein sich selbst erschlossen ist in seinen Verhaltungen zum innerweltlichen Seienden und daß dieses Seiende für das sich zu ihm verhaltende Dasein verständlich ist als das, was es und wie es jeweils ist. Um schrittweise enthüllend zu den Bedingungen der Möglichkeit vorzudringen, muß die Analytik einsetzen bei dem, was sie ermöglichen. Dies ist die Korrelation zwischen den daseinsmäßigen Verhaltungen und dem innerweltlichen Seienden dieser Verhaltungen.

Noch im 2. Kapitel (§ 12) kommt es zu einer ersten entscheidenden existenzialontologischen Bestimmung der daseinsmäßigen Verhaltungen. Was Heidegger Verhaltungen nennt, ist die existenzialontologische Interpretation dessen, was innerhalb der reflexiven Phänomenologie des Bewußtseins (Husserl) als die intentional verfassten

Erlebnisse oder Bewußtseinsakte bezeichnet wird. Während Heidegger den Erlebnis- und Bewußtseinsbegriff denkerisch-phänomenologisch zurückweist, sofern darin das Dasein verdeckt bleibt, hält er an der ‚Intentionalität' fest, aber bestimmt sie in ihrer Seinsart nicht aus dem Bewußtsein, sondern aus dem Dasein und dessen Seinsweise der Existenz. Wenn sich zeigt, daß die eigenste Seinsweise des Menschen nicht das Bewußtsein ist, weder das natürlich eingestellte, von der Generalthesis umfaßte, noch das transzendental gereinigte, reine Bewußtsein, sondern die seinsverstehende Existenz in ihrem Vollzugscharakter des Sorgetragens-für, dann zeigt sich damit, dass der primäre Bezug des als In-der-Welt-sein existierenden Daseins zur Welt und dem innerweltlichen Seienden keine Erkenntnis-Beziehung, sondern eine Seinsbeziehung ist. Daraus folgt, daß die erkenntnistheoretische Subjekt-Objekt-Beziehung nicht die primäre Weise ist, in welcher der Mensch als Dasein in der Welt ist.

Die primäre Weise, wie das Dasein in seinen Verhaltungen bei den innerweltlichen Dingen ist, kennzeichnet Heidegger als ein Wohnen-bei und Vertrautsein-mit ihnen. Diese Verhaltungen sind nicht primär Weisen sinnlicher Erfahrung, sondern Weisen unseres Zutunhabens-mit, Umgangsweisen-mit – mit dem Seienden in seiner innerweltlichen Bedeutsamkeit. In diesen Verhaltungen sind wir zwar intentional auf das innerweltliche Seiende unmittelbar bezogen, aber der Bezugssinn der Intentionalität bestimmt sich nicht aus dem Sein als Bewußt-sein, sondern aus dem Sein als Existenz, als Sorgetragen-für, aus der Sorge (cura) selbst, wie die Daseinsanalytik zeigen wird. Deshalb ist die existenziale Seinsart aller daseinsmäßigen Verhaltungen zum innerweltlichen nichtdaseinsmäßigen Seienden das „*Besorgen*". Die Verhaltungen sind besorgende Umgangsweisen mit dem innerweltlichen Seienden. In diesen trägt das Dasein Sorge für ihre innerweltliche Verständlichkeit.

Das *3. Kapitel* der vorbereitenden Fundamentalanalyse behandelt das erste der genannten drei Strukturen des In-der-*Welt*-seins: die *Welt*. Diese soll in ihrer existenzial-ontologischen Struktur, der „*Weltlichkeit*", hermeneutisch-phänomenologisch enthüllt werden. Weil aber Welt eine Struktur in der ekstatisch-horizontalen Erschlossenheit ist, muß die Analyse ausgehen von dem durch die Welt ontologisch Ermöglichten: vom inner-*weltlichen* Seienden. Das innerweltliche Seiende wird somit zuerst in seiner kategorial-ontologischen Seinsverfassung thematisiert. Wenn zu dieser Seinsverfassung die Innerweltlichkeit gehört, kann sie, sofern sie aufgewiesen ist, zum Leitfaden werden, der uns zurückfragen läßt in die Welt selbst.

Von hier ab erhält das innerweltliche Seiende einen eigenen ontologischen Terminus. Dieser lautet: das *Zeug*. Sonst sprechen wir in der Philosophie von den Dingen und Objekten im Unterschied zum erkennenden Subjekt. Weil aber unter dem Terminus ‚Ding' das Seiende in der Tradition erkenntnistheoretisch als Erfahrungsgegenstand und ontologisch als Substanz mit ihren Eigenschaften gedacht wird, und weil weder der Erfahrungsgegenstand noch das Ding als Substanz und Eigenschaften die primäre Weise ist, wie das Seiende uns in unseren alltäglichen Verhaltungen zu ihm begegnet, wählt Heidegger einen neuen ontologischen Terminus für das nächst-begegnende Seiende: Zeug. Dieses Wort greift er auf aus der alltäglich gesprochenen Sprache. Das Zeug wird ontologisch zum Ding, wenn das Dasein aus der alltäglich-vorwissenschaftlichen Seinsart übergeht in die wissenschaftlich-erkennende Seinsart. Mit diesem Übergang wandelt sich auch die Begegnisweise des Seienden.

Die Seinsverfassung eines Seienden gliedert sich in das Wassein und Wiesein. Die Tradition, für die das Seiende das Ding ist, faßt das Wassein (essentia) als die Dinglichkeit und diese als Substanzialität, Materialität usf., und das Wiesein als das Wirklichsein (existentia) und dessen modale Abwandlungen. In der daseinsanalytisch geführten kategorial-ontologischen Auslegung des innerweltlichen Seienden zeigt sich als primäres Wassein des Zeugs die *„Bewandtnis"* und als primäres Wiesein die *„Zuhandenheit"* (während die existentia den Sinn von Vorhandensein hat). Zuhandenheit meint jene Weise, in der das innerweltliche Seiende für die besorgenden Verhaltungen zu ihm ‚anwesend' ist. Zuhandenheit ist somit die primäre Anwesenheitsweise des innerweltlichen Seienden.

Bewandtnis als primäres Wassein des innerweltlichen Seienden heißt: daß es *mit* jedem solchen Seienden ein *Bewenden* hat *bei* einem anderen Seienden, bei einem solchen, das mit jenem und anderen einen *Zeugzusammenhang*, einen umweltlichen Zusammenhang bildet. Jedes dieser Seienden gehört mit seiner Bewandtnis (seiner innerweltlichen Bedeutung) in einen umfassenden Bedeutungszusammenhang. Das Dasein ist in seinen besorgenden Verhaltungen zum *Bewandtnis*-bestimmten Seienden *seins*verstehend. Seins-verstehend heisst jetzt aber in Bezug auf das primäre Wassein: Bewandtnis-verstehend. Jede Bewandtnis gehört in ein Ganzes, in eine *Bewandtnisganzheit*, und diese ist ein *bedeutungshaftes Verweisungsganzes.* Die Bewandtnisganzheit und mit ihr die jeweilige Bewandtnis muss für den besorgenden Umgang mit einem bewandtnisbestimmten Seienden im vorhinein, a priori, in einem Verstehen aufgeschlossen sein. Die vorgängig in der Erschlossenheit des Da aufgeschlossene Bewandtnisganzheit ist als dieses Ganze von bedeutenden Bezügen das Phänomen der Welt, deren existenzial-ontologische Struktur als *„Bedeutsamkeit"* bezeichnet wird. Die Weltlichkeit der Welt ist die Bedeutsamkeit. Zum Seinsverständnis des Daseins gehört somit auch das Welt-Verständnis. Dasein existiert als In-der-Welt-sein weltverstehend, indem es eine Bewandtnisganzheit als Welthorizont versteht, innerhalb dessen es sich von den bedeutenden, den Weltbezügen verstehend verweisen läßt.

Sofern aber Dasein aus der jeweiligen aufgeschlossenen Bewandtnisganzheit die jeweilige Bewandtnis eines Seienden heraushebt, ist es mit seinem Weltverständnis zumal seinsverstehend. Es versteht im vorhinein das primäre Wassein als Bewandtnis. Das Seinsverständnis in Bezug auf das innerweltliche Seiende ist aber zugleich ein Verstehen des zum primären Wassein gehörenden primären Wieseins, der Zuhandenheit. Auch diese ist mit dem primären Wassein und der Welt im Seinsverständnis a priori aufgeschlossen.

Die ekstatisch-horizontale Aufgeschlossenheit von Welt, Wassein als Bewandtnis und Wiesein als Zuhandenheit ist die ontologische Bedingung der Möglichkeit dafür, daß sich das Dasein zu innerweltlichem Seienden verhalten kann und daß dieses Seiende dem Dasein als so oder so bewandtnisbestimmtes zuhandenes Seiendes begegnen kann. Das im besorgenden Verhalten des Daseins Sichzeigen des bewandtnisbestimmten zuhandenen Seienden, dieses Sichzeigen als das, was und wie es ist, diese Verständlichkeit des Seienden nennt Heidegger ontologisch die *„Entdecktheit"* des Seienden. Die Entdecktheit ist die Weise, wie das Seiende *als* das Seiende *offenbar* ist. Somit müssen wir terminologisch und sachlich unterscheiden zwischen der Erschlossenheit von Welt und Sein und der Entdecktheit (Offenbarkeit) von Seiendem. Welt und Sein sind erschlossen, Seiendes ist entdeckt. Der hier zwischen Erschlossenheit von Welt und Sein und der Entdecktheit von Seiendem waltende Unterschied ist das, was Heidegger die *ontologische Differenz* nennt. Die *fundamentalontologische Fassung* der *ontologischen Differenz*, des ontologischen Unterschiedes von Welt- und Seinserschlossenheit und Entdecktheit, Offenbarkeit des Seienden müssen wir sehr genau beachten, weil sie gerade zu dem gehört, was im seynsgeschichtlichen Denken verwandelt wird zum *Unter-Schied von Welt und Ding*, Ding jetzt im seynsgeschichtlichen Sinne. In der transzendental-horizontalen Blickbahn wird die Erschlossenheit als die ontologische Bedingung der Möglichkeit für die Entdecktheit und Offenbarkeit des Seienden gedacht.

Noch innerhalb des Dritten Kapitels des 1. Abschnitts folgt auf die Weltanalytik die existenzial-ontologische *Raum-Analytik.* Mit dem Welt-Verstehen ist das Dasein auch *Raum-verstehend.* Die Raum-Analytik erfolgt nach drei Hinsichten: 1. in der Hinsicht auf die primäre Räumlichkeit des innerweltlich, des zeughaft Seienden; 2. in der Hinsicht auf die Weise, wie das Dasein selbst im Raume ist, seine existenziale Räumlichkeit; 3. in der Hinsicht auf die Räumlichkeit der Welt. So wie das primäre Wassein des innerweltlichen Seienden nicht die Substanzialität ist, sondern die Bewandtnis, so ist auch seine primäre Räumlichkeit nicht der bloße Ortsraum oder der Eigenraum, sondern der aus seiner Bewandtnis vorgezeichnete *Platz*, der zu einer *Platzmannigfaltigkeit* gehört. Im Unterschied zum bedeutungshaften Platz ist die *Gegend* das Wohin der Platzganzheit eines Zusammenhanges von innerweltlichem Seienden.

Das Dasein selbst ist in seinem In-der-Welt-sein dergestalt im Raum, d.h. räumlich existierend, daß es sich in seinem Welt-und Bewandtnisverstehen *„ausrichtend“* und *„nähernd“* zum innerweltlichen Seienden verhält. Im *Ausrichten* schlägt es eine Richtung in eine Gegend ein, in eine Gegend der erschlossenen Bewandtnisganzheit. Im *Nähern,*das Heidegger auch das *Ent-fernen* nennt als das Verschwindenmachen der Ferne, läßt das besorgend sich verhaltende Dasein das jeweilige Seiende aus einer Gegend der Bewandtnisganzheit in seinen bewandtnisvorgezeichneten Platz begegnen.

Im Anschluss an die existenzial-ontologische Welt-und Raum-Analytik kommt es im *4. Kapitel* zur Analytik des zweiten Strukturmomentes aus dem In-derWelt-sein, des *Werseins* des Daseins unter dem Titel „Das In-der-Welt-sein als Mit-und Selbstsein. Das ‚Man‘“. Es gehört zu den entscheidenden Einsichten der Hermeneutik des Daseins und der durch sie geführten Ausarbeitung der universellen Seinsfrage, daß zwar alles nichtdaseinsmäßige Seiende in seiner Seinsverfassung bestimmt ist durch eine Seinsweise und ein von dieser vorgezeichnetes Wassein, daß aber das daseinsmäßige Seiende in seinem Sein verfaßt ist durch das *Wiesein der Existenz,* niemals aber durch ein sachhaltiges Wassein, sondern durch ein von der Existenz vorgezeichnetes *Wersein.* Das Wersein ist das Selbstsein, aber so, daß das Selbstsein vom existenzialen Wersein her gesehen und seinsmäßig bestimmt werden muß. Durch die Jemeinigkeit der Existenz existiert das Dasein nicht als ein einförmiges Wer-oder Selbstsein, sondern in unterschiedlichen Weisen (Modi) als indifferent-alltägliches Wer-oder Selbstsein, als uneigentliches Wer-oder Selbstsein und als eigentliches Wer-oder Selbstsein. Weil das Dasein zunächst und zumeist, vorherrschend, in der alltäglichen Indifferenz oder Uneigentlichkeit existiert, ist die vorbereitende Fundamentalanalyse so angelegt, daß sie das Dasein in seiner nächsten Seinsart, der Alltäglichkeit, in die hermeneutische Vorhabe nimmt, um erst im zweiten Durchgang der Analytik unter dem Titel „Dasein und Zeitlichkeit" die nichtalltägliche Seinsart, die Seinsart der Eigentlichkeit des Daseins, zu enthüllen. Mit der analytischen Durchdringung der Seinsart der Alltäglichkeit und durchschnittlichen Indifferenz gelangt auch die existenziale Struktur der Uneigentlichkeit zur hermeneutischen Abhebung. Im 4. Kapitel ist gefragt nach dem alltäglichen bzw. uneigentlichen Wersein (Selbstsein) des Daseins.

Das jemeinig existierende Dasein ist kein solus ipse, es existiert vielmehr *wesenhaft im Miteinandersein* mit anderem Dasein. Aber auch dieses Miteinandersein muß der üblichen erkenntnistheoretischen Auslegungsweise im Sinne der *Einfühlungstheorie* entzogen werden. Wo das Miteinandersein in der Blickweise der Einfühlungstheorie thematisch wird, wird der primäre Bezug zum Anderen als eine Erkenntnisbeziehung angesetzt. Aber so, wie der primäre Bezug zur Welt und zum innerweltlichen Seienden keine Erkenntnisbeziehung, sondern eine Seinsbeziehung ist, so ist auch der primäre Bezug zum Anderen ein existenzialer Bezug. Die jemeinige Existenz ist an ihr selbst und für sie selbst verfaßt als ein existenzialapriorisches *Mitsein*-mit-anderem-Dasein, und dieses aus dem Mitsein verstandene andere Dasein heißt terminologisch *Mitdasein.* Die hermeneutisch-phänomenologische Freilegung des Existenzials des Mitseins soll zeigen, daß jedes Dasein in seiner durch Jemeinigkeit verfassten Existenz verstehend erstreckt ist in die Dimension des Anderen als solchen, der fremden Existenz. Jedes Dasein verhält sich somit, wenn es sich in seinem Sein zu seinem Sein als Mitsein verhält, je schon zu Anderem. Und weil die Existenz als Mitsein mit Anderen verfaßt ist als In-der-Weltsein, ist die Welt meines In-der-Welt-seins nicht nur meine, sondern auch schon die Welt des Anderen: eine mit dem Anderen verstehensmäßig geteilte Welt, die *Mitwelt.*

Welche aus der Existenz als dem Sorgetragen-für sich bestimmende Seinsart kommt den Verhaltungen des Daseins in seinem Mitsein mit dem Mitdasein zu? Die Seinsart des *Be*sorgens ist geführt von einem Verstehen des primären kategorialen Wasseins der Bewandtnis und des primären Wieseins der Zuhandenheit. Daher kann die Seinsart der Verhaltungen zum Anderen nicht die des *Be*sorgens sein, da der Andere kein Seiendes ist in der Seinsverfassung der Bewandtnis und Zuhandenheit, sondern wie ich selbst ein daseinsmäßiges Seiendes im Wiesein der Existenz und in seinem jeweiligen Wersein. Deshalb wählt Heidegger einen anderen, aber ähnlich lautenden Terminus: *Für*sorge. In meinen Verhaltungen zu anderem Dasein verhalte ich mich nicht besorgend, wohl aber fürsorgend zu ihm. Denn meine Verhaltungen zum Anderen sind in ihrem Seinsverständnis geführt durch die Erschlossenheit von Sein als Fremdexistenz.

Welches ist aber die nächste Weise meines Werseins? Die hermeneutisch-analytische Antwort lautet: das neutrale Wer-oder Selbst-sein, das *Man-Selbstsein,* das *Man.* Das Man aber kann sich als alltägliches Wersein nur ausbilden, weil mein Dasein und jedes andere Dasein von Hause aus, also wesenhaft durch das Mitsein verfaßt ist. Das auf dem Grunde des Mitseins sich vollziehende Miteinandersein bildet immer schon eine öffentliche Verständlichkeit von Welt und Existenz aus – jene *Öffentlichkeit,* die ihrerseits alle Welt-und Daseins-Auslegung regelt. Nicht jede Öffentlichkeit, aber die hier gemeinte Öffentlichkeit ist eine nicht aus dem je eigenen und ursprünglichen Existenzvollzug entspringende Aufgeschlossenheits-und Ausgelegtheitsweise des In-der-Welt-seins im ganzen, in der das Wer des Daseins das neutrale Man-Selbst ist.

Im *5. Kapitel* „Das In-Sein als solches" erfolgt nun die Analytik des dritten Strukturmoments des In-der-Welt-seins. Wie sich gezeigt hat, waren das erste und das zweite Strukturmoment keine einfache Struktur, sondern ein gegliedertes Ganzes von existenzialen und auch kategorialen Seinsstrukturen. Das In-Sein umfaßt jene existenzialen

Existenz-Strukturen, in denen das Da, die Erschlossenheit, existenzial-horizontal aufgeschlossen ist.

Heidegger setzt ein mit der analytischen Freilegung jenes Daseins-Phänomens, das er die *Befindlichkeit* nennt, deren existenzial-ontologische Struktur als die *Geworfenheit* bezeichnet wird. Befindlichkeit ist der existenzial-ontologische Titel für das Phänomen der Stimmungen und Gestimmtheit, die in der Tradition Gefühle und Affekte genannt werden. Solange die Stimmungen psychologisch und philosophisch am Leitfaden des vernünftigen Lebewesens gesehen und ausgelegt werden, bleibt ihr daseinsmäßiges Wesen verhüllt. Verstand und Vernunft sind dann die maßgebenden Erkenntnisweisen neben der sinnlichen Erfahrung, und die Gefühle selbst haben in Bezug auf die Erkenntnisgegenstände keine Erkenntnisfunktion, sondern nur eine begleitende Bedeutung. Ist aber der Leitfaden des Fragens und Untersuchens das Dasein in seiner seinsverstehenden Existenz, dann öffnet sich der hermeneutische Blick für ein fundamentales Wesen der Stimmungen. Jetzt zeigen sie sich als stimmungsmäßige Erschlossenheitsweisen des In-der-Welt-seins im Ganzen.

Das bedeutet, daß es gerade auch die Gestimmtheitsweisen sind, die Welt erschließen, so, daß das innerweltliche Seiende gemäß der jeweiligen stimmungsmäßigen Welterschlossenheit begegnet: als das Furchtbare, Erfreuende, Langweilende usf. Hier gehören die Stimmungen zur primären Begegnisweise des innerweltlichen Seienden.

Allen Stimmungen aber kommt ein gemeinsamer Grundzug zu: Sie erschließen dem gestimmten Dasein die *Faktizität* oder *Geworfenheit* der Erschlossenheit seines In-der-Welt-seins. Die stimmungsmäßige Erschließungsweise geschieht mit dem Dasein, so, daß es ohne sein Zutun an ihm selbst und für es selbst aufgeschlossen ist. Der Geworfenheitscharakter der Erschlossenheit des In-der-Welt-seins und mit ihm des Seins im Ganzen zeigt, daß das Dasein kein Selbstbewußtsein und kein Subjekt im neuzeitlichen Verständnis ist, das sich in seiner Subjektivität selbst zu begründen vermag. Das Existenzial der Geworfenheit gibt zu verstehen, daß das Dasein ihm selbst, d.h. daß ihm die Erschlossenheit seines In-der-Welt-seins *überantwortet, übergeben* ist, um sie existierend im Entwerfendsein zu übernehmen. Die vollzugshafte Übernahme dessen, worein das Dasein je schon geworfen, versetzt ist, geschieht in jenem anderen, der Geworfenheit korrespondierenden Existenzial, das Heidegger das *Verstehen* nennt. Wie das existenzial-ontologische Grundphänomen der Befindlichkeit seine Struktur in der Geworfenheit hat, so hat das korrespondierende existenzial-ontologische Grundphänomen des Verstehens seine Struktur im *Entwerfen* und *Entwurf*. Daß aber innerhalb der hermeneutischen Analytik des In-Seins als solchen zuerst die Befindlichkeit und anschließend das Verstehen, nicht aber umgekehrt, zum hermeneutischen Aufweis gebracht wird, ist Ausdruck dessen, daß der Entwurf wesenhaft geworfener und darin endlicher Entwurf ist. Der geworfene Entwurf wird es sein, an den das Ereignis-Denken anknüpft. Deshalb ist es für unseren Kommentar der „Beiträge zur Philosophie (Vom Ereignis)" unumgänglich, daß wir uns zuvor ein zureichendes hermeneutisches Verständnis von der Existenz in ihrer Vollzugsweise des geworfenen Entwurfs verschaffen.

Gleich im Anschluß an die hermeneutische Analyse des Existenzials der Befindlichkeit und ihrer existenzialen Struktur der Geworfenheit folgt die hermeneutische Analyse des Existenzials des *Verstehens* mit seiner Struktur des *Entwurfs*. Vom Verstehen war schon die Rede, als wir mit Heidegger auf der textlichen Grundlage des 1. Kapitels die Existenz in ihrer Jemeinigkeit formal angezeigt und dazu gesagt haben: Das Dasein *ist* in der Weise, daß es ihm *in* seinem Sein *um* sein Sein *geht*, – daß es Sorge trägt für sein Sein, daß es sich in der Weise dieses Sorgetragens-für in seinem Sein *versteht*. In diesem sorgenden Verstehen ist ihm sein Sein als dieses sorgende Verstehen aufgeschlossen. Darin ist das Dasein zumal verstehend entrückt in die horizontale Erschlossenheit der mannigfaltigen unterschiedlichen Seinsweisen des Seienden, zu dem es sich verhält. Das Dasein *ist* somit in der Weise eines Verstehens von Sein, von Sein als der eigenen Existenz und vom Sein *des* Seienden, zu dem es sich existierend verhält. Im § 31 der Vorbereitenden Fundamentalanalyse wird nun dieses Verstehen aus dem Seinsverständnis eigens existenzial-ontologisch untersucht. Wichtig ist zu beachten, wie jetzt das Verstehen als existenziale Weise-zu-sein thematisiert wird. Das Verstehen als existenziale Seinsweise wird zunächst thematisiert als das Sichverstehen in seinem eigenen Sein als In-der-Welt-sein unter methodischer Abblendung dessen, daß das Sichverstehen in seinem Sein zumal das Verstehen des Seins vom nichtdaseinmäßigen Seienden ist.

Um den existenzialen Sinn des Verstehens deutlich werden zu lassen, knüpft Heidegger an einen bestimmten Gebrauch dieses Wortes in der vorphilosophischen Sprache an. Wir sagen z.B.: ‚Er versteht seine Sache gut', die Ausübung dieser oder jener Fertigkeit. „Verstehen hat dann die Bedeutung von *Können.* Etwas verstehen heißt dann: etwas können. Diese ontische Bedeutung greift Heidegger auf, um sie für die existenziale Seinsweise des Sichverstehens in seinem Sein ontologisch zu verwenden. Das Existieren als ein Sich-in-seinem-Sein-verstehen ist ein Können des Seins. Das Gekonnte dieses Seins ist das Sein als Existenzvollzug. Das Sein als Existenzvollzug ist ein seinsmäßiges Können. Weil dieses Können das Sein des Daseins ist, spricht Heidegger terminologisch vom *Seinkönnen.*

Das existenziale Können ist an ihm selbst ein *„Möglichsein"*, aber weder ein logisches noch ein kategorial-ontologisches Möglichsein, sondern ein *existenzial-ontologisches Möglichsein.* Dasein existiert in der Weise des Sein-könnens, des So-oder-So-sein-könnens. Das So-oder-So betrifft ein Zweifaches: zum einen die schon benannten unterschiedlichen Vollzugsweisen des Existierens (indifferent, uneigentlich, eigentlich) und zum anderen die mannigfaltigen *gehaltlichen* Möglichkeiten des In-der-Welt-seins. Was so angesprochen wird, zeigt uns erst, wie Dasein zu seinen besorgenden Verhaltungsweisen zu innerweltlichem Seienden und zu seinen fürsorgenden Verhaltungsweisen zu anderem Dasein kommt. Die verschiedenen besorgenden-fürsorgenden Verhaltungsweisen gehören je in ein Ganzes, das sie untereinander zusammengehören läßt. Dieses Ganze nennt Heidegger *„Existenz-Möglichkeit"*. Dasein existiert in und aus Existenz-Möglichkeiten. Sie sind es, um die es dem Dasein in seinem Sein geht. Weil aber die Existenz verfaßt ist als In-der-Welt-sein, sind die Existenz-Möglichkeiten solche des In-der-Welt-seinkönnens. Das besagt aber, daß zu jeder ganzheitlichen Existenz-Möglichkeit eine Welt, ein jeweiliger Welthorizont gehört. Jede Existenz-Möglichkeit ist eine Weltbezogene und von daher gesehen eine auf innerweltliches Seiendes bezogene Möglichkeit.

Wie gelangt Dasein in seine Möglichkeiten des In-der-Welt-seins ? Diese sind ihm je schon mit der faktischen, geworfenen Erschlossenheit seiner Existenz vorgegeben – vorgegeben als *faktisch* erschlossene und so je und je *ergreifbare.* Das Ergreifen solcher faktisch aufgeschlossener und insofern vorgegebener Möglichkeiten vollzieht sich als Verstehen des Existenzvollzuges, als ein Sein-Können in der Weise des verstehenden Übernehmens. Das verstehende Übernehmen vollzieht sich aber als ein vollzugshaftes Aufschließen: als ein *Für-mich-aufschließen* dieser oder jener Möglichkeit. Da die faktische Erschlossenheit in der Weise der Befindlichkeit eine je und je gestimmte Erschlossenheit ist, sind die faktisch aufgeschlossenen Möglichkeiten des In-der-Welt-seins stimmungsmäßig aufgeschlossen.

Das vollzugshafte Für-mich-aufschließen dieser oder jener in der faktischen Erschlossenheit vorgegebenen Möglichkeit meines In-der-Welt-sein-könnens hat die existenzial-ontologische Struktur des *Entwurfes.* Dasein existiert in der Weise des Entwerfens, des Sichentwerfens auf je eine Möglichkeit seines In-der-Welt-seinkönnens, des Für-sich-aufschließens einer solchen Möglichkeit. Weil dies Entwerfen Möglichkeiten aufschließt, die ihm als entwerfbare, aufschließbare vorgegeben sind in der faktischen, d.h. geworfenen Erschlossenheit, ist der Entwurf wesenhaft ein geworfener. Dasein existiert somit in der Weise des geworfenen Sichentwerfens auf je eine Möglichkeit seines In-der-Welt-seins: der so entworfenen, d.h. entwerfend aufgeschlossenen Möglichkeit entspringen zum einen die mannigfaltigen Verhaltungsweisen zu innerweltlichem Seienden und zum anderen die mannigfaltigen Bewandtnisse für das Begegnen von diesem in seiner jeweiligen Bewandtnisbestimmtheit.

Innerhalb der Analyse des Verstehens und dessen Entwurfscharakters zeigt Heidegger zugleich, wie Dasein in unterschiedlichen Vollzugsweisen seines geworfenen Entwerfens existiert. Zum Können seines Seinkönnens gehört auch, daß es sich entweder primär in die Erschlossenheit von Welt seines besorgenden Verhaltens verlegt, oder daß es sich primär in die Erschlossenheit seines geworfenen Sichentwerfens verlegt. In der letzteren Vollzugsweise seines Existierens schließt es die Erschlossenheit seines In-der-Welt-seins *ursprünglich* auf, weil es den geworfenen Entwurf in der ihm möglichen Weise vollzieht, so daß Dasein sich darin *ganz zu eigen* ist, d.h. in *eigentlicher* Weise existiert. In der anderen Vollzugsweise seines Existierens vollzieht es das geworfene Entwerfen gerade nicht in der ihm möglichen Weise, existiert es nicht in der Weise des Sichzueigenseins, existiert es in der Weise der durchschnittlichen Indifferenz oder gar Uneigentlichkeit. Die drei Vollzugsweisen des geworfenen Sichentwerfens sind drei unterschiedliche Weisen, in denen die Erschlossenheit des In-der-Welt-seins im ganzen aufgeschlossen ist.

Das geworfene Sichentwerfen auf eine mögliche Erschlossenheitsweise des In-der-Welt-seins ist die existenzial-ontologische Bedingung der Möglichkeit dafür, daß das Dasein in seinen besorgenden Verhaltungen *entdeckend* sich zu innerweltlichem Seienden verhalten kann, und ferner, daß dieses Seiende als innerweltliches entdeckbar, also *offenbar* und verstehbar wird. Das entdeckende Verhalten ist seinerseits verstehend, aber in der Weise des ‚*Auslegens*' des im *geworfenen* Entwerfen Entworfenen, Aufgeschlossenen. Deshalb folgt auf die hermeneutische Analyse des entwerfenden Verstehens die Analyse der existenzialen „*Auslegung*" (§ 32). Dasein existiert vor der Möglichkeit des wissenschaftlichen oder philosophischen Auslegens je schon vorphilosophisch und vorwissenschaftlich ‚auslegend'. Auch das Auslegen ist eine existenziale Seinsweise, die zur Seinsweise des geworfenen Entwurfs gehört, dergestalt, daß alles geworfen Entworfene, also das Entwurfsverständnis, sich in ein Auslegungsverständnis modifiziert. *Auslegung als Seinsweise des Daseins* heißt: das im geworfenen Entwerfen Entworfene *sich zueignen, auseinanderlegen* und *ausdrücklich* machen. Wichtig ist, daß gesehen wird, daß das existierende Auslegen zusammengeht mit dem genannten Entdecken, so, daß *alles Entdecken auslegend* und *alles Auslegen entdeckend* ist. Auslegend ist das Dasein nicht nur im Entdecken des innerweltlichen Seienden, sondern auch im Sichselbsterschließen in seinen jeweiligen besorgenden und fürsorgenden Verhaltungsweisen. Die nach allen Dimensionen des geworfen-entworfenen In-derWelt-seins sich vollziehende existenziale Auslegung bildet das Auslegungsverständnis, jenes ausdrückliche Verständnis, worin ich mir selbst erschlossen bin in meinen besorgenden-fürsorgenden Verhaltungen und worin mir das nichtdaseinsmäßige Seiende in seinem Was-und Wiesein und das Mitdasein in seinem Wersein begegnet und verständlich ist.

Im Anschluß an die drei Analysen der Befindlichkeit und Geworfenheit, des Verstehens und des Entwurfs und der Auslegung folgt die existenzial-ontologische Analytik der „Aussage als abkünftiger Modus der Auslegung" (§ 33). Ohne hier auf diese Analyse einzugehen, ist jetzt nur zu betonen, daß in dieser Analyse aufgezeigt wird, wie die Logik mit ihrem Hauptstück der Lehre vom Urteil (Aussage) nicht freischwebend ist, sondern in der Fundamentalontologie und Hermeneutik des Daseins fundiert ist: im vorprädikativen Auslegungsverständnis und im Entwurfsverständnis des geworfenen Entwerfens.

Wenn aber diese mehrfache Fundierung der Logik eingesehen ist, dann leuchtet auch ein, warum die Aussage und das Urteil nicht, wie bei Aristoteles und Kant, den Leitfaden abgeben kann für die Frage nach dem Sein als solchem in dessen eigener Erschlossenheit und Wahrheit.

Auf dem Gang der hermeneutischen Teil-Analysen des *5. Kapitels* der Vorbereitenden Fundamentalanalyse folgt jetzt die existenzial-ontologische Analytik der *Sprache und ihres daseinsmäßigen Wesens* (§ 34). Das existenziale Wesen der Sprache nennt Heidegger terminologisch *„Rede"* im Unterschied zum Wort *„Sprache"* als der worthaften Verlautbarung. Hermeneutisch aufgespürt wird das Wesen der Sprache in der Erschlossenheit des In-der-Welt-seins, die in den beiden fundamentalen Seinsweisen der Geworfenheit und des Entwurfs aufgeschlossen ist. Die Sprache ist *vor* der worthaften Verlautbarung in ihrem Wesen ein bedeutungshaftes Gliedern, das Heidegger *Artikulation* nennt. Das bedeutungshafte Artikulieren geschieht und ist geschehen ursprünglich in der Erschlossenheit der Möglichkeiten des In-der-Welt-seins. Sowohl das faktische Erschließen wie das vollzugshaft entwerfende Erschließen ist je schon ein gliederndes Erschließen. In diesem Sinne heißt es, daß Befindlichkeit und Verstehen, Geworfensein und Entwerfen, gleichursprünglich durch die Rede als das bedeutungshafte Gliedern bestimmt sind.

Das bedeutungshafte Gliedern geschieht jedoch nicht nur im Fundamentalbereich der geworfen-entworfenen Erschlossenheit, sondern auch in der Modifikation des Entwurfs- zum Auslegungsverständnis. Das Auslegungsverständnis ist dasjenige, das im Sprechen worthaft verlautet. Was wir sonst die Bedeutungen der Sprache nennen, die wir vom Laut als dem Bedeutungsträger unterscheiden – diese Bedeutungen in der worthaften Verlautbarung haben ihre ontologische Herkunft in der bedeutungshaft gegliederten Erschlossenheit des In-der-Welt-seins. Innerhalb des gegliederten Auslegungsverständnisses werden verschiedene Strukturmomente unterschieden: das, *worüber* gesprochen wird, das *Beredete,* sodann die *besondere Hinsicht,* in der über etwas gesprochen wird, das eigentlich *Geredete;* ferner die *Mitteilung* als das verstehensmäßige Teilen des Geredeten mit dem Anderen auf dem Seinsgrund des existenzialen Mitseins und Mit-einander-in-der-Welt-seins, und schließlich das worthafte Sichaussprechen des Geredeten. Das jeweils im Sprechen Geredete ist das bedeutungshaft gegliederte Auslegungsverständnis, worin das Seiende, über das wir sprechen, in seinem Wie-und Wassein entdeckt oder in seinem jeweiligen Wersein (Mitdasein) erschlossen ist.

Alle jetzt durchlaufenen Teilanalysen aus dem *5. Kapitel* sollen in *A. Die existenzial-ontologische Konstitution des Da,* der Erschlossenheit des In-der-Weltseins im ganzen zeigen. Im anschliessenden *Unterabschnitt B* wird die existenziale Struktur des alltäglich-indifferenten bzw. des uneigentlichen Vollzugsmodus des In-der-Welt-seins herausgearbeitet, den Heidegger die existenziale Seinsart des *Verfallens* nennt. Zunächst und auch zumeist, also vorherrschend, ist Dasein in der Weise sein jeweiliges In-der-Welt-sein, daß es von seinem ihm möglichen eigentlichen Selbstseinkönnens *abfällt* und an die Welt und das besorgbare innerweltliche Seiende *verfällt.* Das Verfallen ist die alltägliche Vollzugsweise des *Von-ihm-selbst-abfallens* und *Verfallens an* das innerweltliche Seiende, das Sichverlieren in die Weisen des besorgenden und fürsorgenden Verhaltens, ohne daß die Erschlossenheit dieser Verhaltungsweisen und die Erschlossenheit der Welt ursprünglich aufgeschlossen ist aus der ungeschmälerten Vollzugsweise des geworfenen aufschliessenden Entwurfs.

Im *sechsten und letzten Kapitel* der Vorbereitenden Fundamentalanalyse geht es nunmehr darum, die Struktur*ganzheit,* die alle einzeln enthüllten existenzialen Seinsweisen im vorhinein zusammenhält, hermeneutisch zum Aufweis zu bringen. Diese Ganzheitsstruktur in der Existenz des Daseins nennt Heidegger die *Sorge* – auch im Rückgriff auf die *cura* im Augustinischen Denken. Nachdem wir zu Beginn unserer Darstellung der Daseinsanalytik das Sein des Daseins, die Existenz, als ein *Sorgetragen-für* und anschließend die Seinsweisen der daseinsmäßigen Verhaltungen als das *Besorgen* und *Fürsorgen* vergegenwärtigt haben, sind wir darauf vorbereitet, in dem, was jetzt *Sorge* terminologisch genannt wird, einen *ontologischen Strukturbegriff* zu sehen und *nicht* den Ausdruck einer existenzphilosophischen und gar pessimistischen Weltanschauung. Die Existenz des Daseins im Ganzen ihrer sie bildenden existenzialen Seinsweisen zeigt dem hermeneutisch-phänomenologischen Blick die *ontologische Bewegungsstruktur* des Sorgetragens-für, und zwar für die Aufgeschlossenheitsweise des In-der-Welt-seins, das heißt der gehaltlichen Existenzmöglichkeit und der zu ihr gehörenden Welt, aber auch für die Aufgeschlossenheit von Sein überhaupt, von dem hier in der Daseinsanalytik weitgehend aus methodischen Gründen noch abgeblendet wird. Abgeblendet, um dann im *Dritten Abschnitt „Zeit und Sein“* eigens aus der methodischen Abblendung herausgenommen und eigens thematisiert zu werden. Da nun aber die jeweilige Erschlossenheitsweise des In-der-Welt-seins die existenzial-ontologische Bedingung der Möglichkeit ist für das Entdecktwerden (Offenbarwerden) und die Entdecktheit des innerweltlichen Seienden, ist die Existenz als seinshafte Sorge das Sorgetragen für die jeweilige Erschlossenheitsweise des In-der-Welt-seins und für die durch sie ermöglichte Entdecktheitsweise des innerweltlichen Seienden.

Begrifflich terminologisch wird die ganzheitliche Sorge in einer *dreigliedrigen Struktur* auseinandergelegt: als *Sich-vorweg – Schon-sein-in-einer Welt – als Sein-bei innerweltlich begegnendem Seienden.* Das Sich-vorweg ist das Sorge-strukturmoment des Entwurfs, das Schon-sein-in-einer-Welt das Sorge-strukturmoment der Geworfenheit und das Sein-bei das Sorge-strukturmoment für die existenziale Seinsweise des Besorgens, die die ontisch-existenziellen Verhaltungen ermöglicht. Im Sein-bei ist die Intentionalität als wesenhafter existenzialer Charakter enthalten. Alle anderen existenzialen Seinsweisen, die in dieser begrifflichen Formel für die dreigliedrige Sorge-Struktur nicht eigens zu Wort kommen, sind unausgesprochen in der ganzheitlichen Sorgeverfassung enthalten und leicht nachweisbar.

In dem die Vorbereitende Fundamentalanalyse abschließenden § 44 kommt es zu einer gesonderten *existenzial-ontologischen Analytik* des Grundphänomens der *Wahrheit.* Hier wird innerhalb der Hermeneutik des Daseins jenes Grundproblem vorbereitet, das Heidegger im *Dritten Abschnitt „Zeit und Sein“* im Zuge der Beantwortung der Grundfrage nach dem Sinn von Sein überhaupt als das des *eigenen Wahrheitscharakters des Seins*, als das *Grundproblem der Wahrheit des Seins*, kennzeichnet. In unserer ersten Annäherung an das Ereignis-Denken in den „Beiträgen zur Philosophie“ war die Rede vom Wesen als der Wesung der Wahrheit des Seyns als Ereignis. Was dort „Wahrheit“ des Seyns heißt, können wir nur verstehen, wenn wir zuerst nachvollzogen und begriffen haben, wie auf dem *ersten Ausarbeitungsweg der Seinsfrage* erstmals die Dimension der Wahrheit des Seins für das Seinsdenken eröffnet wird. Deshalb ist eine gründliche Durcharbeitung des § 44 als Vorbereitung für den Nachvollzug des Ereignis-Denkens eine entscheidende Voraussetzung.

Innerhalb der Vorbereitenden Fundamentalanalyse des Daseins werden *drei Weisen von Wahrheit* unterschieden, die zusammen ein *Ursprungsgefälle* bilden. Die erste Weise der Wahrheit ist scheinbar die einzige Wahrheitsgestalt: die Wahrheit der Erkenntnis, der Aussage, des Urteils, die Aussage- oder Urteils-Wahrheit als die Richtigkeit. Aber so, wie die Aussage S ist P fundiert ist im *vor*prädikativen Auslegungsverständnis, so ist nun auch die *prädikative Wahrheit* des Urteils, die prädikative Entdecktheit des beurteilten Seienden, in der *vorprädikativen Entdecktheit oder Wahrheit* des Seienden fundiert. Und so wie das Auslegungsverständnis seinerseits fundiert ist im geworfenen Entwurfsverständnis, so ist auch die vorprädikative Wahrheit oder Entdecktheit des Auslegungsverständnisses in der Erschlossenheit des In-der-Welt-seins fundiert. Diese Erschlossenheit, die bereits in „Sein und Zeit" auch ‚Lichtung' genannt wird (S. 170), diese Erschlossenheit ist es, die *das ursprünglichste Phänomen der Wahrheit* ist. Denn die Wahrheit als Erschlossenheit des In-der-Welt-seins ermöglicht die vorprädikative Wahrheit des innerweltlichen Seienden, und diese wiederum ermöglicht die prädikative Wahrheit im Sinne der Richtigkeit der Aussage bzw. des Urteils.

## *Zum 2. Abschnitt der hermeneutischen Analytik des Daseins „Dasein und Zeitlichkeit"*

Die Vorbereitende Fundamentalanalyse des Daseins, die wir in großen Zügen als Vorbereitung für den Übergang zum Ereignisdenken durchlaufen haben, hat die Aufgabe, die existenziale Seinsverfassung des Daseins schrittweise hermeneutisch-phänomenologisch freizulegen, ohne den ursprünglichen Seinssinn dieser Seinsverfassung mitzuenthüllen. Diese Enthüllung sollte sie vorbereiten. Aber der jetzt zu enthüllende ursprüngliche Seinssinn der Sorge ist nicht schon der in der Grund- oder Fundamentalfrage gesuchte Sinn von Sein *überhaupt*, sondern nur der *Seinssinn des Seins vom Dasein.* Dennoch ist die Aufgabe des 2. Abschnitts ein wesentlicher Schritt hin zum Gefragten der Grundfrage. Der 2. Abschnitt der Hermeneutik des Daseins trägt den Titel „Dasein und Zeitlichkeit", die die Zeitlichkeit des Seins des Daseins ist, die als der ursprünglichste Seinssinn der Existenz bzw. der Sorge zum Aufweis gebracht werden soll. Erst von der freigelegten Zeitlichkeit des

Daseins her kann nach dem Seinssinn des Seins *überhaupt*, d.h. aber des Seins des nichtdaseinsmäßigen Seienden, gefragt werden. Dieser über die Zeitlichkeit der Existenz hinausgehende Seinssinn wird dann im *3. Abschnitt „Zeit und Sein"* als zur ekstatischen Zeitlichkeit gehörende *Horizont der Zeit* enthüllt, den Heidegger die *Temporalität* im Unterschied zur Zeitlichkeit terminologisch benennt.

Die Hermeneutik des Daseins im ganzen, also die vorbereitende Fundamentalanalyse des Daseins hinsichtlich seines Seins als Sorge und die vertiefende Auslegung der Sorge hinsichtlich ihrer Zeitlichkeit, ist der Weg der Ausarbeitung der Grundfrage nach dem Sinn von Sein überhaupt, die im *3. Abschnitt „Zeit und Sein"* ihre Antwort erhält. An die Ausarbeitung der Grundfrage selbst ergeht nunmehr die Forderung, *radikal* zu sein. Radikal ist die Ausarbeitung nur dann, wenn die Seinsverfassung des Daseins ursprünglich ausgelegt wird. Die Daseinsanalytik als Ausarbeitungsweg der Grundfrage muß sich deshalb *kritisch* ihrer Ursprünglichkeit versichern. Ursprünglich ist die hermeneutische Auslegung des Daseins nicht nur dadurch, daß sie nach der Freilegung der Strukturverfassung der Sorge nun auch den Seinssinn der Sorge enthüllt. *Bevor* überhaupt der Seinssinn der Seinsverfassung des Daseins zur Enthüllung gelangen kann, muß sich die Daseinsanalytik dessen versichern, ob sie in ihrer bis zur Freilegung der Sorge-Verfassung gediehenen Auslegung zum einen das Dasein *als Ganzes* und zum anderen die Sorge selbst hinsichtlich der *Einheit aller* ihrer ihr zugehörigen Strukturen thematisiert wird.

Hier aber zeigt sich, daß weder das *Ganzsein* des Daseins noch die *Einheit* aller Strukturen der Sorge schon berücksichtigt worden sind. Aber hatten wir nicht hervorgehoben, daß es gerade die Sorgeverfassung sei, die die Strukturganzheit aller das Dasein bildenden existenzialen Strukturen verbürge ? Hier nun müssen wir beachten, daß die Daseinsanalytik mit *zwei unterschiedlichen Begriffen von Ganzheit* operiert, die je einen anderen Sachverhalt anzeigen. *„Ganzheit"* meint in der vorbereitenden Fundamentalanalyse die *Ganzheitsstruktur der Sorge.* Diese besagt, daß alle existenzialen Strukturen zur Sorge-Verfassung gehören. Ist aber jetzt im 2. Abschnitt der Daseinsanalytik die Rede vom *„Dasein als Ganzem"* oder vom *„Ganzsein"* bzw. *„Ganzseinkönnen" des Daseins,* dann zielen diese terminologischen Wendungen auf jenes Ganzsein des Daseins, das ihm erst mit *seinem Tod* eignet. Das Dasein ist nur dann in seinem Ganzsein in den

Blick genommen, wenn es als *Verhältnis zu seinem Tod* erblickt ist. Der Tod ist es, der das Dasein ganz sein lässt. Damit ist gesagt, daß eine Daseins-Analytik nicht den Tod als Daseinsphänomen übergehen kann, daß somit der Tod eigens in die Daseins-Hermeneutik miteinbezogen werden muß.

Aber wie verhält es sich mit der geforderten *Einheit* aller möglichen Strukturen ? Ist nicht auch diese mit der Aufweisung der Sorgeverfassung bereits gewährleistet ? Diese Frage muß verneint werden. Denn in der vorbereitenden Fundamentalanalyse ist zwar die Sorge in ihrer formal-allgemeinen Struktur gehoben. Als solche hält sie sich in allen Seinsarten des Daseins, in allen Vollzugsmodi, als gleichbleibende Wesensstruktur durch. Jedoch in der vorbereitenden Fundamentalanalyse wurde die Sorge im Vollzugsmodus der durchschnittlichen Alltäglichkeit bzw. der Uneigentlichkeit freigelegt, also in der existenzialen Struktur des Verfallens. Was nun aber noch aussteht, ist die *eigene ontologische Struktur der Sorge in ihrem Eigentlichkeits-Modus.* Erst wenn auch diese aufgewiesen ist, wird der Forderung nach der *Einheit aller* Strukturen entsprochen.

Erst nachdem die jetzt genannten beiden Ausstände in der Daseins-Analytik beseitigt sind, kann sie dazu übergehen, den Seinssinn der Sorge, die Zeitlichkeit des Daseins, hermeneutisch zu enthüllen.

Ohne daß wir für unsere Aufgabe die anstehenden Analysen eigens nachvollziehen, wenden wir unsere Aufmerksamkeit auf *die Bedeutung dieser Analysen für die radikale Ausarbeitung der Grundfrage nach dem Sinn von Sein überhaupt.* Denn dies ist die entscheidende Perspektive, in der die existenzialontologischen Analysen des *Ganzseinkönnens* und des *Eigentlichseins* des Daseins durchgeführt werden.

Das *1. Kapitel des Zweiten Abschnitts* „Dasein und Zeitlichkeit" übernimmt die Aufgabe, das *Ganzsein des Daseins* existenzialontologisch als das *existenziale Sein-zum-Tode* zu enthüllen. Hier kommt es darauf an, die Zugehörigkeit des Todes zum Dasein aus der *Seinsverfassung* des Daseins sichtbar zu machen. Das Ergebnis dieser hermeneutischen Analyse besagt, daß Dasein in seinem Sein als Sorge wesenhaft verfaßt ist als ein verstehendes Sichverhalten zum je eigenen Tod. Der Tod selbst aber gehört dergestalt zum Dasein, daß er als die *„schlechthinnige Unmöglichkeit"* des Daseins für das Dasein aufgeschlossen und so verstanden ist. Aus der Analyse des existenzialen Verstehens wissen wir, daß Dasein als Seinkönnen und als existenziale

Möglichkeit existiert, d.h. daß es sich je und je auf faktisch erschlossene Möglichkeiten seines In-der-Welt-seins entwirft und im Vollzug des Entwerfens diese Möglichkeiten *für sich* aufschließt. Wenn nun aufgezeigt werden kann, daß im Dasein der je eigene Tod als die Möglichkeit der schlechthinnigen Un-Möglichkeit des Daseins verstanden wird, dann müssen wir das *Un-* als die *Nichtung* der je in einer gehaltlichen Möglichkeit des In-der-Welt-seins *aufgeschlossenen Erschlossenheit* begreifen. Mit anderen Worten, wenn Dasein so existiert, daß ihm mit der jeweiligen Erschlossenheit einer Möglichkeit seines In-der-Welt-seins die mit dem eintretenden Tod geschehende schlechthinnige Unmöglichkeit des Daseins aufgeschlossen ist, dann heißt dies, daß Dasein die Erschlossenheit in ihrer Verendlichung durch den Tod versteht. Als schlechthinnige Unmöglichkeit der im Existenzvollzug aufgeschlossenen Erschlossenheit ist dann der Tod daseinsmäßig die *schlechthinnige Verschliessung* und *Verschlossenheit.* Existiert Dasein wesenhaft als ein Seinsverhältnis zum Tod, dann verhält es sich entwerfend aufschließend zur Erschlossenheit seines In-der-Welt-seins dergestalt, daß es sich darin auch zu der schlechthinnigen Verschließung dieser Erschlossenheit durch den Tod verhält. Weil aber Dasein in ihm möglichen verschiedenen Vollzugsmodi existiert, *kann* es sich von dem in die Erschlossenheit, in das Da, hereinstehenden Tod *abkehren* und sich primär in die Erschlossenheit der Welt und seiner besorgenden Verhaltungen zum besorgbaren Seienden verlegen. Dieser Vollzugsmodus des Existierens ist das *verfallende Sein-zum-Tod.* Für die leitende Grundfrage nach dem Sinn von Sein überhaupt ist aber entscheidend, daß *zu der Erschlossenheit,* die im *3. Abschnitt „Zeit und Sein"* als die Erschlossenheit von Sein überhaupt thematisiert werden soll, *die als Tod verstandene schlechthinnige Verschlossenheit gehört.* Durch diese Verschlossenheit ist die Erschlossenheit, ist die Wahrheit des Seins überhaupt, eine wesenhaft endliche.

Mit der Analyse des zur Existenz wesenhaft gehörenden Seins-zum-Tode ist Dasein in seinem Ganzseinkönnen, ist sein Seinkönnen als ein Ganzsein-können enthüllt. Im *2. Kapitel* geht es nunmehr darum, das Daseinsphänomen eines *eigentlichen* Seinskönnens aufzuspüren, um anschließend die existenziale Struktur eines solchen eigentlichen Seinkönnens zu gewinnen.

Die Existenzmöglichkeit des eigentlichen Seinkönnens in der Abkehr vom uneigentlich-verfallenden Seinkönnen erschließt sich dem

Dasein aus ihm selbst in der Weise eines *Rufes*, der das Dasein *in* seinem Verfallendsein *anruft*, *aufruft zu* seinem eigentlichen Seinkönnen und *vorruft in* das ihm mögliche eigentliche Seinkönnen. Das im Dasein und aus ihm geschehende Rufen als *rufendes Erschließen* ist als Ruf *Anruf*, *Aufruf* und *Vorruf* und als solcher zumal *Rückruf*, weil er das Dasein zurückruft aus dem Verfallensein an das besorgbare Seiende und zurück in die Übernahme des eigensten, ursprünglichen Vollzuges des geworfenen Entwerfens. Dieser Ruf ist Ruf des Gewissens, der *Gewissensruf*. Die Analyse des eigentlichen Seinkönnens ist die *existenzial-ontologische Gewissens-Analyse*. Wenn wir fragen, wer im Gewissensruf ruft, muß die Antwort lauten: nicht irgendeine verborgene Macht, sondern die Sorge selbst als Sein des Daseins, die Sorge in ihrem verhüllten Eigentlichkeitsmodus.

Im existenzialen Zusammenhang der Gewissens-Analyse steht die hermeneutische Analyse eines zur Existenz wesenhaft gehörenden *Schuldigseins*. Dieses wird hier *nur existenzial-ontologisch* gefaßt als das „*Grundsein einer Nichtigkeit*". Die Existenz in ihrer Sorge-Verfassung zeigt ein *dreifaches existenziales Nicht*. Das dem Schon-sein-in als der Geworfenheit eigentümliche Nicht ist jenes, das sich im faktischen Erschließen miterschließt, wenn wir verstehen, daß sich das Dasein *nicht selbst* in seine Erschlossenheit gebracht hat. Dem Sich-vorweg-sein als dem Entwurf kommt ein eigenes existenziales Nicht zu, das sich darin zeigt, daß Dasein, wenn es eine Möglichkeit seines In-der-Welt-seins ergreift, eine andere Seinsmöglichkeit *nicht* ergriffen hat, weil es sich gegen diese umwillen jener entschieden hat. Auch zum besorgendenfürsorgenden Sein-bei gehört ein eigenes konstitutives Nicht. Denn das Wählen der einen und das *Nicht*wählen der anderen Möglichkeit des In-der-Welt-seins, dieses *Nicht* zeigt sich noch einmal im Bereich der zu jener Möglichkeit gehörenden Verhaltungen. Denn auch hier kann ich nicht alle besorgenden und nicht alle fürsorgenden Verhaltungen ergreifen, die alle der einen gewählten Möglichkeit entspringen, sondern auch hier wähle ich zwischen den möglichen Verhaltungsweisen, und wenn ich die eine wähle, wähle ich *nicht* auch die andere. Dieses dreifache zur Sorgeverfassung gehörende *Nicht* zeigt die Endlichkeit der Existenz an, und diese Endlichkeit ist das Schuldigsein, als welches Dasein wesenhaft verfaßt ist.

Wenn der Gewissensruf das Dasein zum eigensten Sein aufruft, ruft er das Dasein dazu auf, sein eigenes Sein als Sorge in ihrem wesenhaften Schuldigsein zu übernehmen. Dasein *kann* aber, weil sein Sein ein Sein-können ist, diesen Gewissensruf überhören und sich von ihm, diesen verschließend, abkehren. Dasein kann aber auch auf diesen Ruf hören. Dieses Hören nennt Heidegger das *Anrufverstehen,* und dieses vollzieht sich als ein Sichentwerfen auf das eigentliche Schuldigsein des Daseins. Existiert das Dasein im Modus dieses Anrufverstehens, dann schließt es darin die Erschlossenheit der Möglichkeit seines In-der-Welt-seins in einer *ursprünglichen* Weise auf. Diese ursprünglich aufgeschlossene Erschlossenheit nennt Heidegger die *Entschlossenheit.* Diesen Begriff dürfen wir nicht in der üblichen Bedeutung verstehen: Entschlossenheit als Willensentschluss, sondern wir müssen ihn als existenzial-ontologischen Terminus für den *Ursprünglichkeitsmodus der Erschlossenheit* aufnehmen.

Auch die Analysen der Daseins-Phänomene des Gewissens und des Schuldigseins stehen wie die Analyse des Seins-zum-Tode im Dienste der Ausarbeitung der leitenden Grundfrage. Es ist eine große Gefahr, diese Analysen von ihrer dienenden Funktion zu lösen und sie zu verselbständigen. Diese Gefahr vergrößert sich noch einmal, wenn man nur auf die Termini Existenz, Selbstsein, Eigentlichsein, Uneigentlichsein, Gewissensruf starrt und die in diesen Termini angezeigten existenzialen Phänomene ihres Zentrums entzieht. Ihr Zentrum, in dem alle existenzial-ontologischen Strukturen zentrieren (SuZ, S. 231), ist jenes Grundphänomen, das Heidegger die *Erschlossenheit* nennt, die als solche die *ursprüngliche Wahrheit* als *Unverborgenheit* oder *Lichtung des Seins* ist. Die Erschlossenheit ist mit dem Existenzvollzug aufgeschlossen in der Weise des Ekstatisch-Horizontalen. Die existenzial-ontologischen Analysen von Tod, Gewissen und Schuldigsein gehören insofern *zum Ausarbeitungsweg der Seinsfrage,* als sie wesentliche Charaktere der ekstatisch-horizontalen Erschlossenheit freilegen: die zur Erschlossenheit wesenhaft gehörende schlechthinnige Verschlossenheit, wie sie sich in der Hermeneutik des Seins-zum-Tode zeigt, sowie den Wesenscharakter der vollzugshaft unterschiedlichen Aufgeschlossenheitsweisen der Erschlossenheit. Die in methodischer Hinsicht hermeneutischen, in sachlicher Hinsicht existenzialontologischen Analysen von Tod, Gewissen und Schuldigsein haben einen wesentlichen Anteil an der Enthüllung des Wesensbaus der Erschlossenheit.

Was Heidegger als Erschlossenheit bezeichnet, ist jener ursprüngliche Bereich, worin sich Sein in der Mannigfaltigkeit seiner Weisen und

Charaktere zeigen kann. Ohne den hermeneutisch-phänomenologischen Aufweis des Bereiches der Erschlossenheit könnte die Seinsfrage nicht ursprünglicher als in der Überlieferung gefragt werden – als Frage nach dem Sein als solchem und nach dem Sinn von Sein. Das Sein als solches, als es selbst, zeigt sich nur in und mit der Erschlossenheit, die für das überlieferte Fragen nach dem Sein des Seienden, nach dessen Seiendheit, verhüllt blieb.

Aber wir hatten auch schon betont, daß in den beiden Abschnitten der Hermeneutik des Daseins die Erschlossenheit zunächst vorrangig als die des In-der-Welt-seins thematisch wird unter methodischer Abblendung dessen, daß dieselbe Erschlossenheit auch die Erschlossenheit von Sein überhaupt ist. Die Erschlossenheit als solche für die Weisen und Charaktere des Seins der verschiedenen Bereiche des nichtdaseinsmäßigen Seienden bleibt auch im *Zweiten Abschnitt* der Daseinsanalytik in „Dasein und Zeitlichkeit", abgeblendet, um erst im *Dritten Abschnitt „Zeit und Sein"* aus der methodischen Abblendung herauszutreten. Was innerhalb der Hermeneutik des Daseins methodisch abgeblendet wird, darf im Durchgang durch die Daseins-Analytik nicht vergessen werden, weil diese sonst in eine sie verkürzende Perspektive gerät, die sie sachlich verfälscht.

Erst jetzt ist die Daseins-Analytik in den Stand gesetzt, im *3. Kapitel* die *Zeitlichkeit als den Seinssinn der Sorge* hermeneutisch zum Aufweis zu bringen. Die Analytik der Zeitlichkeit setzt ein im § 65. Nachdem unmittelbar zuvor der Eigentlichkeitsmodus der Sorge thematisiert worden ist, wird nun die *dreigliedrige Struktur der Zeitlichkeit* mit Blick auf die eigentliche Sorge hermeneutisch-phänomenologisch enthüllt.

Die Sorgeverfassung ist eine dreigliedrige Struktur: Sich-vorwegsein (als Entwurf), im Schon-sein-in (als Geworfenheit), als besorgend-entdeckendes Sein-bei. Soll nun diese dreigliedrige Sorgestruktur ihren ontologischen Seinssinn in der Zeitlichkeit haben, so wird auch die ekstatische Zeitlichkeit dreigliedrig strukturiert sein. Der zu enthüllende Seinssinn, die Zeitlichkeit, zeigt sich dem hermeneutisch-phänomenologischen Blick als das, was jede der drei Sorgestrukturen ermöglicht.

Entwirft sich Dasein auf eine Möglichkeit seines In-der-Welt-seins in der Weise, daß es sich als eigenstes Seinkönnen ergreift, d.h. daß es sich als dieses eigenste Seinkönnen vorweg ist, dann ist dies dem

Dasein nur so möglich, daß es sich in diesem seinem eigensten Seinkönnen, in diesem Sichentwerfen-auf, in diesem Sich-vorweg-sein „auf sich zukommen läßt". Dieses *existierende Sich-auf-sich-zukommenlassen* oder dieses *Auf-sich-zukommen* ist der gesuchte Seinssinn des sorgenden Sichvorweg-seins oder des Entwurfs. Es ist ein zeitlicher Seinssinn: das aufschließende Auf-sich-*zukommen,* die *existenziale Zukunft.* Als wesenhaft sich entwerfendes existiert Dasein *auf-sich-zukommend,* existiert es als ein aufschließendes Auf-sichzukommen. Diese existenziale Zu-kunft ist das ursprüngliche Phänomen der Zukunft, das zur Konstitution der Erschlossenheit gehört und nicht von jenem abkünftigen Zukunftsphänomen her verstanden werden darf. Die uns geläufige, die vulgäre Zukunft ist das Noch-nicht-jetzt, das seinen existenzialontologischen Ursprung im existenzialen Auf-sich-Zukommen hat.

Dasein kann sich aber nur insofern auf Möglichkeiten seines In-der-Welt-seins entwerfen, als es dafür je-schon-in-der-faktischen Erschlossenheit der entwerfbaren Möglichkeiten existiert. Doch solches Schon-sein-in ist seinerseits nur so möglich, daß das Dasein auf sein geworfenes Erschlossen-gewesen zurückkommt. Dieses existierende *Zurückkommen-auf* das schon geworfene Erschlossen-*gewesen,* das Existieren in der Weise der Übernahme dieses *Gewesenseins* ist der gesuchte Seinssinn des Schon-sein-in aus der Sorge, der Seinssinn der Geworfenheit. Es ist der zeitliche Seinssinn der *existenzialen Gewesenheit.* Auch die existenziale Gewesenheit gehört zur Konstitution der Erschlossenheit. Als solches ursprüngliches Phänomen der Gewesenheit ist es nicht die uns geläufige Vergangenheit in der Bedeutung des Nicht-mehr-jetzt. Aber das existenziale Gewesensein ist der existenzialontologische Ursprung für das abkünftige Zeitphänomen der Vergangenheit.

Die dritte Sorgestruktur, das besorgende Sein-beim innerweltlichen Seienden, hat ihren ontologischen Sinn in jenem zeitlichen Phänomen, das Heidegger das *„Gegenwärtigen"* nennt. Dasein hält im Auf-sich-zukommen und Auf-sich-zurückkommen die darin geworfen-entworfene Möglichkeit des In-der-Welt-seins gegenwärtigend aufgeschlossen und lässt das Seiende, zu dem es sich verhält, aus der aufgeschlossen gehaltenen Welt (Bedeutsamkeit) gegenwärtigend einrücken in dessen bewandtnisbestimmte Entdecktheit. Auch das *existenziale Gegenwärtigen* konstituiert mit die Erschlossenheit. Als existenziale, zur Erschlossenheit gehörende Gegenwart ist sie nicht die uns vertraute Gegenwart als das jeweilige Jetzt, sondern der existenziale Ursprung für das abkünftige Zeitphänomen des Jetzt.

Der dreigliedrige Seinssinn der Sorge kann nun wie die Sorge selbst in eine Formel gebracht werden: das *auf-sich-zukommende -auf-sich-zurückkommende Gegenwärtigen.* Diesen existenzialen Zusammenhang nennt Heidegger die *Zeitlichkeit des Daseins.* In dieser Weise existiert Dasein zeitlich, indem es *sich* in seiner Zeitlichkeit *zeitigt.* Das Zeitigen oder Sichzeitigen ist das von Heidegger gewählte Wort für die Vollzugsform, in der Dasein in der Weise der Zeitlichkeit existiert. Weil aber innerhalb der Zeitigung der Zeitlichkeit die existenziale Zukunft einen Vorrang hat, stellt Heidegger in der Formel der Zeitlichkeit des Daseins das existenziale Zukunftsphänomen an den Anfang der Formel. Im § 65 (S. 326) lautet die Formel: *die gewesend-gegenwärtigende Zukunft.*

An früherer Stelle wurde schon darauf hingewiesen, daß Dasein in seiner Existenz nicht in sich verbleibt, sondern in die Erschlossenheit *selbsthaft-ekstatisch entrückt* ist. Die drei existenzialen Zeitphänomene werden deshalb *Ekstasen* genannt.

Wenn nun aber die existenziale Zeitlichkeit mit ihren drei Ekstasen jener Seinssinn ist, der die Existenz als Sorge ermöglicht, der Vollzug der Sorge jedoch verschiedene Vollzugsmodi zeigt, dann müssen diese Vollzugsmodi der Sorge auch ihre letzte seinsmäßige Aufklärung aus der Zeitlichkeit empfangen. Die Modi der alltäglichen Indifferenz bzw. Uneigentlichkeit und der Eigentlichkeit müssen ihre ursprünglichste ontologische Wurzel in der Zeitlichkeit haben. Die Zeitlichkeit selbst zeitigt sich nicht in einer gleichförmigen Weise, sondern Dasein zeitigt sich in verschiedenen Weisen. Eine jede solche Zeitigungsweise ist der ontologische Sinn und die Ermöglichung eines Vollzugsmodus der Sorge.

Unter dem Titel „Zeitlichkeit und Alltäglichkeit" leistet das anschliessende *4. Kapitel* ein Zweifaches. Nachdem im *3. Kapitel* zunächst nur die Zeitlichkeit der Sorge-Verfassung aufgewiesen wurde, erfolgt im *4. Kapitel* eine „Wiederholung" der vorbereitenden Daseins-Analytik aus dem *1. Abschnitt,* nun aber „auf der höheren und eigentlichen ontologischen Basis" (E.A. S. 17). Diese ist aber die Zeitlichkeit. Im *4. Kapitel* geht es somit darum, die in der vorbereitenden Daseins-Analytik „vorläufig aufgezeigten Daseinsstrukturen [nunmehr] „als Modi der Zeitlichkeit" zu interpretieren. Denn es genügt nicht, lediglich nachzuweisen, dass die dreigliedrige Sorgeverfassung aus der dreigliedrigen Zeitlichkeit ontologisch ermöglicht wird. Die Sorge ist die Ganzheitsstruktur für *alle* existenzialen Strukturen, die aber nicht alle in der Strukturformel für die Sorge ausdrücklich sprachlich benannt sind. Daher muß nun in Einzelanalysen gezeigt werden, daß in der Tat alle existenzialen Strukturen ihren letzten ontologischen Sinn in der Zeitlichkeit haben, d.h. daß sie selbst jeweils ein besonderer Modus der sich zeitigenden Zeitlichkeit sind.

Das ist das eine und Entscheidende, was das *4. Kapitel* innerhalb der Zeitlichkeits-Analytik leistet. Das andere aber, das mit dem eben Erwähnten zusammengehört, ist die Herausstellung zum einen des Zeitigungsmodus des alltäglich-indifferenten bzw. uneigentlichen Sorge-Vollzugs und zum anderen des Zeitigungsmodus des eigentlichen Sorge-Vollzugs. Bisher haben wir drei terminologische Wendungen für die drei Zeitlichkeits-Ekstasen kennengelernt: das Auf-sich-zukommen, das Auf-sich-zurückkommen und das Gegenwärtigen. Diese Termini bezeichneten im *3. Kapitel* die dreigliedrige Zeitlichkeit der Sorge in ihrem Eigentlichkeits-Vollzug. Jetzt vom *4. Kapitel* ab werden diese drei Begriffe formalindifferent gebraucht für die Kennzeichnung der drei Zeitlichkeitsekstasen überhaupt, unabhängig von ihrem jeweiligen Vollzugsmodus. Das besagt: Dasein ist, ob eigentlich oder uneigentlich existierend, auf-sich-zukommend in der Weise der existenzialen Zukunft; desgleichen ist es sowohl in seinem uneigentlichen wie eigentlichen Sorgevollzugsmodus auf-sich-zurückkommend in der Weise der existenzialen Gewesenheit und ebenso ist es, ob in diesem oder jenem Vollzugsmodus existierend, gegenwärtigend in der Weise der existenzialen Gegenwart.

Sollen nun beide Vollzugsmodi aus zwei unterschiedlichen Modi des Sichzeitigens der Zeitlichkeit zum Verständnis kommen, bedarf es auch weiterer terminologischer Prägungen zum einen für die eigentliche und zum anderen für die uneigentliche Zeitlichkeit. Dies geschieht im § 68 a, der innerhalb der Zeitlichkeitsanalysen einer der wichtigsten ist. Ohne uns jetzt im einzelnen auf die Analysen einzulassen, nennen wir nur die beiden Zeitlichkeitsformeln, um sie anschliessend zu erläutern.

Die Formel für das *eigentliche Sichzeitigen* der Zeitlichkeit lautet: der *vorlaufend-wiederholende Augenblick.* Dagegen lautet die Formel für das *uneigentliche* Sichzeitigen der Zeitlichkeit: das *gewärtigende-vergessende Gegenwärtigen.*

In der ersten Formel nennt das *„Vorlaufen“* das eigentliche Auf-sichzukommen. Der Terminus „Vorlaufen“ wurde bereits im Kapitel über das Sein-zum-Tode geprägt: das eigentlich sich vollziehende Sein-zum-Tode ist ein Vorlaufen in den zur Erschlossenheit gehörenden Tod. Zur Eigentlichkeit des Daseins gehört, daß sich Dasein die mit dem Tod verstandene Endlichkeit nicht verschließt. Jetzt aber zeigt sich, daß Dasein *nur als eigentliches* Sein-zum-Tode existieren kann, wenn es sich zeitigt in der Weise des *vorlaufenden* Auf-sich-zukommen.

Das *„Wiederholen“* aus der ersten Formel zeigt das eigentliche Auf-sich-zurückkommen an. Denn es holt in diesem Zeitigungsmodus sein faktisches Gewesen (Erschlossen-gewesen) wieder, so, daß das unverschlossene, unverstellte Erschlossengewesen die Erschlossenheit seines In-der-Welt-seins konstituiert.

Was in der ersten Formel „Augen-*blick*“ genannt wird, ist das *Gegenwärtigen* im Modus der *Eigentlichkeit,* das eigentliche Gegenwärtigen. „Augen-*blick*“ bedeutet hier nicht das punktuelle Jetzt, sondern jenes gegenwärtigende Entrücktsein in die erschlossene Möglichkeit des In-der-Welt-seins, das die als Gegenwarts-Horizont aufgeschlossene Welt (Bedeutsamkeit) unverstellt aufgeschlossen hält für ein unverstelltes Begegnen des besorgbaren Seienden.

Und nun zur zweiten Formel der sichzeitigenden Zeitlichkeit: das *gewärtigende-vergessende Gegenwärtigen.* Das *„Gewärtigen“* ist der Terminus für den *uneigentlichen Vollzugsmodus* des Auf-sich-zukommens. Hier entwirft das Dasein seine Möglichkeiten des In-der-Welt-seins nicht in der Weise des Vorlaufens, sondern des Gewärtigens, worin Dasein die Welt für seine besorgenden Verhaltungen gewärtigt, ohne sie ursprünglich aufzuschließen.

In der zweiten Formel steht das *„Vergessen“* für das uneigentliche Auf-sich-zurückkommen. Das Vergessen ist eine *Weise des Verschließens.* Zeitigt Dasein sein existenziales Gewesensein in der Weise des Vergessens, dann verschließt es sich sein faktisches, geworfenes Erschlossengewesen. Dennoch ist das Vergessen eine Weise, wie Dasein sein Gewesensein zeitigt. In dieser Zeitigungsweise holt es aber sein faktisches Erschlossen-gewesen nicht eigens wieder, sondern verhält sich zu diesem verschließend.

Das „*Gegenwärtigen*" aber aus der zweiten Formel ist hier allein der Titel für das *uneigentliche* Gegenwärtigen, während das eigentliche Gegenwärtigen der Augen-*blick* ist. In der Ekstase des Gegenwärtigens – im Unterschied zur Ekstase des Augen-*blicks* – ist Dasein dergestalt gegenwärtigend in die erschlossene Möglichkeit des In-der-Welt-seins entrückt, daß es den gegenwärtigend aufgeschlossen gehaltenen Horizont der Welt nicht wie im Augen-*blick* entspringen läßt aus einer im Vorlaufen und Wieder-holen ursprünglich sich aufschließenden Erschlossenheit.

Damit verlassen wir die Zeitlichkeits-Analytik des *4. Kapitels,* um uns nur kurz dem Grundgedanken des *5. Kapitels* zuzuwenden. Dieses Kapitel steht unter der Überschrift „Zeitlichkeit und Geschichtlichkeit". Hier wird aufgezeigt, daß und wie Dasein aus seiner sich zeitigenden Zeitlichkeit *geschichtlich existiert. Existenziale Geschichtlichkeit* ist eine konkrete Weise, in der Dasein in seiner Seinsverfassung zeitlich ist. Die Geschichtlichkeit des Daseins gründet in seiner Zeitlichkeit. Das heißt zugleich, die Zeitlichkeit zeichnet vor, wie Dasein in seiner Seinsverfassung geschichtlich ist. Die existenzial-ontologische Analytik der Geschichtlichkeit des Daseins können wir innerhalb unserer Vorbereitung auf den Übergang in das Ereignis-Denken deshalb *nicht* übergehen, weil das *Ereignisdenken seinsgeschichtliches* Denken ist, weil die *Geschichtlichkeit des Seyns* im Zentrum des Ereignis-Denkens steht und weil in den „Beiträgen zur Philosophie (Vom Ereignis)" eigens auf die Analytik der Geschichtlichkeit des Daseins aus „Sein und Zeit" Bezug genommen wird. Wir müssen uns daher fragen, in welchem Verhältnis die *existenziale* Geschichtlichkeit des Daseins zur Geschichtlichkeit des *Seyns* steht.

Ebensowenig wie die Rede von der Zeitlichkeit des Daseins besagt, daß Dasein in der Zeit ist, ebensowenig meint die Geschichtlichkeit des Daseins, daß Dasein in der innerzeitlich verlaufenden Geschichte lebt. Die Geschichtlichkeit soll existenzialontologisch aus seiner Seinsverfassung, aus seiner existenzialen Zeitlichkeit aufgehellt werden. Zum Sinn von Geschichtlichkeit und Geschichte gehört aber ein ausgezeichneter Bezug des Künftigen und Gegenwärtigen zum Gewesenen. Geht es um eine ontologisch-existenziale Aufklärung der Geschichtlichkeit, dann müssen hier das Künftige, das Gegenwärtige und das Gewesene aus der ontologisch-existenzialen Zeitlichkeit begriffen werden. Welches ist also der ausgezeichnete Bezug des Daseins zum Gewesenen, von dem her sich aufklärt, inwiefern das Dasein geschichtlich ist? Jenen Bezug zum Gewesenen, der sehen lässt, wie Dasein geschichtlich existiert, nennt Heidegger das „*Sichüberliefern*". Dasein existiert auf dem Grunde seiner Zeitlichkeit, seines auf-sich-zukommenden – auf-sich-zurückkommenden Gegenwärtigens, in der Weise eines Sichüberlieferns. Das aber, was es sich überliefert, sind die überkommenen Existenz-Möglichkeiten seines In-der-Welt-seins. Diese Möglichkeiten sind überkommen von gewesenem Dasein, sind die Möglichkeiten da-gewesenen In-der-Welt-seins. Die so überkommenen Möglichkeiten nennt Heidegger auch das „*Erbe*", die ererbten Daseins-Möglichkeiten.

Die zeitliche Seinsweise des Sichüberlieferns von da-gewesenen Möglichkeiten des In-der-Welt-seins ist eine konkrete Weise des zeitigenden Auf-sich-zurückkommens. Daher gehört das Sich-überliefern ebenfalls zu einer dreigliedrigen Struktur, die als solche die *ontologisch-existenziale Struktur der Geschichtlichkeit* des Daseins bildet: das *aufsichzukommende-sichüberliefernde Gegenwärtigen.* Das Sichüberliefern als geschichtliche Seinsweise des Daseins ist ein Sichverhalten zur Erschlossenheits-Dimension des faktischen Erschlossen-*gewesen,* die als solche die überkommenen Daseins-Möglichkeiten birgt. Weil jede Möglichkeit des In-der-Weltseins eine mit dem Erbe überkommene Möglichkeit ist, die dem Dasein in seinem geworfenen Erschlossen-*gewesen* als entwerfbare vorgegeben ist, existiert Dasein nicht nur zuweilen, sondern ständig geschichtlich.

Dasein existiert wesenhaft geschichtlich, weil es wesenhaft aus ihm überkommenen Möglichkeiten seines In-der-Welt-seins existiert, die es sich überliefert, indem es diese oder jene übernimmt, übernehmend entwirft, entwerfend für sich aufschließt. Die geworfenen und entwerfbaren Möglichkeiten des In-derWelt-seins sind somit *geschichtliche Möglichkeiten.* Geschichtlich ist die jeweilige Welt der jeweiligen Möglichkeit und geschichtlich ist die Möglichkeit selbst als das jeweilige Ganze von möglichen Verhaltungen.

Ist damit aber auch die Erschlossenheit selbst geschichtlich? Und wenn die Erschlossenheit nicht nur die der Möglichkeiten des In-der-Welt-seins ist, sondern darüberhinaus die Erschlossenheit oder Wahrheit von Sein überhaupt, ist dann mit der Geschichtlichkeit des Daseins und seines Sichentwerfens auf überkommene Möglichkeiten auch die Erschlossenheit von Sein überhaupt, die transzendental-horizontal aufgeschlossene Erschlossenheit von Sein überhaupt geschichtlich ? *Offenbar nicht.* So werden wir *streng unterscheiden* müssen das, was Heidegger in „Sein und Zeit" die *Geschichtlichkeit des Daseins* und in den „Beiträgen zur Philosophie (Vom Ereignis)" die *geschichtliche Wesung der Wahrheit des Seyns* nennt.

Damit beschließen wir den Durchblick durch die Hermeneutik des Daseins aus dem *1. und 2. Abschnitt* des Ersten Teiles von „Sein und Zeit", um uns nun dem *Hauptgedankenzug des 3. Abschnittes „Zeit und Sein"* zuzuwenden, in dem die Grundfrage nach dem Sinn von Sein überhaupt ihre transzendental-horizontale Beantwortung erhält.

## *Zum 3. Abschnitt des Ersten Teiles „Zeit und Sein" und der in ihm gegebenen Antwort auf die Fundamentalontologische Grundfrage nach dem Sinn von Sein überhaupt. Die transzendental-horizontale Blickbahn der Fundamentalontologie, des ersten Ausarbeitungsweges der Seinsfrage*

Der *3. Abschnitt „Zeit und Sein"*, der 1927 in „Sein und Zeit" nicht mitveröffentlicht wurde, liegt *seit 1975* vor in der in diesem Jahr veröffentlichten Marburger Vorlesung vom Sommersemester 1927 unter dem Titel „Die Grundprobleme der Phänomenologie" (GA Bd. 24). Im Vorlesungsmanuskript findet sich auf der ersten Seite neben dem Vorlesungstitel die handschriftliche Mitteilung Heideggers: „Neue Ausarbeitung des 3. Abschnitts des I. Teiles von „Sein und Zeit", die im Band 24 auf der Seite 1 als Fussnote abgedruckt wurde. Warum „Neue Ausarbeitung" ? In den ersten Januartagen des Jahres 1927 hatte Heidegger den Entschluss gefaßt, die bis dahin gediehene Ausarbeitung des *3. Abschnittes „Zeit und Sein"* abzubrechen und zu vernichten, weil er zu der Einsicht gekommen war, daß dieser Text sprachlich nur schwer verständlich ausgefallen war. Damit sollte „Sein und Zeit" ohne diesen *3. Abschnitt* erscheinen. Zugleich faßte er den Entschluß, in dem bevorstehenden Sommersemester einen neuen Anlauf zur zweiten Ausarbeitung dieses Textes zu nehmen, die er dann im Vorlesungsmanuskript „Neue Ausarbeitung" nannte. Der Zweite Teil dieser streng systematischen und gegliederten Vorlesung trägt die entscheidende Überschrift „Die fundamentalontologische Frage nach dem Sinn von Sein überhaupt. Die Grundstrukturen und Grundweisen des

Seins“. (GA Bd. 24, S. 321ff.) Der *§ 20. „Zeitlichkeit und Temporalität“* und der *§ 21. „Temporalität und Sein“* geben die entscheidende Anwort auf die Grundfrage nach dem Sinn von Sein überhaupt (S. 389-445).

Schon im § 5 von „Sein und Zeit“, in dem Heidegger einen einleitenden Durchblick durch die Gedankenschritte der drei Abschnitte des Ersten Teiles gibt, nennt er den Weg, auf dem im Ausgang von der gewonnenen Zeitlichkeit des Daseins die „Zeit“ als „Horizont alles Seinsverständnisses“ gewonnen wird. Es ist der Weg der „ursprünglichen Explikation der Zeit als Horizont des Seinsverständnisses aus der Zeitlichkeit“ (GA Bd. 2, S. 17). Was hier die 'Zeit als Horizont' für das Seinsverständnis genannt wird, meint ebensowenig wie die existenziale Zeitlichkeit des Daseins die Zeit als das Nacheinander der Jetzt. Die Zeit als Horizont gehört vielmehr zur existenzialen Zeitlichkeit. Als dieser Horizont ist diese „Zeit“ in der Analytik der Zeitlichkeit des 2. *Abschnittes* noch unthematisch geblieben. Die Zeit als Horizont, die horizontale Zeit, war aus methodischen Gründen bisher abgeblendet. Zugleich war mit ihr die Erschlossenheit von Sein überhaupt, d.h. vom Sein des nichtdaseinsmässigen Seienden, unthematisch geblieben. Der hermeneutisch-analytische Blick konzentrierte sich auf die Hermeneutik des Daseins als des In-derWelt-seins. Freilich konnte in dieser Hermeneutik das Seinsverständnis als das Verstehen der Charaktere und Weisen des Seins des nichtdaseinsmässigen Seienden nicht gänzlich ausgeblendet werden. Die Seinsweisen der Zuhandenheit und der Vorhandenheit wurden freigelegt, aber weder wurde schon nach der möglichen Mannigfaltigkeit aller nichtdaseinsmäßigen Seinsweisen gefragt noch wurde das Verstehen der Seinsweisen der Zuhandenheit und Vorhandenheit eigens thematisiert. Es wurde weder danach gefragt, wie das Verstehen jener Seinsweisen aus der Zeitlichkeit möglich ist, noch wurde gefragt, wie das im Seinsverständnis verstandene Sein von nicht daseinsmäßigem Seienden seinen zeitlichen Sinn aus dem zur Zeitlichkeit gehörenden zeitlichen Horizont empfängt. Das alles sind Fragen und Aufgaben, die zur Entfaltung und Beantwortung der Grundfrage nach dem Sinn von Sein überhaupt gehören. Alles aber, was aus diesem Fragezusammenhang innerhalb der Hermeneutik des Daseins zunächst methodisch abgeblendet wurde, tritt jetzt unter dem Titel *„Zeit und Sein“* in das thematische Blickfeld.

Nachdem in der Hermeneutik des Daseins die ekstatische Zeitlichkeit des Daseins als dessen ursprüngliche Seinsverfassung freigelegt worden ist, wird nun in der Thematik „Zeit und Sein“ Ausschau gehalten nach einer besonderen, ursprünglichen Zeitigungsweise der Zeitlichkeit, in der sich das Verstehen, das aufschließende Entwerfen der Seinsweisen des nichtdaseinsmäßigen Seienden vollzieht. Diesem sichzeitigenden Entwerfen jener Seinsweisen ist analytisch so nachzugehen, daß sich für den analytischen Blick zeigt, wie zu dieser Zeitigungsweise ein zeitlicher Horizont, eine horizontale zeitliche Dimension gehört. Denn dieser zeitliche Horizont, diese horizontale Zeit, ist es, auf die hin jene nichtdaseinsmäßigen Seinsweisen dergestalt entworfen werden, daß sie als entworfene und d.h. aufgeschlossene einen zeitlichen Sinn haben.

Dem Zeitigungsmodus des Verstehens von nichtdaseinsmäßigem Sein analytisch nachgehen und die zu diesem Zeitigungsmodus gehörende horizontale Dimension enthüllen – das meint die Rede von der „*Explikation*“ der Zeit als Horizont des Seinsverständnisses aus der Zeitlichkeit des Daseins. Um die horizontale Zeit von der existenzialen Zeitlichkeit terminologisch deutlich zu unterscheiden, wählt Heidegger als Terminus den Titel „*Temporalität*“. Daher können wir vom *temporalen Horizont* oder auch von der *horizontalen Temporalität* sprechen. Im Unterschied zur Temporalität, die eben den Charakter von Horizont hat, ist die Zeitlichkeit des Daseins ekstatisch verfasst, so daß wir unterscheiden müssen zwischen der *ekstatischen Zeitlichkeit* und der *horizontalen Temporalität.* Aber das so Unterschiedene bleibt wesensmäßig aufeinander bezogen.

Welches ist nun der zur existenzialen Zeitigungsweise gehörende temporale Horizont ? In den §§ 20 und 21 der Vorlesung „Die Grundprobleme der Phänomenologie“ wird der temporale Horizont aus der ekstatischen Zeitlichkeit expliziert, d.h. analytisch entfaltet. In den drei Ekstasen des Auf-sich-zukommens, Auf-sich-zurückkommens und Gegenwärtigens, die jetzt nicht Ekstasen des Sichentwerfens auf eine Existenzmöglichkeit des In-der-Welt-seins sind, sondern Ekstasen des verstehenden Entwerfens von nichtdaseinsmäßigen Seinsweisen, in diesen drei Ekstasen der Zeitigung ist Dasein in das entrückt, was Heidegger die „*horizontalen Schemata*“ nennt. Die Einheit dieser drei horizontalen Schemata bilden zusammen die Einheit der horizontalen Zeit oder des temporalen Horizontes. Innerhalb der Einheit dieser drei horizontalen Schemata ist es das *horizontale Schema der Praesenz,* in das hinein das seinsverstehende Dasein mit seiner *Zeitlichkeitsekstase des Gegenwärtigens* entrückt ist. Aus dem horizontalen Schema der Praesenz, der *horizontalen Gegenwart,* empfängt Sein als Zuhandenheit (Zuhandensein) oder Sein als Vorhandenheit (Vorhandensein) seinen *temporalen Sinn,* so, daß die temporal bestimmte Zuhandenheit und Vorhandenheit zwei Weisen von *Anwesenheit,* zwei *Anwesensweisen* sind. Der zeitliche, temporale Sinn, der in „Anwesen" liegt und nicht die Bedeutung des Jetzt hat, entspringt dem zur Ekstase des Gegenwärtigens gehörenden temporalen Horizont der Praesenz.

In der Hermeneutik des Daseins sprachen wir auch vom Horizont. Dort handelte es sich aber um den *Welt-Horizont.* Die existenziale Zeitlichkeit des In-derWelt-seins ist auch ekstatisch-horizontal verfaßt, aber das Horizontale bezog sich auf die Welt. Jetzt aber nach der Hermeneutik des Daseins, in *„Zeit und Sein"*, meint die horizontale Dimension der ekstatisch-horizontalen Zeitlichkeit nicht die Welt, sondern die horizontale Zeit, aus der das nichtdaseinsmäßige Sein seinen Sinn als einen temporalen empfängt.

Zur Bestimmung des temporalen Sinnes alles nichtdaseinsmäßigen Seins gehört nun aber auch, daß der sich zeitigende Entwurf des Seins auf die horizontale Zeit als ein *Übersteigen, Transzendieren* gefaßt wird. Dasein existiert in seinem Seinsverständnis so, daß es, um sich zu Seiendem verhalten zu können, dieses Seiende im vorhinein übersteigt, *transzendiert auf seine horizontal erschlossene* und *temporal bestimmte Seinsweise.* Die Zeitlichkeit selbst und mit ihr die durch sie ermöglichte *Sorge* wird ontologisch bestimmt als ein *Transzendieren* in den Horizont hinein. Innerhalb der Thematik von „Zeit und Sein" ist die Sorge nicht mehr nur als Sorgetragen für das In-der-Welt-sein betrachtet, sondern nun auch als Sorgetragen für die *Erschlossenheit überhaupt,* d.h. hier *vom nicht daseinsmäßigen Sein.* Dieser Sorgevollzug wird aber gekennzeichnet als ein Übersteigen des Seienden auf den Horizont seines Seins hin. Die *seinsverstehende Existenz* ist danach *transzendental-horizontal verfaßt.* Die ekstatische Verfasstheit, das ekstatische Entrücktsein in den Horizont wird bestimmt als ein transzendierendes Entrücktsein, und das heißt als ein transzendentales Entrücktsein. „Transzendental" ist hier abgeleitet vom Transzendieren als der Vollzugsweise der seinsverstehenden Existenz, des Sorgetragens für die Erschlossenheit des Seins. Denn nur in der transzendental-horizontalen Erschlossenheit des Seins kann das Seiende, zu dem

Dasein sich verhält, *als* das Seiende seines Wie- und Wasseins entdeckt und verständlich werden.

Die die Daseinsanalytik leitende Grundfrage ist die nach Sinn von Sein überhaupt. Diese Grund- oder Fundamentalfrage hat jetzt ihre *grundsätzliche Antwort* erhalten. Zur Thematik von „Zeit und Sein“ gehören aber auch *vier weitere Fragen,* die Heidegger *„Grundprobleme“* nennt und die der einen Grundfrage entspringen. Diese vier Grundprobleme, in die hinein sich die Grundfrage entfaltet, sind: 1. das Grundproblem der *ontologischen Differenz;* 2. das Grundproblem der *Grundartikulation des Seins;* 3. das Grundproblem der *möglichen Modifikationen des Seins und der Einheit seiner Vielheit;* 4. das Grundproblem des *Wahrheitscharakters des Seins.* Weil diese vier Grundprobleme der Grundfrage innerhalb des Ereignis-Denkens in gewandelter Gestalt wieder auftauchen, müssen wir sie im Rahmen unserer Erläuterung der transzendental-horizontalen Blickbahn der ersten Ausarbeitung der Seinsfrage von „Sein und Zeit“ wenigstens streifen.

Unsere Darstellung sowohl der Hermeneutik des Daseins (1. und 2. Abschnitt des Ersten Teiles von „Sein und Zeit“) wie der Thematik von „Zeit und Sein“ (3. Abschnitt) hielt sich im Problemraum dieser vier zur Grundfrage gehörenden Grundprobleme. Das Grundproblem der *ontologischen Differenz* ist das Problem, den *Unterschied von Sein und Seiendem* so herauszuarbeiten, daß sich zeigt, wie Sein sich radikal von Seiendem unterscheidet. In diesem Sinne fragt die Grundfrage nach dem Sein als solchem und nicht nach dem Seienden in seinem Sein.

Das Grundproblem der *Modifikationen des Seins* besagt, daß es in dem vom Seienden in der Weise der ontologischen Differenz sich unterscheidenden Sein eine Grundartikulation, eine wesenhafte *Gliederung* gibt in *Wie-sein* und in *Was-sein.* Das Was-sein meint ein jeweils sachhaltiges Sein, das Wie-sein eine Seinsweise. Sowohl das Was-sein wie das Wie-sein unterscheidet sich vom Seienden gemäß der ontologischen Differenz.

Das Grundproblem der *Modifikationen der Seinsweisen und deren Einheit* ist die Frage nach der *Mannigfaltigkeit* unterschiedlicher Weisen des Wieseins (der Seinsweisen). Diese Seinsweisen sind zum großen Teil der Überlieferung garnicht bekannt, weil diese neben dem unterschiedlichen Was-sein (Wesen) *nur eine* Seinsweise, das *Wirklichsein (existentia)* und dessen modale Abwandlungen kennt. Vor allem hat die Überlieferung die nur dem Menschen eigene Seinsweise, die *Existenz im Unterschied zur existentia,* nie gesehen und deshalb auch nie thematisiert. Und weil sie die seinsverstehende Existenz, die eigenste Seinsweise des Daseins, übersehen hat, entgingen ihr auch die anderen Seinsweisen, wie z.B. das Zuhandensein als die *nächste* Seinsweise oder Anwesensweise des im besorgenden Umgang begegnenden innerweltlichen Seienden, des Zuhandenen. In „Sein und Zeit" nennt Heidegger insgesamt *fünf Seinsweisen: Existenz des Daseins, Zuhandenheit, Vorhandenheit, Leben* als Seinsweise von Pflanze und Tier und *Bestand* als die Seinsweise der mathematischen Zahlen und Figuren, also des mathematischen Seienden.

Das vierte Grundproblem, der *Wahrheitscharakter des Seins,* geht aufs engste zusammen mit den drei anderen Grundproblemen. Die dem Sein eigene Wahrheit ist seine Erschlossenheit, Offenheit, Gelichtetheit, Enthülltheit. Die Wahrheit des Seins ist die Enthülltheit der vielfältigen Modifikationen des Seins, die Enthülltheit der Grundartikulation im Sein, so, daß es die Gliederung im Sein in Wiesein und Wassein nur in der Erschlossenheit gibt. Schliesslich ist die Wahrheit als die Erschlossenheit von Sein überhaupt jener Bereich, in dem sich die ontologische Differenz von Sein und Seiendem zu zeigen vermag.

Alle vier Grundprobleme, die der Grundfrage entspringen, werden auf dem ersten Ausarbeitungsweg der Seinsfrage innerhalb der transzendental-horizontalen Blickbahn entfaltet und beantwortet.

Damit haben wir ein zureichendes Verständnis von der Hermeneutik des Daseins und der Beantwortung der Grundfrage nach dem Sinn von Sein in der transzendental-horizontalen Blickbahn gewonnen und können nunmehr zurückkehren zur Exposition derselben Grundfrage nach dem Sinn von Sein in der *seinsgeschichtlichen Blickbahn des Ereignis-Denkens.* Wir werden sehen, wie diese Ereignis-Blickbahn des Ereignis-Denkens gewonnen wird durch das Verlassen der transzendental-horizontalen Blickbahn, *ohne daß damit auch die Hermeneutik des Daseins verabschiedet wird.*

# Viertes Kapitel

## Das Überspringen der Transzendenz und die Überwindung des Horizontes.

Im *132. Abschnitt* der „Beiträge zur Philosophie (Vom Ereignis)" (S. 250f.) kennzeichnet Heidegger den ***immanenten Wandel*** der *transzendental-horizontalen Blickbahn* der Seinsfrage in „Sein und Zeit" in die *Ereignis-Blickbahn* so: Es gelte, „nicht das Seiende zu übersteigen (Transzendenz), sondern diesen Unterschied (von Seyn und Seiendem) und damit die Transzendenz zu überspringen und anfänglich vom Seyn her und der Wahrheit zu fragen." Aus unserer Darstellung der Entfaltung der Seinsfrage unter dem Titel „Zeit und Sein" wissen wir, was es heißt, das Seiende zu übersteigen. Das seinsverstehende Dasein übersteigt das Seiende, insofern es in seinem sichzeitigenden Entwerfen das nichtdaseinsmäßige Sein auf die horizontale Zeit, auf das horizontale Schema der Praesenz, entwirft, um aus der Erschlossenheit (Wahrheit) des so temporal bestimmten Seins das Seiende dieses Seins als ein solches zu verstehen. Zum Übersteigen als dem *Transzendieren* gehört somit wesenhaft der *Horizont* als das, wohin das seinsverstehende Dasein transzendiert. Das Seinsverstehen und das darin verstandene (enthüllte) Sein werden in dieser Blickweise transzendental-horizontal bestimmt.

Das *Verlassen* der transzendental-horizontalen Blickbahn wird gekennzeichnet als ein „Überspringen". Es gelte, die Transzendenz (und den zu ihr gehörenden Horizont) zu überspringen, und es gelte, den in dieser Blickbahn und gemäß dieser Blickbahn angesetzten Unterschied von Seyn und Seiendem zu überspringen. In unserem Durchblick durch den Gedankenweg von „Zeit und Sein" haben wir gesehen, was es heißt, daß der Unterschied, die Differenz, von Sein und Seiendem transzendental-horizontal angesetzt wird. Die Erschlossenheit von Sein ist aufgeschlossen im Vollzug des daseinsmäßigen Transzendierens in den Horizont der Zeit und des aus dieser temporal bestimmten Seins, so, daß wir von der *transzendental-horizontalen Erschlossenheit des Seins* sprechen. Diese ist die *„Bedingung der Möglich-*

*keit*", d.h. die ermöglichende Bedingung dafür, daß Seiendes *als* Seiendes entdeckt, offenbar, verständlich ist. Die Aufforderung, den transzendental-horizontal bestimmten Unterschied von Sein und Seiendem und mit ihm die Transzendenz zu überspringen, heißt, daß der Unterschied von Seyn und Seiendem nicht mehr transzendental-horizontal, sondern in einer anderen Weise gedacht werden müsse, die der Wesung der Wahrheit des Seyns als Ereignis entspricht. Ferner besagt die Aufforderung, Transzendenz und Horizont zu überspringen, daß auch der daseinsmäßige Bezug zum nichtdaseinsmäßigen Sein in anderer Weise zu sehen und zu fassen sei.

Das hier genannte „Überspringen" ist kein beliebiges. Das Wort ist auch kein sprachliches Bild und keine Metapher, sondern eine wesensmäßige Kennzeichnung des Denkens. Diese Wesensbestimmung des Denkens ergibt sich aus einem gewandelten Sehen des Bezuges der Wahrheit des Seyns zum Wesen des Menschen. Die Blickbahn von Transzendenz und Horizont soll übersprungen werden, um „anfänglich vom Seyn her und der Wahrheit zu fragen". Wie solches möglich ist, erfahren wir, wenn es im *132. Abschnitt* (S. 251) heißt: „Dieses Überspringen aber geschieht [...] durch den Einsprung in das Ereignis des Da-seins" (S. 251). Das Überspringen ist als ein Verlassen der Transzendenz ein Hineinspringen in das Ereignis, in die Er-eignung des Da-seins. Das seinsgeschichtliche Ereignis-Denken wird hier gefaßt als ein Springen. Deshalb lautet auch der Titel des dritten Kapitels ( der dritten Fügung), dem das Zitat entnommen ist, „Der Sprung". Weil das Denken des Seins als solchen, des Seins in seiner ihm eigenen Wahrheit und in seinem Bezug zum Seienden, herkommt aus der transzendental-horizontalen Blickbahn und diese sich für das Denken der Geschichtlichkeit des Seyns als Ereignis unzureichend erweist, ist dieses *Denken als Springen und Sprung zuerst ein Überspringen* und *sodann ein Einspringen.* Warum aber das Denken überhaupt als ein Springen gekennzeichnet werden muß und inwiefern es ein Einspringen in das Ereignis des Daseins ist, erfahren wir aus dem *122. Abschnitt* mit dem Titel „Der Sprung" und dem Untertitel „(der geworfene Entwurf)". S. 239. Wir nehmen die Erläuterung dieses Abschnitts vorweg, um den *Übergang von der transzendental-horizontalen zur Ereignis-Blickbahn* zu verstehen, bevor wir uns auf die Hauptgedankenzüge der einzelnen Kapitel (Fügungen) der „Beiträge" einlassen.

Der *122. Abschnitt* (S. 239), der die entscheidende *Schlüsselstelle für das Verständnis der „Beiträge" ist,* setzt so ein: „Der Sprung ist der Vollzug des Entwurfs der Wahrheit des Seyns im Sinne der Einrükkung in das Offene, dergestalt, daß der Werfer des Entwurfs als geworfener sich erfährt, d.h. er-eignet durch das Seyn". Der „Sprung" ist der Vollzug des denkerischen Entwurfs der Wahrheit des Seyns. An einer früheren Textstelle hatten wir darauf hingewiesen, daß sich das Wesen des Denkens des Seins als solchen, der Wahrheit des Seins, der Wahrheit des Seins in ihrem Bezug zur seinsverstehenden Existenz des Menschen, nicht als Reflexion, sondern als *hermeneutischer Entwurf* bestimmt. Wir wiesen darauf hin, daß das Wesen des Denkens sich aus dem bestimmt, was als Wesen des Menschen in den Blick genommen wird. Die Kennzeichnung des Denkens als Reflexion gehört zu jener Wesensbestimmung des Menschen, wonach dieser das vernünftige Lebewesen ist. Erweist sich aber das Dasein in seiner seinsverstehenden Existenz als das jetzt zu denkende Wesen des Menschen, dann muß auch das Wesen des Denkens aus dem gewandelten Wesen des Menschen bestimmt werden. Die seinsverstehende Existenz vollzieht sich in der Weise des geworfenen und auslegenden Entwurfes. Somit hat auch das Denken die Vollzugsweise eines geworfenen und sich auslegenden Entwurfs, eines ausdrücklichen hermeneutischen Entwurfs.

An diese aus dem Dasein vorgezeichnete Wesensbestimmung des Denkens knüpft Heidegger hier im *122. Abschnitt* der „Beiträge" an: Denken der Wahrheit des Seyns als Sprung, und dieser Sprung als denkerischer Entwurf. Im Vollzug dieses denkerischen Entwurfes rückt das Denken in die zu denkende Wahrheit des Seyns ein, und zwar so, „daß der Werfer des Entwurfs als geworfener sich erfährt, d.h. er-eignet durch das Seyn". Der Werfer des denkerischen Entwurfs ist das denkende Da-sein. Dieses erfährt sich im denkenden Entwerfen, d.h. im denkenden Eröffnen der Wahrheit des Seyns als „geworfen", geworfen in das, was das denkende Entwerfen eröffnet.

Doch *das alles Entscheidende* ist jetzt, daß die Geworfenheit nicht mehr nur als die unverfügbare Faktizität der Erschlossenheit des In-der-Welt-seins und des Seins überhaupt erfahren wird, sondern als ein *„Er-eignetsein" durch das Seyn,* d.h. als ein *Er-eignetsein aus einem ereignenden Zuwurf der Wahrheit des Seyns.* Mit anderen Worten, der *Durchbruch zum Ereignis-Denken* geschieht in dem Augenblick, in welchem die *denkerische Erfahrung* gemacht wird, daß die *Geworfen-*

*heit ihre Herkunft* hat *aus dem Sichzuwerfen* der Wahrheit des Seyns. Damit zeigt sich erstmals die Möglichkeit und Notwendigkeit, die *Wahrheit des Seyns selbst* und nicht nur, wie in „Sein und Zeit“, das In-der-Welt-sein des Daseins *geschichtlich* zu erfahren und zu denken.

Doch bevor wir uns fragen, was die *„Geschichtlichkeit des Seyns“* besagt, müssen wir klären, was es heißt, daß das Sichzuwerfen, der Zuwurf der Wahrheit des Seyns, als ein *„Er-eignen“* gefaßt wird, so, daß entsprechend das Geworfensein des Daseins ein „Er-eignetsein“ ist. Die Antwort auf diese Frage erhalten wir aus dem *143. Abschnitt* (S. 263): „Die Er-eignung bestimmt den Menschen zum Eigentum des Seyns“. Ebensowenig wie „Ereignis“ im Ereignis-Denken soviel wie innerzeitliches Geschehnis bedeutet, ebensowenig meint die Rede vom „Er-eignen“ ein innerzeitliches Geschehen. Aus dem Bezug der sichzuwerfenden Wahrheit des Seins zum Wesen des Menschen wird der Mensch allererst in seinem Wesen eröffnet: als ein geworfen-entwerfendes Verhältnis zu der sichzuwerfenden Wahrheit des Seyns. Somit empfängt der Mensch sein Wesen als seinsverstehendes Entwerfen aus dem Bezug der sich ihm zuwerfenden Wahrheit des Seyns. So gesehen gehört der Mensch in seinem Wesen nicht sich selbst, er ist *nicht Eigentum seiner selbst, sondern Eigentum der sich ihm zuwerfenden Wahrheit des Seyns.* So gesehen ist das Sichzuwerfen der Wahrheit des Seyns ein *Er-eignen,* ein den Menschen zum *Eigentum* der Wahrheit des Seyns *werden lassen.*

Als Eigentum der Wahrheit des Seyns *gehört* das Wesen des Menschen, das geworfene Entwerfen, *zur* Wahrheit des Seyns. In diesem Sinne heißt es im *122. Abschnitt* (S. 39): „Die Eröffnung durch den Entwurf ist nur solche, wenn sie als Erfahrung der Geworfenheit und damit der Zugehörigkeit zum Seyn geschieht“. Damit, daß die *Geworfenheit* des Entwurfes als ein *Ereignetsein aus* dem ereignenden Zuwurf erfahren wird, ist das Wesen des Menschen (das geworfene, ereignete Entwerfendsein ) als *Zugehörigkeit zur* Wahrheit des Seyns gekennzeichnet. Was aber heißt dies, daß der Mensch mit seinem daseinsmäßigen Wesen *der Wahrheit des Seyns zugehört ?* Nichts anderes als dies, daß die Vollzugsweise seines Entwerfens, seines Eröffnens, zur Wahrheit des Seyns gehört. Statt von der Wahrheit können wir auch von der Offenheit des Seyns sprechen und sagen: Seyn ist nur offen als Offenheit (Wahrheit) des Seyns, sofern der Entwurf solches eröffnet, was als Entwerfbares ihm aus dem ereignenden Zuwurf zugeworfen ist.

Das Wesen des Menschen, seine daseinsmäßige Seinsweise des geworfenen, ereigneten Entwurfs, *hat teil am* Sichöffnen der Offenheit, der Wahrheit des Seyns.

Indessen ernennt sich das Wesen des Menschen nicht durch sich selbst zu dieser Teilhabe, sondern die *Teilhabe empfängt es aus dem unverfügbaren Bezug der sich ihm zuwerfenden Wahrheit des Seyns.* So heißt es im *122. Abschnitt:* „In der Eröffnung der Wesung des Seyns wird offenbar, daß das Da-sein nichts leistet, es sei denn den Gegenschwung der Er-eignung aufzufangen, d.h. in diesen einzurücken und so erst selbst es selbst zu werden: der Wahrer des geworfenen Entwurfs" (S. 239). Das entwerfende Eröffnen der sich ihm zuwerfenden Wahrheit des Seyns ist keine Leistung des Da-seins, wenn Leistung besagt, daß der Grund ihrer Möglichkeit im Menschen selbst liegt. Das bedeutet aber nicht, daß das Wesen des Menschen zu einer „Handlungslosigkeit" verurteilt ist. Sein „Handeln" kann aber nur seinem daseinsmäßigen Wesen gemäß sein. Als Entwerfen ist es ein geworfenes, geworfen aber aus dem Zuwurf, ein ereignetes Entwerfen, ereignet aus dem ereignenden Zuwurf. Ist das entwerfende Eröffnen ein ereignetes, so heißt dies, daß es sich vollzieht als ein *Auffangen.* Es fängt den *ereignenden Zuwurf* auf, den *Gegenschwung der Er-eignung.* Denn was ihm im ereignenden Zuwurf zugeworfen wird, schwingt ihm als das Entwerfbare entgegen. Der Gegenschwung der Er-eignung ist die Kennzeichnung für den Bezug der sich zuwerfenden Wahrheit des Seyns zum Wesen des Menschen. Aus diesem Bezug geworfen, ereignet als das ereignete Entwerfendsein, verhält sich der Mensch in diesem seinem Wesen entwerfend-eröffnend, und d.h. auffangend zur sich ihm zuwerfenden Wahrheit des Seyns. Im entwerfenden Auffangen oder auffangenden Entwerfen des Zugeworfenen rückt der Mensch als Da-sein ein in die Wesung der Wahrheit des Seyns. In diesem entwerfenden Einrücken gewinnt er seine Selbstheit, aber ein *Selbstsein*, das ein selbsthaftes Entrücktsein ist in die sich ihm zuwerfende Wahrheit des Seyns. Das Selbstsein beruht darin, *Wahrer* des geworfenen Entwurfs der Wahrheit des Seyns zu sein, d.h. im Vollziehen des geworfenen Entwurfs teilzuhaben an der Offenheit als Wahrheit des Seyns. Im Wort „Wahrer" greift Heidegger die Bedeutung des Wortes *„Sorge"* aus der Daseins-Analytik auf. Das Wahren ist ein Sorgetragen für die Offenheit als Wahrheit des Seyns.

Ebenfalls im *122. Abschnitt* heißt es zu dem jetzt Ausgeführten: „Das ist der wesentliche Unterschied gegenüber aller nur *transzendentalen* Erkenntnisart hinsichtlich der Bedingungen der Möglichkeit" (S. 239). Damit setzt Heidegger das im *122. Abschnitt* hinsichtlich seiner Grundstruktur gekennzeichnete Ereignis-Denken nicht nur, aber *auch* von *seiner* transzendental-horizontalen Blickbahn ab. Denn wenn der Entwurf sich erfährt als ereignet aus dem ereignenden Zuwurf, dann vollzieht sich das Entwerfen nicht mehr als ein Übersteigen des Seienden auf den Horizont seines Seins hin. Die Vollzugsweise des geworfenen Entwurfs zeigt sich jetzt in einer anderen Weise: Weil geworfen aus dem Zuwurf, weil ereignet aus dem ereignenden Zuwurf, gehört der geworfene Seinsentwurf zum Geschehen der Offenheit als Wahrheit des Seyns. Das ist die Zugehörigkeit des daseinsmäßigen Wesens, des ereigneteten Entwurfs, zum Geschehen, zur Wesung der Wahrheit des Seyns.

Die Kennzeichnung des geworfenen Seinsentwurfes als ein *Transzendieren* wird aufgegeben, und mit dieser auch der *Horizont.* Streng genommen ist es sogar der Horizont, der zuerst überwunden wird und dessen Überwindung die des Transzendierens nach sich zieht. Denn was sich in der transzendental-horizontalen Blickbahn als die horizontale Dimension der Erschlossenheit oder Wahrheit des Seins zeigte, wird zurückgenommen in den ereignenden Zuwurf. Grob gesagt, verschwindet das Horizonthafte zugunsten des „Gegenschwunges der Ereignung". Zu diesem bedeutsamen Sachverhalt gibt es in Heideggers Handexemplar (Hüttenexemplar) der 2. Auflage (1929) von „Sein und Zeit" eine höchst bedeutsame *Randbemerkung,* die im Band 2 der Gesamtausgabe (S. 53) als Fußnote abgedruckt ist. Die Randbemerkung gehört *zum § 8*, der den Aufriss von „Sein und Zeit" enthält. Die Randbemerkung bezieht sich auf den Titel „Zeit und Sein" des 3. Abschnittes. Sie lautet: „Die transzendenzhafte Differenz. Die Überwindung des Horizontes als solchen. Die Umkehr in die Herkunft. Das Anwesen aus dieser Herkunft". Die erste Zeile hält fest: daß in „Zeit und Sein" die ontologische Differenz von Sein und Seiendem transzendenzhaft angesetzt ist, d.h. von der Transzendenz vollzogen wird und somit in der transzendental-horizontalen Blickbahn gesichtet ist. Die drei anschließenden Zeilen der Randbemerkung nennen den *Weg,* auf dem die transzendental-horizontale Blickbahn zugunsten der Ereignis-Blickbahn überwunden wird. *„Die Überwindung des Horizontes"* geschieht durch die *„Umkehr in die Herkunft“* der Geworfenheit aus dem ereignenden Zuwurf. Die jeweiligen Weisen von Anwesen werden jetzt nicht mehr angesetzt als erschlossen in der horizontalen Dimension der Erschlossenheit, sondern sie werden jetzt erfahren und gedacht aus ihrer Herkunft, dem Gegenschwung der Ereignung.

*Wie also wandelt sich die transzendental-horizontale in die Ereignis-Blickbahn ?* Grundsätzlich läßt sich zuerst einmal sagen: Jede dieser beiden Blick-und Fragebahnen für ein und dieselbe Frage zeigt zwei Bezüge in ihrer wesenhaften Zusammengehörigkeit. In der *transzendental-horizontalen Blickbahn* ist es 1. der transzendierende Bezug der Existenz zum Horizont des nichtdaseinsmäßigen Seins und 2. der horizontale Bezug des Seinshorizontes zur seinsverstehenden, geworfenentwerfenden, transzendierenden Existenz. Das Ganze dieser beiden Bezüge bildet die transzendental-horizontal verfaßte Erschlossenheit von Sein überhaupt oder Sein im Ganzen. Sein überhaupt, gleichbedeutend mit Sein im Ganzen, heißt: die Einheit von Sein als seinverstehender Existenz und der vielfältigen nichtdaseinsmäßigen Seinsweisen unter Einschluss des diesen Seinsweisen korrespondierenden Wasseins.

In der *Ereignis-Blickbahn* handelt es sich ebenfalls um zwei Bezüge: 1. der Bezug des ereigneten Entwurfes und 2. um den Bezug des ereignenden Zuwurfs. Wenn wir jene beiden Bezüge aus der transzendental-horizontalen Blickbahn ins Verhältnis setzen zu diesen beiden Bezügen aus der Ereignis-Blickbahn, so können wir sagen: Im Übergang aus der transzendental-horizontalen in die Ereignis-Blickbahn wandelt sich der transzendierende Bezug in den des ereigneten Entwurfs und wandelt sich der horizontale Bezug zur transzendierenden Existenz in den Bezug des ereignenden Zuwurfs, in den Gegenschwung der Ereignung.

Was Heidegger *„das Ereignis“* nennt, ist das *Zueinandergehören dieser beiden Bezüge.* Das Ereignis meint nicht etwa nur den Bezug des ereignenden Zuwurfs, nicht nur den Gegenschwung der Ereignung, sondern mit diesem zusammen *auch* den ereigneten Entwurf. Den Bezug des ereigneten Entwurfs zum Gegenschwung der Ereignung können wir von jetzt ab auch das Wesensverhältnis des Menschen zum ereignenden Zuwurf, zur sichzuwerfenden Wahrheit des Seyns, nennen. Damit wird klar: Das Ereignis ist nicht der Name für Etwas, was dem Dasein gegenüber ist. Vielmehr ist *„Ereignis“* der *Name* für die *Zu-*

*sammengehörigkeit von Seyn und Da-sein.* Das Ereignis ist die Zusammengehörigkeit des ereigneten Entwurfs und des ereignenden Zuwurfs, oder auch umgekehrt: die Zusammengehörigkeit von ereignendem Zuwurf und ereignetem Entwurf.

Damit haben wir das „Ereignis“ nur in seiner formalen Grundstruktur gekennzeichnet: der ereignete Entwurf im Gegenschwung des ereignenden Zuwurfs. Daß es sich dabei tatsächlich um die entscheidende Blickbahn für das nicht mehr transzendental-horizontale Denken der Wahrheit des Seyns handelt, sagt uns überdeutlich der *34. Abschnitt* aus dem „Vorblick“, der den bezeichnenden Titel trägt „Das Ereignis und die Seinsfrage“ (S. 73): „Das Ereignis ist die sich selbst vermittelnde Mitte, in die alle Wesung der Wahrheit des Seyns im voraus zurückgedacht werden muss.[...] Und alle Begriffe vom Seyn müssen von da her gesprochen werden“ (S. 73). Das Ereignis als der ereignete Entwurf der Wahrheit des Seyns im Gegenschwung des ereignenden Zuwurfs der Wahrheit des Seyns ist die *Mitte,* in die alle Wesung der Wahrheit des Seyns, d.h. alles, was das Denken von dieser Wesung erfährt und sagt, im voraus zurückgedacht werden muß. Alles, was das Denken von der Wesung der Wahrheit des Seyns denkt, muß in und aus der Ereignis-Blickbahn gedacht werden. Aber die Ereignis-Blickbahn ist für das Denken der Wahrheit des Seyns nicht nur ein äußerer Rahmen. Alles von der Wesung der Wahrheit des Seyns zu Denkende in und aus der Ereignis-Blickbahn denken, heißt vielmehr dies: Was dieses Denken von der Wesung der Wahrheit des Seyns denkt, muß ihm aus dem Gegenschwung der Ereignung zugeworfen werden als ein im Denken Aufzufangendes und im denkenden Entwerfen zu Eröffnendes. Das Denken selbst vollzieht sich als ein Entwerfen, das als solches ereignet ist aus dem ereignenden Zuwurf. So sehen wir, dass *auch das Denken selbst,* sofern es sich als ausdrücklicher ereigneter Entwurf vollzieht, *in das Ereignis gehört.*

Aber inzwischen hat sich auch unsere Behauptung, das Ereignis-Denken könne nur aus der sicheren Kenntnis sowohl der Hermeneutik des Da-seins wie des transzendental-horizontalen Weges nachvollzogen werden, bewahrheitet. Zwar wird im Ereignis-Denken die Blickbahn von Transzendenz und Horizont aufgegeben. Aber die Ereignis-Blickbahn wird nur erreicht *durch eine Wandlung* der transzendental-horizontalen Blickbahn. Wenn wir nicht die durch Transzendenz und Horizont gekennzeichnete Blickbahn beherrschen, können wir auch nicht den Übergang von ihr zur Ereignis-Blickbahn nachvollziehen.

Ferner hat sich die Notwendigkeit erwiesen, die Hermeneutik des Daseins zu beherrschen, um auch nur die erste formale Kennzeichnung der Ereignis-Blickbahn zu begreifen. *Entwurf* und *Geworfenheit* sind existenziale Seinsweisen des Da-seins, die im Zentrum der Hermeneutik des Daseins stehen. Zu ihnen gehören aber auch die übrigen, jetzt noch nicht genannten Existenzialien. Allerdings ist eines jetzt besonders zu beachten. Die Kennzeichnung der Ereignis-Blickbahn, so, wie wir diese den verschiedenen Textpassagen aus den „Beiträgen" entnommen haben, war die Kennzeichnung dessen, wie sich die transzendental-horizontal angesetzte und durchgeführte Seinsfrage in „Zeit und Sein" *wandelt in* die ereignishaft angesetzte Seinsfrage. Was in den „Beiträgen" ausgeführt ist, müssen wir verstehen als die Entsprechung zu dem, was gemäß dem Aufriß von „Sein und Zeit" im Abschnitt „Zeit und Sein" behandelt wird. Wenn wir das Verhältnis der „Beiträge" zu „Sein und Zeit" so sehen, dann haben wir auch schon *geschieden zwischen der Hermeneutik des Daseins* und der *transzendental-horizontalen Entfaltung und Beantwortung der Seinsfrage.* Soweit die Hermeneutik des Daseins aus den beiden Abschnitten nicht selbst schon von der transzendental-horizontalen Blickbahn betroffen ist – und das ist nur zum Teil der Fall – soweit bleibt sie vom Übergang aus der transzendental-horizontal angesetzten zu der aus dem Ereignis angesetzten Seinsfrage *unbetroffen.* Nur jene Bestimmungen in der Hermeneutik des Daseins, die sich aus dem Leitfaden des Transzendental-Horizontalen ergeben, werden vom *immanenten Wandel* berührt. Weil aber die Ausarbeitung der Seinsfrage in den „Beiträgen" in erster Linie der transzendental-horizontalen Durchführung der Seinsfrage in „Zeit und Sein" entspricht, *hält das Ereignis-Denken grundsätzlich an den Wesenseinsichten der Hermeneutik des Daseins fest.* In den „Beiträgen" geht es nur um eine Überwindung der transzendental-horizontalen Blickbahn und nicht etwa um die Überwindung der Hermeneutik des Daseins. (Einen Nachweis für diese These finden wir in Heideggers Zusammenarbeit mit Medard Boss in der Gewinnung und Ausarbeitung der Medizinischen Daseinsanalyse auf dem Boden der existenzial-ontologischen Daseins-Analytik von „Sein und Zeit" *nach 1945*, beginnend am 8. September 1959 im Burghölzli, seit 1965 in Zollikon: die berühmten Zollikoner Seminare). Weil die „Beiträge" vor allem eine zweite Ausarbeitung der Seinsfrage in gewandelter Blickbahn sind, also vor allem eine *immanente Auseinandersetzung* mit der Durchführung der Seinsfrage in „Zeit und Sein“, finden wir in den „Beiträgen“ nicht auch eine Wiederaufnahme der Daseins-Analytik. Die Tatsache, daß in den „Beiträgen“ nicht von der Hermeneutik des Daseins selbst gehandelt wird, darf nicht zu dem Fehlschluß führen, es gehöre zum Ereignis-Denken, auch die Daseins-Analytik aufzugeben. Um uns vor diesem weit verbreiteten Mißverständnis von vornherein zu schützen, hatten wir schon im Ersten Kapitel jene Textstelle aus den „Beiträgen“ angeführt, die festhält, *Da-sein lasse sich nur „hermeneutisch gewinnen“*. Mit diesem einen Hinweis wird deutlich gemacht, daß das Ereignis-Denken an der Hermeneutik des Daseins festhält. Denn die in „Sein und Zeit“ durchgeführte Hermeneutik des Daseins ist die notwendige neue Leitfaden-Ausarbeitung für die ursprünglicher anzusetzende Seinsfrage, unabhängig davon, ob die Seinsfrage in der transzendental-horizontalen oder in der Ereignis-Blickbahn ausgearbeitet wird.

# Fünftes Kapitel

## Der Aufriß der „Beiträge zur Philosophie (Vom Ereignis)"

Wir hatten versucht, uns vor Augen zu führen, wie die transzendentale Fragebahn für die Seinsfrage in „Sein und Zeit" übergeht in die Fragebahn des Ereignisses, die wir auch die Ereignis-Blickbahn genannt haben. Der *1. Abschnitt* der „Beiträge" ist überschrieben „Die ‚Beiträge' fragen in einer Bahn" (S. 4). Heidegger selbst also spricht von der Fragebahn. Aber diese Fragebahn ist nicht schon als gebahnte, als eröffnete vorgegeben, sondern wird durch das Ereignis-Denken erst gebahnt. Wir haben unsererseits aus didaktischen Gründen die formale Struktur dieser erst zu bahnenden Fragebahn vorausgeschickt, um ein Vorverständnis von dem, worauf dieses Denken zugeht, zu gewinnen.

Gebahnt wird die Fragebahn durch den denkerischen „Übergang zum anderen Anfang" (S. 4). An einem früheren Ort stießen wir bereits auf die beiden Grundworte des Ereignis-Denkens: der erste und der andere Anfang. Der „erste Anfang" benennt die bisherige Geschichte des abendländischen Denkens von den Vorsokratischen Denkern bis zu Nietzsche. Es ist die Seins-und Denkgeschichte der Leitfrage nach dem Seienden in seinem Sein (Seiendheit). Der Übergang zum „anderen Anfang" ist der Übergang von der Geschichte der Leitfrage zur beginnenden Geschichte der Grundfrage, in der nicht mehr nur nach dem Seienden in seinem Seiendsein, sondern nach dem Sein selbst und der ihm eigenen Wahrheit (Unverborgenheit) gefragt wird. Den Übergang von der Leitfrage zur Grundfrage vollzog bereits das Denken von „Sein und Zeit", aber noch in der transzendental-horizontalen Blickbahn. Das, was in dieser Blickbahn gedacht wird: die Erschlossenheit bzw. Wahrheit des Seins überhaupt und im Ganzen, war dem Denken der Leitfrage fremd geblieben. Aber die Blickbahn als solche, d.h. die Strukturen der Transzendenz und des Horizontes, war noch dem metaphysischen Leitfragen-Denken entnommen. Platon ist der erste Denker gewesen, der das Seiendsein des Seienden, das Eidos bzw. die Idéa als das gedacht hat, was *über* das sinnlich wahrnehmbare Seiende *hinaus* ist. Er hat das Eidos als den Gesichtskreis und Horizont gedacht, in den der Eidos-verstehende Mensch vorblickt, wenn er das Sinnending als dieses oder jenes versteht, sofern es teilhat am Eidos als seinem Wassein. Und so läßt sich alles metaphysische Denken des Seienden in seinem Sein kennzeichnen als ein Übersteigen des Seienden auf sein Sein als Wassein hin, das kategorial auslegbar ist. Doch der wesentliche Unterschied zwischen dem metaphysischen und dem nichtmetaphysischen transzendental-horizontalen Denken besteht darin, daß für Platon und alle Folgenden das horizontale Sein stets als Seiendheit des Seienden gedacht ist und das Übersteigen (Transzendieren) des Seienden auf seine horizontale Seiendheit als Denken der Vernunft und des Verstandes. Das Übersteigen des Seienden wurde niemals *daseinsmäßig* als geworfener Seinsentwurf gedacht, und ebensowenig wurde das Sein des Seienden aus der horizontalen Erschlossenheit bzw. Wahrheit des Seins gedacht. Weil aber das Denken der Grundfrage auf seinem ersten Ausarbeitungsweg zwar nicht die Sache des Denkens, wohl aber die Blickbahn von Transzendenz und Horizont aus der Metaphysik übernommen hatte, konnte es sich selbst kennzeichnen als 'Metaphysik', wenn auch nicht als Metaphysik des vernünftigen Lebewesens und der Seiendheit des Seienden, so doch als die ursprünglichere Metaphysik des Daseins und der daseinsmäßig aufgeschlossenen Erschlossenheit von Sein überhaupt. Denn formal gesehen bedeutet „Metaphysik“ das Metá, das Über-hinaus über das Seiende auf sein horizontales Sein hin. Insofern ist es dann auch folgerichtig, daß Heidegger mit dem Verlassen dieser metaphysischen Blickbahn auch die anfängliche Beibehaltung des Namens „Metaphysik“ aufgegeben hat.

Die „Beiträge zur Philosophie“, die erste nicht mehr an die transzendental-horizontale Blickbahn geknüpfte Durchgestaltung der Frage nach der Wahrheit des Seyns, bahnen allererst die neue Fragebahn, indem sie den denkerischen Übergang von der Seins-und Denkgeschichte des ersten Anfangs zur Seins-und Denkgeschichte des anderen Anfangs vollziehen. Obwohl die „Beiträge“ „schon und nur vom Wesen des Seyns, d.i. vom ‚Er-eignis‘ (S. 4) handeln, vermögen sie „noch nicht die freie Fuge der Wahrheit des Seyns aus diesem selbst zu fügen“ (S. 4). Hier fällt zum ersten Mal das Wort „Fuge“. Es nennt den inneren Gefügecharakter des Ereignis-Denkens. Auch das Ereignis-Denken ist keine bloße Aneinanderreihung von einzelnen Gedanken, sondern zeigt ein inneres Gefüge. Vor allem im neuzeitlichen, mit Descartes beginnenden Denken wird die sachliche Ordnung der Gedankenzüge als „System" gefaßt. Wie wir später sehen werden, ist der Systemcharakter des neuzeitlichen Denkens vorgezeichnet durch die sich als Subjektivität selbst begründende Vernunft. Das Denken der Vernunftsysteme gehört in die Geschichte des Leitfragen-Denkens. Somit kann das Grundfragen-Denken seine eigene innere Ordnung nicht als System im Sinne des neuzeitlichen Vernunftsystems fassen. Aber auch seine eigene sachgemäße Ordnung ist nicht der beliebigen Anordnung des Denkenden überlassen, sondern erhält ebenfalls seine Vorzeichnung aus dem, was es denkt, aus der Wahrheit des Seyns in ihrem Ereignis-charakter. Die daraus vorgezeichnete innere Ordnung nennt Heidegger die „Fuge". Die Fuge ist das Gefüge, das aber einen anderen Ordnungscharakter hat als das neuzeitliche Vernunftsystem. Wir müssen daher das Wort „Fuge" in einem strengen Sinne aufnehmen. Es bereitet uns darauf vor, den Gang des Denkens durch die „Beiträge" hindurch als einen streng gefügten zu verstehen.

Dennoch wird von den „Beiträgen" gesagt, daß sie noch nicht die „freie" Fuge der Wahrheit des Seyns aus dem Seyn selbst zu fügen vermögen. Zwar ist der Gedankengang der „Beiträge", wie wir sehen werden, selbst schon eine sechsfach gefügte Fuge. Aber diese ist nicht schon das, was Heidegger die „freie" Fuge nennt. Die sechsfach gefügte Fuge der „Beiträge" ist eine Vorgestalt jener „freien" Fuge. Daß sie nur eine Vorgestalt ist, hängt damit zusammen, daß das Denken der „Beiträge" sich versteht als im Übergang zum anderen Anfang. Somit wird unterschieden zwischen dem geschichtlichen Ort des „Überganges" und jenem geschichtlichen Ort des Innestehens im anderen Anfang. Wenn es „einstmals [...] gelingt", aus der Wahrheit des Seyns selbst und ihrem Ereignis-Charakter die „freie" Fuge der Wahrheit des Seyns zu fügen – so heisst es auf S. 4 – „wird jenes Wesen des Seyns in seiner Erzitterung das Gefüge des denkerischen Werkes selbst bestimmen". Auf dieses denkerische Werk gehen die „Beiträge" erst noch zu. Aber auch jene auf die „Beiträge" folgenden fugenmäßigen Durchgestaltungen des Denkens der Wahrheit des Seyns als Ereignis, die im Anschluß an die „Beiträge" inzwischen veröffentlicht worden sind, hatte Heidegger nicht verstanden als Werke der „freien" Fuge. Das Ereignis-Denken, das in jeder seiner Durchgestaltung ein Gefüge ist, hält sich grundsätzlich offen für neue Durchgestaltungen, ohne daß sich von einer solchen sagen ließe, sie sei die endgültige Gestalt des Ereignis-Denkens.

Gegen Schluß des *1. Abschnittes* „Die ‚Beiträge' fragen in einer Bahn" (S. 6) wird erstmals der „Aufriß" der „Beiträge", also ihr Gefüge genannt und erläutert. Aber auch dieser „Aufriß" wird unterschieden von einem „Grundriß". Der „Aufriß" der „Beiträge" „zur Vorbereitung des Übergangs" (S. 6) sei „dem noch unbewältigten Grundriß der Geschichtlichkeit des Übergangs selbst entnommen". Der „Grundriß" wäre jene Ordnungsgestalt, die der Geschichtlichkeit des Übergangs vom Ende des ersten Anfangs zum anderen Anfang entspräche, während der „Aufriß" auf diesen denkerisch noch nicht bewältigten „Grundriß" zugeht. Gemäß diesem „Aufriß" gliedert sich der Gedankenweg und Gedankengang der „Beiträge" sechsfach. Die sechs Gliederungseinheiten tragen folgende Namen:1. Der Anklang, 2. das Zuspiel, 3. der Sprung, 4. die Gründung, 5. die Zukünftigen, 6. der letzte Gott.

Ohne hier schon die sechs Namen bzw. Titel auf das hin zu erläutern, was unter ihnen zu denken sei, heißt es von diesen sechs Teilen, sie seien „keine Anreihung verschiedener Betrachtungen über verschiedene Gegenstände" (S. 6). Ebensowenig dürfen die sechs Teile genommen werden als „einleitender Aufstieg von einem Unten nach einem Droben" (S. 6). Der „Aufriß" dieser sechs Teile sei vielmehr „ein Vorriß des Zeit-Spiel-Raumes, den die Geschichte des Übergangs als ihr Reich erst schafft" (S. 6). Der „Aufriß" ist in Bezug auf jenen denkerisch noch nicht bewältigten „Grundriß" ein „Vorriß", d.h. ein vorher entworfener Riß, der den noch zu bewältigenden „Grundriß" vorbildet.

Der sechsfach gefügte „Aufriß" der „Beiträge" ist als „Vorriß" in Bezug auf jenen „Grundriß" ein „Vorriß des Zeit-Spiel-Raumes". Was hier „Zeit-Spiel-Raum" genannt wird, findet seine denkerische Entfaltung in jenem vierten Teil des „Aufrißes", der überschrieben ist „Die Gründung". Der Zeit-Spiel-Raum ist das zeithafte und raumhafte Gefüge der Wahrheit des Seyns. Mit dem Zeit-Spiel-Raum, worin die ursprüngliche Zeit und der ursprüngliche Raum in ihrem Zusammenspiel gedacht werden, deutet sich an, wie innerhalb der Ereignis-Blickbahn die Thematik der ursprünglichen Zeit und des ursprünglichen Raumes aus „Sein und Zeit", also aus der transzendental-horizontalen Ausarbeitung der Seinsfrage, wiederkehrt.

Was besagen nun die sechs Titel der sechs Gliederungseinheiten der „Beiträge" ? Für die vorläufige Beantwortung dieser Frage wenden wir uns an den *3. Abschnitt*, überschrieben mit „Vom Ereignis". Er beginnt damit, daß er zuerst die sechs Gliederungseinheiten aufführt, um anschließend im Sinne des „Vorblicks" eine Erläuterung zu geben (S. 9).

Was heißt es, wenn die Ausarbeitung der Seinsfrage in der schrittweise zu bahnenden Ereignis-Bahn mit jenem Gliederungsteil einsetzt, der überschrieben ist *„Der Anklang" ?* Was klingt hier an? Das Seyn selbst oder die Wahrheit des Seyns in ihrer bzw. in seiner *„Verweigerung"*. Das Wort „Verweigerung" wird sich uns als ein Grundwort des Ereignis-Denkens erweisen. Welches ist aber der „Ort", an dem die Wahrheit des Seyns in ihrer Verweigerung „anklingt" ? Der Ort ist ein geschichtlicher, aber nicht ein historischer. Was hier „geschichtlich" heisst, werden wir erst noch erfahren. Dieser geschichtliche Ort, der in das geschichtliche Ende der Seins-und Denkgeschichte des ersten Anfangs gehört, ist das, was Heidegger die „Seinsverlassenheit des Seienden" nennt. Die „Seinsverlassenheit des Seienden" ist aber die geschichtliche Weise, in der das Seiende aller Bereiche *als* das Seiende offenbar ist. Eine rätselhafte oder besser geheimnisvolle Offenbarkeitsweise des Seienden, die, wenn sie erfahren und bedacht wird, als „Seinsverlassenheit" zu kennzeichnen ist. „Seinsverlassenheit" heißt aber: Verlassen von der Geborgenheit und Bergung der Wahrheit des Seyns, also eine Offenbarkeitsweise, in der das Seiende nicht überhaupt nicht „ist", sondern in einer Weise „ist", die bestimmt ist durch den geschichtlichen Entzug, durch die geschichtliche Verweigerung der Bergung und Geborgenheit der Wahrheit des Seyns.

Was wir jetzt die „Offenbarkeit" des Seienden genannt haben, heißt in „Sein und Zeit" die „Entdecktheit". Innerhalb des transzendental-horizontalen Denkens zeigte sich in der „Entdecktheit" des Seienden lediglich der Unterschied zwischen der ursprünglichen, unverstellten und der nichtursprünglichen, verstellenden Entdecktheitsweise. Dieser Unterschied ergab sich daraus, daß das Dasein seinen Sorgevollzug entweder primär in das geworfene Entwerfendsein oder aber primär in die Welterschlossenheit legt. So gesehen ist weder die Erschlossenheit des In-derWelt-seins im ganzen und die Erschlossenheit von Sein überhaupt noch die aus dieser Erschlossenheit ermöglichte Entdecktheit des Seienden geschichtlich wandelbar.

Wenn dagegen das Denken der „Beiträge“ einsetzt mit der denkerischen Erfahrung jener Offenbarkeitsweise des Seienden, die als Verlassenheit von der Geborgenheit der Wahrheit seines Seyns zu kennzeichnen ist, dann ist die Offenbarkeitsweise in ihrer geschichtlichen Bestimmtheit erfahren. Damit beginnt für uns sich zu zeigen, inwiefern das Ereignis-Denken das „seinsgeschichtliche“ Denken ist.

Wird die Offenbarkeitsweise des Seienden denkerisch erfahren als Seinsverlassenheit dieses Seienden, dann *klingt* in dieser Erfahrung erstmals die Wahrheit des Seyns *an* in ihrer Verweigerung. Sie verweigert sich insofern, als sie ihre Bergung im Seienden verweigert. Mit der Seinsverlassenheit erfährt das Denken nicht nur die Geschichtlichkeit der Offenbarkeitsweise des Seienden, sondern die Geschichtlichkeit der Wahrheit des Seyns selbst, sofern diese sich verweigert, sich entzieht, sich verweigert hinsichtlich ihrer möglichen offenen Zuwendung. Verweigerung und Zuwendung gehören dann zu der Weise, wie die Wahrheit des Seyns geschieht, nicht im Sinne eines innerzeitlichen Geschehens, sondern in der Weise eines Sichentbergens und Sichverbergens. Dieses dem Seyn selbst und seiner Wahrheit eigene Geschehen des Entbergens und Verbergens nennt Heidegger das „Wesen“ als die „Wesung“ der Wahrheit des Seyns.

Zur vorläufigen Klärung, was „Geschichte“ und „geschichtlich“ innerhalb des Ereignis-Denkens heißt, werfen wir einen Blick auf den *12. Abschnitt* „Ereignis und Geschichte“ (S. 32). Hier heißt es, Geschichte werde nicht gefaßt als ein Bereich des Seienden unter anderen, Geschichte im Unterschied zu Natur, sondern „einzig im Blick auf die Wesung des Seyns selbst“. Weiter heißt es: „Das Er-eignis ist die ursprüngliche Geschichte selbst“, womit angedeutet ist, daß das Wesen des Seyns „geschichtlich“ begriffen wird.

Wenn das seinsgeschichtliche Denken der „Beiträge“ einsetzt mit dem „Anklang“ der Wahrheit des Seyns in ihrer äußersten Verweigerung, die als Seinsverlassenheit des Seienden erfahren wird, dann kann vermutet werden, daß es auf dem Gang des Denkens durch die folgenden Gliederungseinheiten darauf ankommt, die äußerste Verweigerung der Wahrheit des Seyns zu wenden in eine erneute Zukehr dieser. Somit würde auf dem Weg dieses Denkens aus dem bloßen Anklang schließlich der volle Klang, d.h. aber die sich nicht mehr verweigernde Wahrheit des Seyns in ihrer offenen Wesung als Ereignis.

Das Denken des „Anklangs" der sich als Ereignis verweigernden Wahrheit des Seyns wird zum *Zuspiel.* Nachdem das Denken im Anklang die Erfahrung gemacht hat, daß die in der Seinsverlassenheit des Seienden erfahrene äußerste Verweigerung der Wahrheit des Seyns geschichtliche Herkunft hat, die in die Geschichte des Denkens weist, ist das Denken aufgefordert, in seine eigene Geschichte denkend und sich mit ihr auseinandersetzend zurückzugehen. Da in seiner eigenen Geschichte das Sein immer nur als die Seiendheit des Seienden, nicht aber als Wahrheit des Seyns gedacht wurde, bricht für das Denken nunmehr der Unterschied auf zwischen dem bisherigen Denken des Seienden in seinem Sein und dem jetzigen und künftigen Denken der Wahrheit des Seyns. Das bisherige Denken des Seins erhält deshalb seine Kennzeichnung als das Denken des ersten Anfangs, das mit dem Anklang einsetzende Denken aber als das Denken des anderen Anfangs. Im Bedenken des bisherigen Denkens und seiner verschiedenen Grundstellungen *spielt sich* dem Denken seine bisherige Geschichte *zu* als Geschichte des ersten Anfangs, d.h. aber als Geschichte der geschichtlich sich wandelnden Bestimmungen der Seiendheit des Seienden. In jeder dieser Bestimmungen bleibt die Wahrheit des Seyns in ihrer offenen Wesung als Ereignis verweigert. Zugleich zeigt sich dem Denken im „Zuspiel", daß die Verweigerung keine gleichförmige ist, sondern mit der größer werdenden Entfernung vom vorplatonischen Anfang wächst, vor allem aber wächst mit dem Beginn des neuzeitlichen Denkens und im Verlaufe des neuzeitlichen Denkens und in der Geschichte der mathematischen Naturwissenschaft und modernen Technik. Je mehr sich aber das Eigene und Eigentümliche der Geschichte des ersten Anfangs dem Denken *zuspielt,* desto klarer spielt sich dem Denken das Andere des anderen Anfangs zu. Im Bereich des Zuspiels *spielen sich* der erste und der andere Anfang wechselweise einander *zu.* Auch und in einem besonderen Maße ist das Denken im Felde des Wechselzuspiels geschichtliches, seinsgeschichtliches Denken.

Wenn sich im Durchdenken der Geschichte der Leitfragenbeantwortung das Andere des anderen Anfangs gegenüber dem ersten Anfang zugespielt hat, ist das Denken vorbereitet, um in einem dritten Bereich den *Sprung* in das Seyn selbst und seine Wahrheit zu vollziehen. Schon einmal stießen wir auf diese seinsgeschichtliche Kennzeichnung des Denkens. Das Denken hat jetzt Sprungcharakter, weil es keinen kontinuierlichen, gleitenden Übergang von der Leitfrage nach dem Seienden als solchem zur Grundfrage nach dem Seyn selbst und seiner Wahrheit gibt, sondern so etwas wie eine Kluft, die es zu überspringen gilt. Der Sprung selbst aber ist die Vollzugsweise des Denkens, sofern dieses sich nicht mehr aus dem zum ersten Anfang gehörenden Wesen des Menschen, dem vernünftigen Lebewesen, bestimmt, sondern aus dem mit dem Aufleuchten des anderen Anfangs sich ankündigenden daseinsmäßigen Wesen des Menschen bestimmt. Darnach ist das Denken nicht diese oder jene Reflexion, sondern ausdrücklich sich vollziehender geworfener Entwurf. Das Denken vollzieht sich als das Seyn selbst und seine Wahrheit eröffnender, enthüllender Entwurf, aber so, daß es sich als geworfen erfährt aus dem Zuwurf der Wahrheit des Seyns, die sich ihm als im Entwurf denkbare zuwirft. Dieses Sichzuwerfen geschieht als das Er-eignen, ist somit ereignender Zuwurf für den aus ihm ereigneten Entwurf. Mit anderen Worten, das Denken als Sprung ist sowohl Sprung in das Da-*sein* als ereigneter Entwurf wie auch Sprung in den ereignenden Zuwurf. Anders gewendet, der Sprung ist Sprung in die Wesung der Wahrheit des Seyns als Ereignis, ist Sprung in die Zusammengehörigkeit von denkendem Da-sein und zu-denkender Wahrheit des Seyns.

Im *3. Abschnitt* „Vom Ereignis" heißt es vorgreifend vom Sprung, er erspringe den „Abgrund der Zerklüftung". Damit fallen zwei weitere Grundworte des seynsgeschichtlichen Denkens: „Abgrund" und „Zerklüftung". „Ab-grund" besagt das Wegbleiben und Ausbleiben des „Grundes", aber nicht des begründenden Grundes, nicht das Ausbleiben des Grundes als Ursache, sondern das Wegbleiben des Grundes als des Tragenden. Das Tragende ist aber als ein Grundzug der Wahrheit des Seyns zu denken, der das Seiende trägt, das Seiende, das nicht als seinsverlassenes offenbar ist, sondern offenbar in der Bergung der Wahrheit seines Seyns. – „Zerklüftung" ist gleichfalls eine Kennzeichnung der Wahrheit des Seyns. In der Erfahrung der äußersten Verweigerung des Seyns und seiner Wahrheit ist die offene Wesung der Wahrheit des Seyns als Ereignis verschlossen. Mit dem Sprung in das Seyn selbst beginnt die Zerklüftung, die Aufklaffung, d.h. die denkerische Eröffnung der Wahrheit des Seyns und ihrer Wesenszüge.

Der denkerische Sprung bereitet das Denken als „Gründung" vor. Das Denken vermag die Wahrheit des Seyns nur zu gründen, wenn diese selbst im ereignenden Zuwurf sich zuwirft als gründender Grund. Die als gründender Grund sich zuwerfende Wahrheit des Seyns wird vom Da-sein und seinem ereigneten Entwurf übernommen, und zwar in zweifacher Weise. Der gründende Entwurf gründet 1. im Wesenlassen des sich ihm zuwerfenden gründenden Grundes und gründet 2. dergestalt, daß er *auf den Grund baut,* also ein bauendes Gründen. Das bauende Gründen ist ein bauend-gründendes Entwerfen, das die Bereiche des Seienden ihrer Seinsverlassenheit entreißt und ihre jeweilige Bergungsweise der Wahrheit ihres Seyns erbaut.

Die *„Zu-künftigen"* aber – der Titel für den fünften Bereich des seinsgeschichtlichen Denkens, ist der Name für das den Sprung und die Gründung vollziehende Da-sein. Die Zu-künftigen sind jenes daseinsmäßige Menschentum, das den Übergang aus dem Ende des ersten Anfangs in den anderen Anfang vollzieht. Im *39. Abschnitt* „Das Ereignis" (S. 82) kennzeichnet Heidegger das Sein, die Seinsweise der Zu-künftigen als „die Inständlichkeit im Da-sein" (S. 82). In der Vorlesung Heideggers vom I. Trimester 1941 „Die Metaphysik des Deutschen Idealismus (Schelling)" (GA Bd. 49 )[7] äußert sich Heidegger zu seinem Grundwort „Inständigkeit": „Trotzdem das Wort „Ex-sistenz" im Hinblick auf den ekstatischen Charakter des Da-seins dessen Wesen in schöner Anmessung zu nennen vermag, habe ich seit dem öffentlichen Bekanntwerden der ‚Existenzphilosophie' (K. Jaspers, Die geistige Situation der Zeit, 1931) das Wort ‚Existenz' aus dem Wörterbuch des Denkens im Umkreis der Frage von „Sein und Zeit" gestrichen. Gebraucht wird stattdessen der scheinbar gegenteilige Name ‚Inständigkeit'" (S. 54). „Inständigkeit" oder „Inständlichkeit" ist somit der Name für die Seinsweise des Daseins, in der dieses in der Weise des Sorgetragens-für entrückt ist in die Wahrheit oder Offenheit des Seins, entrückt in der Weise des geworfenen, ereigneten Entwurfs.

Im *39. Abschnitt* (S. 82) heißt es weiter von den „Zu-künftigen": „Sie übernehmen und verwahren die durch den Zuruf erweckte Zugehörigkeit in das Ereignis [...] und kommen so vor die Winke des letzten Gottes zu stehen". Damit ist schon der Übergang vom 5. zum 6.

---

[7] M.Heidegger, *Die Metaphysik des deutschen Idealismus. Zur erneuten Auslegung von Schelling: Philosophische Untersuchungen über das Wesen der menschlichen Freiheit und die damit zusammenhängenden Gegenstände (1809).*Freiburger Vorlesung I. Trimester 1941. GA Bd. 49. Hrsg. v. Günter Seubold. Vittorio Klostermann Frankfurt a.M. 1991.

Bereich des seinsgeschichtlichen Denkens vollzogen: *„Der letzte Gott"*. So wird offensichtlich, daß zum seinsgeschichtlichen Denken die Gottesfrage in einer wesentlichen Weise gehört, so wesentlich, daß die erste Durchgestaltung der sechsfach gefügten Fuge der Wahrheit des Seyns mit ihr zum Abschluß kommt. Unter dem Namen „der letzte Gott" wird der denkerische Versuch unternommen, das Göttliche und den Gott aus der Wahrheit des Seyns und ihrer Wesung als Ereignis zu denken. Während in der Geschichte der Leitfragenbeantwortung, also in der Geschichte des ersten Anfangs der Seinsgeschichte, der Gott über dem Sein als das höchste Seiende gedacht wird, wird im Denken des anderen Anfangs die Differenz zwischen dem Gott und dem Seyn gedacht, aber dergestalt, daß der Gott sich nur aus dem Ereignis der Wahrheit des Seyns zu bekunden vermag.

Damit haben wir uns den *„Aufriß"* der „Beiträge" in der Weise eines Durchblickes durch seine sechs Wesungsbereiche vor Augen geführt. Bevor wir dazu übergehen, die einzelnen Bereiche, beginnend mit dem „Anklang", zu durchdenken, werden wir vorerst noch den Fugencharakter des Ereignis-Denkens bedenken. Wir werden die sechs Bereiche des seinsgeschichtlichen Denkens kennenlernen als sechs „Fügungen", die in ihrem inneren Zusammenhang das Gefüge, die „Fuge" des Ereignis-Denkens bilden.

# Sechstes Kapitel

## Fuge und System

Die „Beiträge zur Philosophie (Vom Ereignis)" sind selbst noch nicht „die freie Fuge der Wahrheit des Seyns". Denn das Denken der „Beiträge" ist das Denken des *Übergangs* zum anderen Anfang, nicht aber schon das Denken aus dem Innestehen im anderen Anfang. „Fuge" heisst sachgemäßes Gefüge. Die „freie" Fuge wäre jenes Gefüge, das sich im denkenden Innestehen im anderen Anfang aus diesem selbst ergäbe. Indessen ist das Ereignis-Denken der „Beiträge", wenn es im Übergang zum anderen Anfang denkt, nicht überhaupt ohne Gefüge. Der sechsfach gegliederte Aufriß, wie wir ihn uns vor Augen geführt haben, ist „die erste Durchgestaltung der Fuge" (S. 59), wenn auch noch nicht der „freien" Fuge. Wie ist der Fugencharakter, d.h. der Gefüge-Charakter, der „Beiträge" zu kennzeichnen ?

Für die Beantwortung dieser Frage wenden wir uns dem *28. Abschnitt* zu, der überschrieben ist: „Die Unermeßlichkeit des anfänglichen Denkens als des endlichen Denkens". Das „anfängliche" Denken ist das Ereignis-Denken, das sich im Übergang vom ersten zum anderen Anfang vollzieht. Wir können auch vom andersanfänglichen Denken sprechen, das sich als dieses aus seiner Auseinandersetzung mit der Geschichte des erstanfänglichen Denkens vollzieht. Das zeigt uns erneut, wie das Ereignis-Denken durch und durch geschichtliches, seinsgeschichtliches Denken ist.

Vom andersanfänglichen als dem Ereignis-Denken heißt es (S. 65): „Dieses Denken und seine von ihm entfaltete Ordnung steht außerhalb der Frage, ob zu ihm ein System gehöre oder nicht." Hier wird deutlich gesagt: Das Ereignis-Denken entfaltet selbst eine „Ordnung". Aber diese von ihm selbst entfaltete „Ordnung" steht außerhalb der Alternative, ob zu ihm „ein System gehöre oder nicht". Die vom Ereignis-Denken entfaltete Ordnung wird somit weggehalten vom „System". Es genügt aber nicht, lediglich festzustellen, daß es ein Denken „ohne System" sei. „Ohne System" ist nur der einfache Gegensatz zu „mit System". Die bloße Verneinung des Systems hält sich noch auf der Ebene des Systems. Es kommt aber darauf an zu sehen, daß sich das andersanfängliche Denken außerhalb der Alternative von ‚System oder Systemlosigkeit' bewegt. Die vom Ereignis-Denken selbst entfaltete Ordnung hat keinen System-Charakter, wobei „System" nicht in einem laxen Allerweltssinn, sondern im strengen Sinne zu nehmen ist. In diesem strengen Sinne ist nämlich „‚System' [...] nur möglich im Gefolge der Herrschaft des mathematischen Denkens" (S. 65). Die Herrschaft des mathematischen Denkens beginnt aber erst als Neuzeit: in der Umbildung der älteren, griechischen Mathematik zur neuzeitlichen Mathematik mit ihrer Anwendung auf die Naturwissenschaft, die zur mathematischen Naturwissenschaft wird. Die sich zuerst in der Naturwissenschaft etablierende Herrschaft des mathematischen Denkens greift von hier aus über auf die Philosophie der beginnenden Neuzeit. Descartes ist der erste neuzeitliche Denker, der die Methode der neuzeitlich umgebildeten Geometrie zum Vorbild wählt für die Philosophie. Mit Descartes beginnt die neuzeitliche Herrschaft des mathematischen Denkens in der Philosophie. Das mathematische Denken, das sich verbindet mit dem Denken der sich als Subjektivität selbst begründenden Vernunft, führt in der Philosophie zu der Ordnungsgestalt, die den Charakter des Vernunftsystems hat.

Doch fragen wir zuerst einmal, was „System" überhaupt vom Wort her bedeutet. Das eingedeutschte Wort „System" kommt aus dem Griechischen: sýstema und heisst wörtlich übersetzt „das Zusammengestellte". In der Vorlesung vom Sommersemester 1936 „Schelling: Vom Wesen der menschlichen Freiheit" (GA Bd. 42)[8] handelt Heidegger auf den Seiten 44ff. vom System. Das Substantiv sýstema gehört zum Verb synistemi: ich stelle zusammen. Ein solches Zusammenstellen kann dreierlei Bedeutungen haben: 1. ich stelle zusammen in der Bedeutung „ich füge in eine Ordnung, die nicht schon als Ordnungsschema vorliegt, sondern die selbst erst im Zusammenstellen, im Fügen entworfen wird. Die erste Bedeutung besagt also: System als innere Ordnung, inneres Gefüge; 2. stelle ich ebenfalls ohne vorgegebenes Ordnungsschema Beliebiges mit Beliebigem zusammen: System als bloße äußere Zusammenstellung; 3. ergibt sich eine Bedeutung, wenn ich in der Weise zusammenstelle, daß das Zusam-

[8] M. Heidegger, Schelling: *Vom Wesen der menschlichen Freiheit (1809)* Freiburger Vorlesung Sommersemester 1936. Hrsg. v. Ingrid Schüßler. Vittorio Klostermann Frankfurt a.M. 1988.

mengestellte, das System, die Bedeutung von einem Rahmen hat. System als Ordnungsrahmen ist weder eine bloß äußere Zusammenstellung noch eine innere Ordnung.

Gerade diese 3. Bedeutung: System als formale Ordnung im Sinne eines Rahmens, leitet uns vielfach, wenn wir von einem ‚System der Philosophie' sprechen. Gemäß diesem gewöhnlichen System-Begriff ist „System" die Anordnung eines Lehrstoffes zu Zwecken der Unterrichtung und Wissensvermittlung.

Entscheidend aber für den philosophischen System-Begriff ist die erste Bedeutung: System als innere Ordnung, inneres Gefüge. Der Zusatz ‚innere' meint aber: von der Sache, vom Thema des Denkens her vorgezeichnete Ordnungs- oder -Gefügestruktur. Aber auch hier bezieht sich der Gefüge-Charakter nicht auf die Form der Gedanken, sondern auf die Gedanken selbst, auf das Gedachte, das seine eigene sachliche Ordnung vorzeichnet. Damit ist jetzt aber die erste Bedeutung von System als innere, sachliche, sachgemäße Ordnung noch nicht festgelegt auf die spezifisch neuzeitliche innere Ordnungsgestalt, die den Namen „System" erhält. Diese ist aber das aus dem mathematischen Denken sich bestimmende Vernunftsystem. Als solches hat es paradigmatischen Charakter gewonnen. Wenn im strengen Sinne vom System in der Philosophie gesprochen wird, denken wir an die großen System-Philosophien der Neuzeit von Descartes bis Hegel. Was aber hier „System" heisst, ist nicht ein formales Ordnungsschema, das sich ablösen und auch auf andere Philosopheme übertragen ließe. Der Systemcharakter der neuzeitlichen philosophischen Systeme macht den sachlichen Gehalt dieser Philosophien mit aus.

Wenn wir das alles bedenken, dann verstehen wir schon eher die Ausführungen zum System in den „Beiträgen". Wenn das Ereignis-Denken weder ein Denken der subjektiven noch der objektiven noch der absoluten Vernunft ist, der Vernunft, die in jeder ihrer Fassungen eine Gestalt der neuzeitlich gedachten Seiendheit des Seienden ist, wenn vielmehr das Ereignis-Denken überhaupt keine Gestalt der Seiendheit denkt, sondern die Wahrheit (Unverborgenheit) des Seyns selbst in ihrem Ereignischarakter, dann leuchtet ein, daß sich dieses Denken nicht das Vernunftsystem als innere Ordnung zulegen kann.

Alles neuzeitliche Philosophieren hält sich im Bereich des mathematischen Denkens und dessen Bestimmung der Wahrheit als Gewißheit.

Descartes war es, der durch seinen philosophischen Rückgang in die Selbstgewißheit des ego cogito, des Selbstbewußtseins, das Wesen der Wahrheit neu bestimmt hat: Wahrheit nicht mehr als Übereinstimmung von Erkenntnis und Sache, sondern Wahrheit als Gewißheit, die ihre Quelle in der Selbstgewißheit des Subjekts hat. Mit der Wahrheit als Gewißheit des Selbstbewußtseins wird die Seiendheit des Seienden, also das, was wahrhaft seiend ist an den Gegenständen, zur Objektivität, die rückbezogen ist auf die Subjektivität und von dieser gesetzt ist. Das ist der Grundzug des neuzeitlichen Denkens der Vernunftsysteme. (Aber auch dieses Denken hat seine geschichtliche Wahrheit und ist in sich groß und gewaltig. Hier geht es nicht um eine Abwertung, sondern nur um eine Abgrenzung gegen das Ereignis-Denken und dessen Gedachtes). Das Ereignisdenken denkt die Wahrheit weder nur als Übereinstimmung noch als Gewißheit, sondern ursprünglicher aus der Wahrheit des Seyns. Mit dem Verlassen der Wahrheit als Gewißheit und Selbstgewißheit und der Gewißheit des Mathematischen verläßt dieses Denken die neuzeitliche Subjektivität und mit dieser auch die Bestimmung der Seiendheit des Seienden als Objektivität. Und mit all diesem verläßt das Ereignis-Denken das aus der Subjektivität und der Selbstgewißheit sich bestimmende System. In diesem Sinne ist das Ereignis-Denken „*ohne* System", „*un*-systematisch".

Das jedoch heißt nun nicht, daß es willkürlich und wirr ist, daß es sich auf den Zufall der Einfälle verläßt. Es heißt auch nicht, daß das seinsgeschichtliche Ereignis-Denken narrativen Charakter habe und eine ‚Erzählung' sei. (Wer solches meint, ist kein wahrer Philosoph, sondern ein Narr, der kein Wissen und nicht einmal eine Ahnung hat von der Entstehung philosophischer Gedanken). Hier ist wieder zu erinnern an die erste Bedeutung von „System" als innere Ordnung, sachgemäßes Gefüge. Das neuzeitliche Vernunftsystem ist nicht die einzige und auch nicht die einzig wahre und vollendete, von jedem Philosophieren anzustrebende „innere Ordnung", sondern lediglich die spezifisch neuzeitliche Gestalt. Auch die Philosophien vor der Neuzeit hatten ihre eigene „innere Ordnung", die man zwar auch System nennen könnte, aber „System" nicht im Sinne des neuzeitlichen Vernunft-Systems. Um dem Begriff „System" seine Eindeutigkeit zu belassen, ist es ratsam, in Bezug auf die mittelalterliche, patristische und antike Philosophie nicht von „System" zu sprechen, sondern von ihrer je eigenen inneren Ordnung. Denn – so heißt es in Heideggers Schelling-Vorlesung vom Sommersemester 1936 – es „liegt in aller Philosophie als Fragen nach dem Seyn die Ausrichtung auf Fuge und Fügung, auf System“ (S. 51). In aller Philosophie als Fragen nach dem Sein, auch wenn das Sein als Seiendheit gedacht wird. „Fuge“ und „Fügung“ werden hier im weiten Sinne der ersten Bedeutung von „System“ gebraucht: als innere, sachgemäße Ordnung und nicht, wie in den „Beiträgen“ im engeren Sinn als die spezifische Gestalt sachgemäßer Ordnung des Ereignis-Denkens. Und so kann Heidegger schließlich sagen: „Jede Philosophie ist systematisch, aber nicht ist jede Philosophie System“. (S. 51). Das Adjektiv „systematisch“ wird hier anders verwendet als das Substantiv „System“: Während „System“ das neuzeitliche Vernunftsystem meint, bedeutet „systematisch“ nur soviel wie „sachlich gefügt zu einem inneren Gefüge“ (S. 51). In diesem Sinne ist jede große Philosophie von ihrem Thema her gefügt im Sinne der sachgemäßen Ordnung. In diesem Zusammenhang heißt es von der griechischen Philosophie: „Es gibt große Philosophie ohne System. Die ganze griechische Philosophie blieb ohne System; aber gleichwohl, ja gerade deshalb war dieses Philosophieren durch und durch ‚systematisch‘, d.h. geleitet und getragen von einer ganz bestimmten inneren Fügung und Ordnung des Fragens“ (S. 47). (Auf diesen Satz „Jede Philosophie ist systematisch, aber nicht ist jede Philosophie System“ stieß ich erstmals während der Korrekturarbeiten dieser ersten Schelling-Vorlesung, die in der Zeit, als ich wöchentlich im Hause Martin Heideggers für ihn als Privat-Assistent arbeitete, von Hildegard Feick als Einzelausgabe im Niemeyer-Verlag erschien. Auf diesen Satz sprach ich Heidegger an, und es kam zu einem Gespräch über seine Unterscheidung zwischen ‚System‘ und ‚systematisch‘. Ich selber war glücklich über diese Unterscheidung Heideggers, weil ich seinen Inhalt für mich selbst immer schon bedacht hatte. Für mich war offensichtlich, daß sowohl das Denken von „Sein und Zeit“ wie auch das seinsgeschichtliche Denken nach „Sein und Zeit“ in sich „systematisch“, d.h. gefügt ist. Hierüber sprach ich mich Heidegger gegenüber aus – es war ein wunderbares Gespräch, das ich mit ihm führen durfte.)

Jede Philosophie, die eine eigene Grundstellung darstellt, ist systematisch, aber nicht systematisch im Sinne der neuzeitlichen Vernunft-Systeme, sondern „systematisch im Sinne einer von der zu denkenden Sache her vorgezeichneten und insofern inneren Ordnung, eines inneren Zusammenhanges der Gedankenzüge. Und so bringt auch das Ereignis-Denken seine eigene innere, sachgemäße Ordnung mit sich. Von dieser Ordnung heißt es in den „Beiträgen" (S. 65): „ Das anfängliche Denken im anderen Anfang hat die andersartige Strenge: die Freiheit der Fügung seiner Fugen". Hier wird von Fugen im Plural gesprochen. Was Heidegger sonst in den „Beiträgen" die ‚sechs Fügungen' nennt: Anklang, Zuspiel, Sprung, Gründung, die Zukünftigen, der letzte Gott, heißt gelegentlich auch die ‚sechs Fugen'. Die sechs Fügungen oder Fugen stehen aber untereinander in einem Gefüge, das von Heidegger überwiegend „die Fuge" genannt wird. Jede echte und in sich große Philosophie ist je auf ihre Weise „systematisch", bringt ihren eigenen Gefügecharakter mit. Das gilt nun auch für das Denken der Seinsfrage als Grundfrage, und zwar sowohl in der transzendental-horizontalen wie in der seinsgeschichtlichen Blickbahn. Der dem seinsgeschichtlichen Denken eigene „systematische" Charakter, d.h. das ihm eigene innere Gefüge, die ihm eigene innere sachliche Ordnung erhält den Titel „die Fuge".

Im *39. Abschnitt* „Das Ereignis" (S. 80ff.) heisst es von den „Beiträgen": Sie haben „zur Absicht das, was allein im Versuch des anfänglichen Denkens, das ein Geringes von sich selbst weiß, gewollt werden kann: eine *Fuge* dieses Denkens zu sein" (S. 81). Was dieser Fugen-Charakter besagt, wird nach drei Hinsichten erläutert. *Erste Hinsicht:* „An der Strenge des Gefüges im Aufbau ist nichts nachgelassen" (S. 81), obwohl der Aufriß der „Beiträge" noch nicht die „freie" Fuge der Wahrheit des Seyns ist. Die „Beiträge" verfahren in ihrem Fugencharakter so, „als gälte es – und das gilt es in der Philosophie immer – das Unmögliche: die Wahrheit des Seyns in der voll entfalteten Fülle seines begründeten Wesens zu begreifen" (S. 81). Damit wird von Heidegger die Strenge des Gefüges der „Beiträge" in einer Weise betont, wie sie kaum deutlicher ausfallen könnte. Auch wenn die voll entfaltete Fülle des Wesens der Wahrheit des Seyns letztlich in der ersten Durchgestaltung der Fuge unerreichbar bleibt, muß das Denken jetzt schon sein ihm Äußerstes auf sich nehmen, das Wesen der Wahrheit des Seyns als Ereignis zu fügen.

*Zweite Hinsicht:* Dem Denken, das die erste fugenmäßige Durchgestaltung der Wahrheit des Seyns als Ereignis vollzieht, „ist nur erlaubt die *Verfügung* über *einen* Weg, den ein Einzelner bahnen kann, unter Verzicht darauf, die Möglichkeit anderer und vielleicht wesentlicherer Wege zu überschauen" (S. 81). Damit wird eine Wesenseinsicht in das seinsgeschichtliche Denken ausgesprochen: die Einsicht in die wesenhafte Endlichkeit dieses Denkens. Seine Endlichkeit bezeugt sich darin, daß der Weg, den es ergreift, der Weg der Durchgestaltung der Fuge, des Gefüges des Ereignis-Denkens, nur *ein* Weg unter möglichen anderen ist, die vielleicht sogar wesentlicher als dieser eine beschrittene Weg ist. Descartes konzipierte die Idee der einen allumfassenden Universalphilosophie unter Einschluß aller positiven Wissenschaften; Kant spricht von dem einen, einzigen System der reinen theoretischen und dem einen System der reinen praktischen Vernunft; und ebenso spricht Hegel von dem einen, allumfassenden System der Philosophie. Demgegenüber weiß das seinsgeschichtliche Denken um seine Endlichkeit, daß jeder von ihm beschrittene und auch „systematisch", d.h. fugenmäßig durchgestaltete Weg nicht der eine einzige, sondern ein Weg unter nicht auch in gleicher Weise überschaubaren anderen möglichen Wegen ist.

*Dritte Hinsicht:* „Der Versuch" der ersten Durchgestaltung des seinsgeschichtlichen Denkens „muß Klarheit besitzen darüber, daß Beides, Gefüge und Verfügung, eine *Fügung* des Seyns selbst bleiben, des Winkes und des Entzugs seiner Wahrheit, ein Nichterzwingbares" (S. 81). Sowohl das Gefüge im Aufbau des Ereignis-Denkens wie die denkende Verfügung über einen Weg sind „eine Fügung des Seyns selbst". Das im Ereignis-Denken jeweils Zudenkende und sein Gefüge ist solches, das als Zudenkendes und zu Fügendes vom Seyn selbst freigegeben ist. Was wir als Freigeben kennzeichnen, ist ein Sichgewähren, ein Sichzeigen. Das seinsgeschichtliche Denken kann die Wahrheit des Seyns in ihrer Wesung als Ereignis schrittweise nur insoweit denken, denkend entwerfen, entwerfend eröffnen, wie sie sich zeigt. Das Freigeben, das Gewähren, das Sichzeigen kennzeichnet Heidegger als „Wink". Der Wink, das Winken ist ein Zeigen, und nur was sich als Wesenszug oder als Grundzug der Wahrheit des Seyns zeigt, kann ins Denken übernommen und eröffnet, entfaltet und sprachlich-begrifflich gefaßt werden. Aber zum Wink gehört auch der „Entzug". Denn in jedem Wink, in jedem Sichzeigen der Wahrheit des Seyns liegt zugleich ein Sichentziehen. Der Entzug, das Sichentziehen betrifft dasjenige, was sich im Wink nicht zeigt. Zum Wesen der Wahrheit des Seyns gehört mit dem Sichentbergen wesenhaft das

Sichverbergen, die Verbergung sogar als die Herkunft aller Entbergung. Weil das Denken auf den Wink angewiesen ist, der immer auch Entzug bleibt, angewiesen auf das von der Wahrheit des Seyns Sichzeigende, ist weder das Gedachte des seinsgeschichtlichen Denkens noch sein Gefüge ein Erzwingbares. Das Denken ist und bleibt wesenhaft verwiesen an die Sache, die es zu denken gilt, verwiesen an das Sichzeigen dieser Sache. Darin meldet sich der phänomenologische Grundzug auch des seinsgeschichtlichen Denkens. Was hier als Wink und Entzug der Wahrheit des Seyns für das Denken angesprochen wird, das erweist sich, wenn die Ereignis-Struktur der Wahrheit des Seyns sich gezeigt hat, als der ereignende Zuwurf. Nur was im ereignenden Zuwurf sich als Wesenszug und Wesungscharakter der Wahrheit des Seyns für das Denken zuwirft (zeigt), kann vom Denken in seinem Entwurf übernommen und entfaltet werden, so, daß das Denken sich als ereigneter Entwurf vollzieht. Soviel zu den drei Hinsichten auf den Fugen-Charakter des seinsgeschichtlichen Denkens.

Weiter heißt es im *39. Abschnitt*, die Fuge sei „etwas wesentlich anderes als ein ‚System'" (S. 81). Und vom „System" heisst es: „‚Systeme' nur möglich und gegen das Ende zu notwendig im Bereich der Geschichte der Leitfragenbeantwortung" (S. 81). Die Systeme der Neuzeit sind – wie wir wissen – die Systeme der sich aus der Subjektivität bestimmenden Vernunft. (Auch das ist keine Abwertung der Metaphysik, der Leitfragen-Beantwortung und der Vernunft-Systeme, sondern eine notwendige Abgrenzung für die Bestimmung des eigenen Denkens).

Die Fuge des seinsgeschichtlichen Denkens ist das Gefüge der sechs Fügungen. Von diesen heißt es im *39. Abschnitt:* „Die sechs Fügungen der Fuge stehen je für sich, aber nur, um die wesentliche Einheit eindringlicher zu machen" (S. 81). Zwar bildet jede der sechs Fügungen einen eigenständigen Bereich, aber nicht in der Isolation von den anderen, sondern in einer wesentlichen Einheit, die alle sechs Fügungen miteinander einigt. Aber die entscheidende Frage lautet nun: Um was für Bereiche handelt es sich ? Wie lassen sich diese sechs Fügungen näher kennzeichnen ?

Auf diese Frage folgt die weittragende Antwort: „In jeder der sechs Fügungen wird über das Selbe je das Selbe zu sagen versucht, aber jeweils aus einem anderen Wesensbereich dessen, was das Ereignis nennt" (S. 81f.). Dieser Satz ist wieder eine von jenen Schlüsselstellen, die das Verständnis der „Beiträge zur Philosophie (Vom Ereignis)" mit einem Schlage eröffnen. Jede der sechs Fügungen ist ein Wesens-, d.h. Wesungsbereich des Ereignisses. In allen sechs Fügungen wird über das Selbe zu sagen versucht, d.h. über die Wahrheit des Seyns. In allen sechs Fügungen wird über das Selbe, die Wahrheit des Seyns, je das Selbe gedacht und gesagt". „Je das Selbe" heißt: die selbe Wesung, das selbe Wesungsgeschehen. Denn die Wahrheit des Seyns gibt es nur als ihr Wesungsgeschehen. Das heißt nun aber nicht, daß in jeder der sechs Fügungen über das Gleiche je das Gleiche gedacht und gesagt wird. In jeder der sechs Fügungen wird je das Selbe, nämlich das Wesungsgeschehen, über das Selbe, die Wahrheit des Seyns, gedacht und gesagt, „aber jeweils aus einem anderen Wesensbereich des Ereignisses. In jeder der sechs Fügungen geschieht die Wahrheit des Seyns in einer anderen Weise, und die sechs verschiedenen Wesungsweisen der Wahrheit des Seyns bilden das ganzheitliche Wesungsgeschehen der Wahrheit des Seyns als Ereignis. Alle sechs Weisen des Wesungsgeschehens der Wahrheit des Seyns bilden zusammen die Fuge, das Gefüge des seinsgeschichtlichen Denkens.

Was aber heißt es, daß der Anklang, das Zuspiel, der Sprung, die Gründung, die Zu-künftigen und der letzte Gott je ein eigener Wesungsbereich des Ereignisses ist ? Diese Frage beantwortet sich uns, wenn wir die formale Struktur des Ereignisses ins Blickfeld rücken: der ereignete Entwurf im Gegenschwung zum ereignenden Zuwurf. Auch wenn diese Struktur erst in der dritten Fügung, im Sprung, zum Vorschein kommt, hält sich das Denken in den beiden vorangehenden Fügungen, im *Anklang* und im *Zuspiel,* schon in diesen Bezügen, die die Ereignis-Blickbahn bilden. Auch wenn diese beiden das Ereignis bildenden Bezüge im *Anklang* und im *Zuspiel* noch nicht unter dem Namen des ereigneten Entwurfes und des ereignenden Zuwurfes erscheinen, bewegt sich das Denken in seinem Beginn – mit der ersten Erfahrung der Seinsverlassenheit des Seienden – in dieser Blickbahn. Aber nicht so, daß es diese Blickbahn von irgendwoher übernimmt als einen Rahmen, in dem es sich vollzieht. Das Zudenkende, die Wahrheit des Seyns, und das Denken gehören zusammen, derart, daß diese Zusammengehörigkeit das Ereignis selbst ist. Wir werden, wenn wir uns der ersten Fügung, dem *Anklang,* zuwenden, sehen, wie sich mit dem ersten Schritt des Denkens die Zusammengehörigkeit von Sein und Denken zeigt. Wenn dem Denken die Seinsverlassenheit des Seienden widerfährt, wird es als Denken eröffnet, als Denken aufgerufen, die so erfahrene Seinsverlassenheit denkend zu entfalten. Das denkende Entfalten der dem Denken widerfahrenden Seinsverlassenheit vollzieht sich als ein entwerfendes Eröffnen. Weil das entwerfende Eröffnen nur das entwirft, was ihm widerfährt als Seinsverlassenheit, ist das Entwerfen ein geworfenes, geworfen in das, was ihm widerfährt. Das ihm Widerfahrende erweist sich aber als Zuwurf. Ist der Zuwurf ereignender Zuwurf, so ist der geworfene Entwurf ereigneter Entwurf.

Die sechs Fügungen sind somit sechs ineinandergreifende Wesensbereiche der Wahrheit des Seyns als Ereignis. Nur wenn wir von vornherein diesen Fugen-Charakter des Ereignis-Denkens erfaßt haben, sind wir gerüstet, die „Beiträge zur Philosophie (Vom Ereignis)“ in zureichender Weise zu verstehen und zur Auslegung zu bringen.

# Siebentes Kapitel

## DER ANKLANG der Wahrheit des Seyns in der Erfahrung der Seinsverlassenheit des Seienden und der Seinsvergessenheit des Menschen

Die erste fugenmäßige („systematische") Durchgestaltung des seinsgeschichtlichen Denkens beginnt mit der denkerischen Erfahrung der Seinsverlassenheit des Seienden und der zu ihr korrelativ gehörenden Seinsvergessenheit des Menschen *(50. Abschnitt)* (S. 107ff.). Beides, Seinsverlassenheit des Seienden, zu dem sich der Mensch verhält, und Seinsvergessenheit des Menschen, zeigt sich dem Denken an als eine Not, die in ihrem Nötigen erfahren wird. Die so erfahrene Not drängt nicht darauf, möglichst eilig beseitigt, irgendwie zugedeckt zu werden. Im Gegenteil, ihr Nötigen ruft den Menschen auf, sie als Not anzuerkennen. Die denkerische Anerkenntnis der Not kann nur so geschehen, daß die Not *als* Not sichtbar gemacht wird. Beruht aber die Not in der Seinsvergessenheit des Menschen und korrelativ in der Seinsverlassenheit des Seienden, dann wird die Not *als* Not anerkannt und sichtbar gemacht, wenn die Seinsvergessenheit des Menschen der geschichtlichen Gegenwart durch eine enthüllende Erinnerung *als* Vergessenheit zum Vorschein gebracht wird. Korrelativ muss die Seinsverlassenheit *als* eine solche enthüllt werden. Solange die Seinsverlassenheit und die Seinsvergessenheit nicht *als* Not erfahren werden, herrscht die höchste Not. Es ist die Not der scheinbaren *Notlosigkeit.* Die Notlosigkeit breitet sich dort aus, wo die Meinung herrscht, daß es heute im Zeitalter der absoluten Herrschaft der Wissenschaft und modernen Technik mit dem Menschen so gut steht wie noch nie, ferner, daß das wissenschaftlich erforschte und gesicherte Seiende das eigentlich Seiende und Wirkliche ist. Wo ist da etwas von einer Seinsvergessenheit des Menschen und einer Seinsverlassenheit des Seienden zu spüren ?

In einem solchen Fortschrittsglauben und Fortschrittsoptimismus herrscht die Notlosigkeit, in der die Seinsvergessenheit selbst vergessen ist und die Seinsverlassenheit verhüllt bleibt. Dadurch aber, daß die Seinsvergessenheit durch die Erinnerung ihrer eigenen Vergessenheit entzogen wird, weicht nur die Vergessenheit der Seinsvergessenheit, nicht aber die Seinsvergessenheit selbst. Diese wird allererst sichtbar in ihrer geschichtlich bestimmenden Macht. Das gleiche gilt von der Seinsverlassenheit des Seienden. Wird in ihrer Erfahrung *als* Seinsverlassenheit ihre Selbstverhüllung zurückgenommen, so schwindet damit nicht auch die Seinsverlassenheit selbst. Vielmehr wird diese jetzt erst in ihrer geschichtlichen Mächtigkeit und Tragweite sichtbar.

Wenn nunmehr die Seinsverlassenheit erfahren wird als das Verlassensein des Seienden von der Wahrheit seines jeweiligen Seins und wenn ferner die Seinsvergessenheit erfahren wird als die Vergessenheit der Wahrheit des Seins, *dann klingt in dieser Erfahrung erstmals die Wahrheit des Seyns an.* Die Wahrheit des Seyns klingt freilich nur an, da sie nur erfahren wird als eine solche, die das Seiende verlassen hat und die vom Menschen vergessen ist. Verlassenhaben und Vergessensein zeigen in ein Verweigern, das zur Wahrheit des Seyns selbst gehört. In der Seinsverlassenheit des Seienden und in der Seinsvergessenheit des Menschen klingt die Wahrheit des Seyns an als eine sich verweigernde.

Die Erfahrung, daß das Seiende so, wie es im geschichtlichen Heute ist, verlassen ist von der Wahrheit des Seyns, und ferner, daß der heutige Mensch in allen seinen Verhaltungen zum Seienden bestimmt ist durch die Vergessenheit der Wahrheit des Seyns, – diese zwiefach-einige Erfahrung stimmt den Denkenden in die Grundstimmung der *Verhaltenheit (5. Abschnitt*, S. 14ff.). Eine der wesentlichen Einsichten für den seinsgeschichtlichen Ausarbeitungsweg der Seinsfrage als Grundfrage ist die Einsicht in die Gestimmtheit alles Denkens. Diese Einsicht verstehen wir aber nur, wenn wir uns daran erinnern, daß die Hermeneutik des Daseins in „Sein und Zeit", die den Leitfaden für das Denken der Grundfrage ausarbeitet, die Gestimmtheit des Daseins unter dem Titel der Befindlichkeit als ein fundamentales Daseinsphänomen ausgearbeitet hat. Als In-der-Welt-sein existiert das Dasein wesenhaft gestimmt in dieser oder jener Gestimmtheitsweise. Jede Gestimmtheitsweise ist aber eine Erschlossenheitsweise der transzendental-horizontalen Erschlossenheit. Wird nun die Erschlossenheit von Sein überhaupt geschichtlich erfahren als geschichtliches Wesensgeschehen der Wahrheit des Seyns, dann lässt sich auch verstehen, daß die Wahrheit des Seyns in ihrer Geschichtlichkeit in der Weise einer Grundstimmung das Da-sein bestimmt. Die

Seinsverlassenheit und Seinsvergessenheit sind als Verweigerung der Wahrheit des Seyns eine geschichtliche Geschehensweise der Wahrheit des Seyns. Seinsverlassenheit und Seinsvergessenheit widerfahren dem Denkenden als die geschichtliche Geschehensweise der sich verweigernden Wahrheit des Seyns. Was so dem Denken widerfährt, stimmt ihn in die Grundstimmung der *Verhaltenheit.* In dieser Stimmung *hält* der durch sie Gestimmte *inne,* er hält an sich, er fährt zurück vor dem, was ihm widerfährt: die sich verweigernde Wahrheit des Seyns, die ihm damit erstmals widerfährt und in diesem Widerfahren erstmals anklingt. Die Grundstimmung der Verhaltenheit meint also dieses Innehalten, Ansichhalten, Zurückfahren.

Die Verhaltenheit wird gefaßt als jene Grundstimmung, die das Denken in den Übergang zum anderen Anfang stimmt. Die Verhaltenheit ist die Grundstimmung des andersanfänglichen Denkens. Aber auch das erstanfängliche Denken wurde von einer Grundstimmung gestimmt, die Heidegger das „Erstaunen“ nennt (S. 15). Platon und Aristoteles weisen auf das Thaumázein hin, auf das Staunen als den Anfang des Philosophierens. Das Staunen und Erstaunen als Grundstimmung eines Denkens bringt dieses vor die denkerische Erfahrung des Seienden *als des Seienden hinsichtlich seines Seins.* Dagegen bringt die Grundstimmung der Verhaltenheit das Denken vor die Erfahrung der Wahrheit des Seyns selbst, wenn auch in der geschichtlichen Wesungsweise ihrer Verweigerung. Das erstanfängliche Denken entspringt seiner Grundstimmung des Erstaunens, wobei das Erstaunen die Weise ist, wie das Sein des Seienden (die Seiendheit) dem Denken widerfährt. Demgegenüber entspringt das andersanfängliche Denken der Grundstimmung der Verhaltenheit, die nun ihrerseits die Weise ist, wie das Seyn selbst in seiner Wahrheit als sich verweigerndes dem Denken widerfährt.

Die Verhaltenheit ist die Grundstimmung des andersanfänglichen Denkens durch alle sechs Fügungen der Fuge hindurch. Aber diese Grundstimmung faltet sich in den Fügungen unterschiedlich aus. Diese unterschiedlichen Ausfaltungen der einen andersanfänglichen Grundstimmung werden als *„Leitstimmungen“* bezeichnet (S. 107). Als Leitstimmungen des Anklangs werden benannt „Schrecken und Scheu“ (S. 107). Genauer gesagt ist der Schrecken die das Denken im Wesungsbereich des Anklangs stimmende Leitstimmung, während die Scheu vor allem die Leitstimmung des „Sprunges“ und der „Gründung“ ist. Dann, wenn das Seiende in seiner Weise-zu-sein erfahren wird als „seinsverlassen", wenn der gegenwärtige Mensch erfahren wird in seiner geschichtlichen Seinsweise als „seinsvergessen", dann wird das Denken in den „Schrecken" oder in das „Erschrecken" vor der Seinsverlassenheit und vor der Seinsvergessenheit gestimmt. Erst im Durchgang durch die Gestimmtheit in der Weise des Schreckens kann das Denken gestimmt werden in der Weise der Scheu, der Scheu vor der Wahrheit des Seyns und ihrer möglichen Zukehr entgegen der bisherigen Abkehr in der Weise der Verweigerung.

Was aber ist die Seinsverlassenheit des Seienden ? Was ist sie überhaupt und wie zeigt sie sich ?

Die Seinsverlassenheit ist die gegenwärtig-geschichtliche Offenbarkeitsweise des Seienden. Seinsverlassenheit heißt nicht, daß das Seiende überhaupt nicht „ist", sondern heißt, daß es „ist" in der Weise der Verlassenheit von der *Geborgenheit* der Wahrheit seines Seins. Seine geschichtliche Weise, in der das Seiende als Seiendes offenbar ist, wird geprägt durch das Ausbleiben der *Bergung* der Wahrheit seines Wie-und Was-seins. Was Heidegger auf dem seinsgeschichtlichen Weg der Seinsfrage als „Offenbarkeit" oder „Unverborgenheit" des Seienden nennt, faßte er auf dem transzendental-horizontalen Weg als die „Entdecktheit" des Seienden. Mit dem Seinsphänomen der Entdecktheit des Seienden schloss aber Heidegger an jenes Bewußtseinsphänomen der Phänomenologie Husserls an, das dieser die bewußtseinsmässige „Gegebenheit" eines intentionalen Gegenstandes nennt. Es war eine bedeutsame und auch von Heidegger gewürdigte phänomenologische Entdeckung Husserls, daß ein und derselbe Gegenstand mit den selben sachhaltigen Bestimmungen in unterschiedlichen Bewußtseinsweisen auch in unterschiedlichen Weisen *gegeben* ist: das Wahrgenommensein, das Erinnertsein oder das bloße Vorgestelltsein sind solche verschiedenen Gegebenheitsmodi ein und desselben intentionalen Gegenstandes. Im Übergang vom Bewußtsein zum Dasein verwandeln sich die Gegebenheitsmodi zu den Entdecktheitsweisen. Ein und dasselbe Seiende ist im besorgenden Umgang mit ihm entdeckt als bewandtnisbestimmtes Zuhandenes. Zur besorgenden Umgangsweise gehört somit das sie führende Seinsverständnis, das in sich gegliedert ist in das Verstehen des Was-seins (Bewandtnis) und in das Verstehen des Wie-seins (Zuhandensein). Im Übergang vom vorwissenschaftlichen besorgenden Umgang zum wissenschaftlich besorgenden Zugang wandelt sich das Seinsverständnis, das nunmehr gegliedert ist in das Verstehen von Was-sein als Dinglichkeit und in das Verstehen von Wie-sein als Vorhandenheit. In der wissenschaftlich forschenden Verhaltung ist dasselbe Seiende in anderer Weise entdeckt: als dinglich Vorhandenes. Daß es überhaupt so etwas gibt wie verschiedene Gegebenheitsmodi ein und desselben Gegenstandes oder verschiedene Entdecktheitsmodi ein und desselben Seienden, das vermag nur ein phänomenologisches Denken sehen zu lassen. Und ebenso ist die Erfahrung, daß die Offenbarkeitsweise ein und desselben Seienden geschichtlich sich wandeln kann, eine rein phänomenologische Einsicht. Nur dem phänomenologisch geübten Sehen wird es möglich, darauf zu achten, daß Seiendes nicht zu allen Zeiten in gleichförmiger Weise für uns und bei uns anwesend ist, sondern daß seine Offenbarkeit für uns geschichtlich wandelbar ist. Nur einem phänomenologischen Denken, das sich um ein *Sehen* des Zudenkenden bemüht, ist es möglich, eigens auf die geschichtliche Offenbarkeits- oder Unverborgenheitsweise von Seiendem zu achten und diese zum Thema phänomenologischer Besinnung zu machen. Damit haben wir jetzt grundsätzlich geklärt, was die Seinsverlassenheit als geschichtliche Offenbarkeitsweise überhaupt ist.

Nun aber fragen wir, wie sich diese geschichtliche Offenbarkeitsweise des Seienden, die Seinsverlassenheit, zeigt. Sie zeigt sich in vielen konkreten Weisen. Wir halten uns jetzt an diejenigen, die im *58. Abschnitt* der Beiträge bedacht werden unter dem Titel „Was die drei Verhüllungen der Seinsverlassenheit sind und wie sie sich zeigen" (S. 120ff.). Die drei Gestalten der geschichtlichen Seinsverlassenheit sind 1. die Berechnung, 2. die Schnelligkeit, 3. der Aufbruch des Massenhaften.

Was hier (1) „Berechnung" genannt wird, ist ein Grundgesetz des menschlichen Verhaltens unserer geschichtlichen Gegenwart. Als Grundgesetz des Verhaltens ist die Berechnung ein Grundgesetz des Welt-und Selbst-Verhältnisses. Gemäß diesem Gesetz steht alles Seiende im vorhinein im Horizont von Berechnung und Berechenbarkeit. Dieser Horizont bestimmt die Weise, wie das Seiende offenbar wird: als das berechnete und berechenbare Seiende. Nur das gilt als wahrhaft seiend und wirklich, was sich der Berechnung fügt und als Berechnetes offenbar ist. Die Berechnung als Horizont, von dem her sich die Offenbarkeit des Seienden regelt, wurde aber erst „in die Macht gesetzt durch die im Mathematischen gründende Machenschaft der Technik"

(S. 120). Die geschichtliche Gegenwart ist somit das Zeitalter der modernen Naturwissenschaft und der modernen Technik, die in ihrem Zusammengehen das Welt-und Selbst-Verhältnis maßgeblich regeln. Zum Wesen der modernen Naturwissenschaft und Technik gehört der Vorgriff auf die grundsätzliche Herstellbarkeit und Machbarkeit von allem, was ist. Der mathematischen Naturwissenschaft und Technik ist grundsätzlich nichts unmöglich, und was im Augenblick noch nicht mathematisch-naturwissenschaftlich-technisch möglich ist, wird morgen oder übermorgen möglich werden. Naturwissenschaft und Technik sind sich des Seienden gewiß, weil es nur dann wahrhaft seiend ist, wenn es selbst aus der Berechnung hervorgeht und als so berechnetes offenbar ist. Was noch unberechenbar ist, ist nur das „in der Berechnung noch nicht Bewältigte" (S. 121), das als solches aber noch in die Berechnung einzufangen ist.

Die „Schnelligkeit" (2) ist eine zweite Weise der seinsverlassenen Offenbarkeit des Seienden. Sie gehört aufs engste mit der Berechnung zusammen. Was hier „die Schnelligkeit" genannt wird, ist wiederum ein Grundzug im Selbst-und Welt-Verhältnis des Menschen im Zeitalter der mathematischen Naturwissenschaft und modernen Technik, der gekennzeichnet werden kann als „das Nichtaushalten in der Stille des verborgenen Wachsens und der Erwartung" (S. 121). Erst wenn es zu dieser Grundhaltung im Selbst-und Weltverhältnis kommt, wird die „mengenmässige Steigerung" der technischen Geschwindigkeiten in allen Bereichen möglich. Die Schnelligkeit als das Nichtwachsenlassen, Nichterwartenkönnen und Nichtwartenkönnen verwandelt die Offenbarkeitsweise des Seienden.

Die (3) Gestalt der Seinsverlassenheit ist der „Aufbruch des Massenhaften" (S. 121), nicht nur der gesellschaftlichen Massen, so daß wir von der Massengesellschaft sprechen, sondern ebensosehr das Massenhafte der Massenproduktion, der Herstellung der Massenwaren, die für den schnellen Verbrauch hergestellt werden, damit es zur erneuten und sich steigernden Massenherstellung kommen kann.

Diese drei Gestalten der Seinsverlassenheit werden „Verhüllungen" der Seinsverlassenheit genannt, weil sie dort, wo die Notlosigkeit herrscht, garnicht *als* Seinsverlassenheit erfahren werden, sondern im Gegenteil als das, was die Wirklichkeit des Seienden und die Wahrheit des Menschen in seinem Verhältnis zum Seienden ausmacht. In diesen drei Weisen der sich selbst verhüllenden Seinsverlassenheit „macht sich das Unwesen des Seienden, das Unseiende breit" (S. 122); aber für diejenigen, die die Seinsverlassenheit nicht als solche erfahren, stehen die Berechnung, die Schnelligkeit und das Massenhafte „im Schein eines ‚großen' Geschehens" (S. 122). Was hier das „Unseiende" heißt, meint nicht das überhaupt nicht Seiende, sondern das Seiende in der Offenbarkeitsweise der Seinsverlassenheit. Das seinsverlassene Seiende *ist* nicht in der Weise, in der es dieses Seiende sein könnte. Die Berechnung, die Schnelligkeit und das Massenhafte lassen so etwas wie die „Geborgenheit" der Wahrheit seines jeweiligen Seins in seiner und als seine Offenbarkeit nicht zu.

Die Seinsverlassenheit als das Unwesen des Seienden entspringt dem „Unwesen des Seyns" (S. 107). „Unwesen" meint jenen Wesenszug im Wesungsgeschehen der Wahrheit des Seyns, demgemäß die Wahrheit des Seyns sich verweigert und verstellt. Das Unwesen im Wesen der Wahrheit des Seyns läßt das Seiende seinsverlassen offenbar sein. Eine geschichtliche Weise dieses Unwesens in der Wesung der Wahrheit des Seyns ist das, was Heidegger *„die Machenschaft"* nennt *(61.-69. Abschnitt).*In der vorphilosophischen Sprache verwenden wir dieses Wort als Name für eine bestimmte Art menschlichen Vorgehens und Verhaltens, für hinterhältige Unternehmungen und Intrigen; wir sprechen dann von üblen Machenschaften. Diese gewöhnliche Bedeutung müssen wir gänzlich beiseitelassen, wenn wir dieses Wort im Zusammenhang der seinsgeschichtlichen Seinsfrage verstehen wollen als Kennzeichnung einer geschichtlichen „Art der Wesung des Seyns" (S. 126). Im Wort „Machenschaft" dürfen wir nur heraushören das „Machen" im Sinne des „Herstellens", und auch dieses nicht nur und nicht primär als eine menschliche Verhaltung. Denn das Wort „Machenschaft" als seinsgeschichtlicher Name nennt jene Wesungsart des Seyns, der gemäß die Seiendheit des Seienden als Machbarkeit und Herstellbarkeit ausgelegt wird. Wenn das herstellende Verhalten des Menschen zum Leitfaden wird für die Gewinnung der Seinsbegriffe vom Seienden, dann fängt die machenschaftliche Wesungsart des Seyns an. Das aber geschieht im Denken Platons und des Aristoteles. Die ontologischen Grundbegriffe wie idéa, eidos und chora oder die Seinsbegriffe wie morphé und hyle sind gewonnen am Leitfaden des herstellenden Verhaltens. Damit kommt im Bereich des Seinsverständnisses, im Bereich des Ontologischen, erstmals der Horizont der Herstellbarkeit und Machbarkeit des Seienden zum Vorschein.

Für Platon und Aristoteles wird die Téchne zum ontologischen Leitfaden für die Gewinnung der ontologischen Begriffe. Darin geschieht aber ein wesentlicher Wandel im Seinsverständnis des griechischen Denkens. Die Denker vor Platon und vor Sokrates, Anaximander, Heraklit und Parmenides, erfuhren und dachten das Sein des Seienden aus der Phýsis und Alétheia, aus dem Von-sich-her-aufgehen des Seienden in die Unverborgenheit seines Seins, ohne daß das Sein des Seienden am Leitfaden der Téchne bestimmt wurde. Mit der ersten machenschaftlichen Auslegung des Seienden in seinem Sein bei Platon und Aristoteles kommt es deshalb zu dem, was Heidegger „die Entmachtung der Phýsis" (S. 126) nennt, die entmachtet wird durch die beginnende Vorherrschaft der Téchne, und es kommt zum „Einsturz der Alétheia" (S. 132).

Mit dem Beginn des neuzeitlichen Denkens in der mathematischen Naturwissenschaft und Philosophie der Subjektivität geht die machenschaftliche Wesungsart des Seyns in eine neue Gestalt über. Das Seiende erhält sein Sein, seine Seiendheit, aus dem Vorstellungsbezug des sich seiner selbst gewissen vorstellenden Subjekts. Die Seiendheit wird jetzt zur Vorgestelltheit, und diese ist die Objektivität und Gegenständlichkeit des Seienden. Darüberhinaus rückt das Seiende durch das mathematisch-naturwissenschaftliche und technische Denken in den Horizont der Machbarkeit.

Zur neuzeitlichen Machenschaft als neuzeitlicher Wesungsart des Seyns und seiner Wahrheit gehört aber auch das *„Erlebnis"*. Dieses wird gekennzeichnet als die „Grundart des Vorstellens des Machenschaftlichen und des Sichhaltens darin" (S. 109). Wenn die Verhaltungen des Menschen zum Seienden den Grundzug des „Erlebnisses" haben im Sinne des neuzeitlichen Erlebnis-Begriffes, dann bezieht der Mensch alles Seiende als das von ihm Erlebte auf sich als das erlebende Subjekt. Nur das Er-lebte und Er-lebbare, das in den Umkreis des Erlebens vordringt, gilt als das eigentlich Seiende. Das erlebende Subjekt wird somit zum Maßstab für das, was seiend ist. Das Seiende, das nur seiend ist aus seinem Erlebnis-Bezug, ist aber verlassen von der Bergung der Wahrheit des Seyns, die als Bergung der offenen und nicht verweigerten Wahrheit des Seyns entspringt.

Die Seinsverlassenheit des Seienden vollendet sich in dem, was wiederum nur in einem rein seinsgeschichtlichen Sinne „das Riesenhafte" genannt wird (*70. Abschnitt*, S. 135ff.). Zunächst zeigt sich uns das Riesenhafte im gegenständlich Vorhandenen: als die Riesenformen der Energiegewinnung, als die technischen Großanlagen, als Massenproduktion und als Massenmedien. Aber mit dem Hinweis auf das von der mathematischen Naturwissenschaft und Technik ermöglichte riesenhafte Seiende ist nicht schon der Grundzug der Seinsverlassenheit im technischen Zeitalter erfasst. Als Grundzug der Seinsverlassenheit, d.h. unserer geschichtlichen Offenbarkeitsweise des Seienden, ist das Riesenhafte nicht das „vor-stellbare Gegenständliche eines grenzenlosen ‚Quantitativen', sondern die Quantität als Qualität" (S. 135), d.h. als Grundcharakter des Seyns selbst. Solange dies nicht gesehen wird, läßt das Riesenhafte alles Seiende scheinbar am seiendsten sein, während es in Wahrheit das seinsverlassene Seiende ist.

Von der Seinsverlassenheit des Seienden und der Seinsvergessenheit des Menschen her wird nun auch der „Nihilismus" (*72. Abschnitt*, S. 138) erfahren und gedacht. In der Seinsverlassenheit sieht Heidegger den Grund und die ursprünglichere Wesensbestimmung dessen, was Nietzsche als Nihilismus erkannt hat. Nihilismus heißt dann, seinsgeschichtlich gedacht, daß es mit der Wahrheit des Seyns selbst „nichts" (nihil) ist, d.h. daß die Wahrheit des Seyns nicht derart geschehen (wesen) kann, daß sie in der Offenbarkeit des Seienden geborgen ist. „In der Absicht auf den anderen Anfang muss der Nihilismus gründlicher als Wesensfolge der Seinsverlassenheit begriffen werden" (S. 138).

Die Seinsverlassenheit des Seienden, der nihilistische Grundzug in der geschichtlichen Offenbarkeitsweise des Seienden aller Bereiche, der sich in den Gestalten der Berechnung, der Schnelligkeit und des Massenhaften entfaltet, führt zur „Weltverdüsterung" und „Erdzerstörung" (S. 119). Die „Welt"verdüstert sich, wenn Naturwissenschaft und moderne Technik die primär und allein maßgebenden Sinnbezüge bilden. Die Erde aber wird zerstört, wenn sie im ganzen unter den herrschaftlichen Willen des naturwissenschaftlichen Denkens und technischen Eingriffs gerät. Weltverdüsterung bedeutet Welt-Entzug, Entzug der welthaften Sinnbezüge, aus denen der Mensch existiert. Die Erde wird zerstört, wenn sie ihren Grundzug des Bergens (Insichverschließens) einbüßt und das weltoffene Wohnen des Menschen auf ihr und mit ihr nicht zuläßt.

Die Besinnung auf den Grundzug unserer geschichtlichen Gegenwart, auf die ins Äußerste gehende Seinsverlassenheit des Seienden, ist als seinsgeschichtliche Besinnung keine „Zeitkritik“, keine „Zeitdiagnose“ und keine „Psychologie“ (S. 110). Alle Zeitkritik, Zeitdiagnose und psychologische Beschreibung hält sich allein im Bereich des Ontischen (S. 110). Seinsverlassenheit als eine geschichtliche Offenbarkeitsweise des Seienden kann überhaupt nur von einem phänomenologischen Denken aufgespürt werden, das in der Seinsverlassenheit des Seienden ein geschichtliches (nicht historisches) Seinsphänomen zum Thema macht. Phänomenologisch ist das Denken der Seinsverlassenheit, weil es ein enthüllendes Sehenlassen dessen ist, was sich als Seinsverlassenheit des Seienden zeigt. Das Sichzeigen geschieht in der Weise des Widerfahrens. Was dem Denken als Seinsverlassenheit des Seienden widerfährt und was das Denken in die Stimmung des „Schreckens“ stimmt, das ist eine phänomenologische Erfahrung. In dieser Erfahrung ist die Seinsverlassenheit des Seienden das, was sich dem Denken an ihm selbst und von ihm selbst her zeigt, so, daß das Denken die sich zeigende Seinsverlassenheit denkend enthüllt, enthüllend sichtbar macht, sehen läßt. Die phänomenologische Untersuchungs- und Besinnungsmaxime, wie Heidegger diese im Methodenparagraphen 7 von „Sein und Zeit“ aufgestellt hat, „Zu den Sachen selbst !“, fordert das Denken auf, das, was sich ihm als Seinsverlassenheit zeigt, so wie es sich ihm zeigt, von ihm selbst her sehen zu lassen, d.h. die Seinsverlassenheit nur in dem, als was sie sich zeigt, denkend zur Entfaltung zu bringen.

Der *Anklang* als die erste der sechs Fügungen umfaßt die *Abschnitte 50 bis 80*, denen die *49 Abschnitte* des *„Vorblicks“* vorausgehen. Wenn wir die Überschriften der *31 Abschnitte* des „Anklangs“ überschauen, stellen wir fest: Sie sprechen vom „Anklang“, von der „Seinsverlassenheit“, von der „Not“ und der „Notlosigkeit“ als der „höchsten Not“, von der „Machenschaft“ und dem „Erleben“ oder „Erlebnis“, vom „Riesenhaften“, vom „Nihilismus“ und von der „Wissenschaft“ (als der neuzeitlichen). Zu all diesen Leitworten der ersten Fügung des seinsgeschichtlichen Denkens haben wir bereits grundsätzliche Erläuterungen gegeben, und zwar so, daß wir den sachlichen Zusammenhang, der zwischen diesen Leitworten und dem in ihnen Gedachten besteht, aufgehellt haben.

Der Hauptgedankenzug der ersten Fügung besagt: In der dem Denken widerfahrenden Verlassenheit des Seienden von der Bergungsweise der Wahrheit seines Wie-und Was-seins klingt die Wahrheit des Seyns in ihrer äußersten Verweigerung an. Doch kommt es zum Anklang „der Wesung des Seyns aus der Seinsverlassenheit" des Seienden nur dann, wenn das Denken, das von der Seinsverlassenheit in die Grundstimmung der Verhaltenheit und in die Leitstimmung des Schreckens gestimmt wird, statt von der Seinsverlassenheit sich abzukehren sich ihr zukehrt und in dieser Zukehr die Seinsverlassenheit als solche enthüllt. Denn nur der denkerische Weg in die Seinsverlassenheit führt hinein zu dem, was sich in der Seinsverlassenheit verweigert und entzieht: das mögliche offene, unverschlossene, unverstellte Wesungsgeschehen des Seyns.

Zur denkerischen Enthüllung der langhin verhüllt gebliebenen Seinsverlassenheit gehört auch die Besinnung auf die neuzeitliche „Wissenschaft". Der *73. Abschnitt* ist überschrieben „Die Seinsverlassenheit und ‚die Wissenschaft'" (S. 141ff.). „Die Wissenschaft" ist in Anführungszeichen gesetzt, die darauf aufmerksam machen sollen, daß hier nicht die Wissenschaft in einem allgemeinen und weiten und somit unbestimmten Sinne gemeint ist, sondern jene geschichtliche Gestalt der Wissenschaft, die wir „die neuzeitliche Wissenschaft" nennen. Die „neuzeitliche Wissenschaft" ist nicht nur der historischen Zeitrechnung nach, sondern geschichtlich etwas anderes als die mittelalterliche scientia und die antike Epistéme. Die „neuzeitliche Wissenschaft" ist die als Beginn der Neuzeit gestiftete mathematische Naturwissenschaft, die in ihrer entfalteten Gestalt die „heutige Wissenschaft" ist.

Von der „neuzeitlichen und heutigen Wissenschaft" wird gesagt, sie reiche nirgends unmittelbar „in das Feld der Entscheidung über das Wesen des Seyns". Die neuzeitliche und heutige Wissenschaft entscheidet selbst nicht unmittelbar über das geschichtliche Wesensgeschehen der Wahrheit des Seyns, das durch die „Seinsverlassenheit" des Seienden charakterisiert ist. Denn die neuzeitliche Wissenschaft ist als positive Wissenschaft nicht autonom, nichts Unmittelbares, sondern ein Vermitteltes. Sie ist vermittelt durch das neuzeitliche Denken der Philosophie. Das neuzeitliche Denken ist es, das selbst unmittelbar über das neuzeitliche Wesensgeschehen des Seyns, über die Seinsverlassenheit, entscheidet. Aber sofern die neuzeitliche Wissenschaft vermittelt ist durch das neuzeitliche Denken, wird durch sie die Seinsverlassenheit des Seienden „mitentschieden". Wie ist dies näher zu verstehen ?

Was als Seinsverlassenheit des Seienden in der geschichtlichen Gestalt der Neuzeit (Moderne) und neuzeitlich geprägten Gegenwart (Berechnung, Schnelligkeit, das Massenhafte) gekennzeichnet werden kann, hat eine geschichtliche Herkunft. Sie ist die Wesensfolge der mit Platon und Aristoteles anfangenden Auslegung des Seins des Seienden am „Leitfaden des Denkens". Das Denken als Vernunft und Verstand bildet die Zugangsweise zum Sein des Seienden, und zwar so, daß sich das Denken selbst für die Gewinnung der Seinsbegriffe leiten läßt vom herstellenden Verhalten. Wie der Herstellende auf das Aussehen und die Gestalt vorblickt, dergemäß der Stoff zu einem neuen Gegenstand geformt wird, so ist jedes Seiende als ein solches an ihm selbst gebildet aus einem formbaren Stoff und der den Wesensanblick verleihenden Wesensform. Wird das Sein des Seienden als Wesensanblick und Wesensgestalt gefaßt, dann entzieht sich jene frühere, erstanfängliche Erfahrung und Bestimmung des Seienden aus der Phýsis als dem waltenden Aufgehen des Seienden und aus der Alétheia als dem Hervorgehen des Seienden in seine Unverborgenheit. Im vorplatonischen Denken sind Phýsis und Alétheia die leitenden Worte, die nichts vom herstellenden Verhalten an sich haben. Wird nun aber das herstellende Verhalten der Leitfaden für das Denken des Seins des Seienden, dann beginnen sich die Phýsis und die Alétheia für das Denken des Seins des Seienden zu entziehen. Es kommt zur Entmachtung der Phýsis durch die Téchne, zur Übermächtigung der Phýsis durch die Téchne, und zum „frühen Einsturz der selbst nicht eigens gegründeten Alétheia" (S. 141). Weil die Alétheia auch im vorplatonischen Denken nicht eigens gegründet, d.h. als Alétheia in ihrem Wesen enthüllt wurde, und weil auch Platon und Aristoteles die Alétheia nicht als das vor allem zu Denkende gegründet, sondern das Sein des Seienden am Leitfaden des herstellenden Verhaltens zu denken gesucht haben, kam es mit ihnen und durch sie zum „frühen Einsturz" der Alétheia, die nun nicht mehr maßgebend blieb für das Denken des Seins. Was Heidegger den „Einsturz der Alétheia" nennt, ist das entscheidende Wesungsgeschehen für die spätere, neuzeitliche Seinsverlassenheit.

Das geschichtlich Neue der Neuzeit, des neuzeitlichen Denkens, zeigt sich im Wandel des Wesens der Wahrheit, die nunmehr zur Gewißheit wird. Die Gewißheit ist die Selbstgewißheit des denkenden Subjekts, das sich seiner selbst gewiß ist als dasjenige, das das Seiende vorstellt. Die Vorgestelltheit des vorgestellten Seienden ist die wahre

Gegenständlichkeit des gegenständlich Seienden, seine Objektivität, die das Seiende aus dem Vorstellungsbezug erhält. Die Gewißheit als Selbstgewißheit kennzeichnet sowohl das ego wie das cogito und auch das cogitatum als solches. Die Wahrheit der Gegenständlichkeit des Seienden ist die Gewißheit aus der Selbstgewißheit. Der Wesenswandel der Wahrheit zur Gewißheit, des Denkenden zum Subjekt, des Seienden zum Objekt und der Seiendheit zur Vorgestelltheit ist jenes neuzeitliche Wesungsgeschehen des Seyns, das als das Geschehen und als das zunehmende Geschehen der Seinsverlassenheit gefasst wird.

Die durch das neuzeitliche Denken gestiftete Wahrheit als Gewißheit, zu der die Seiendheit als gewisse Vorgestelltheit gehört, entfaltet sich „in der Einrichtung und Betreibung der neuzeitlichen ‚Wissenschaft'" *(73. Abschnitt,* S. 141). Die Wahrheit als Gewißheit entfaltet sich in der neuzeitlichen Wissenschaft, aber sie wird nicht durch die neuzeitliche Wissenschaft unmittelbar entschieden. Die neuzeitliche Wissenschaft wird nur möglich durch das neuzeitliche Denken und dessen unmittelbare Entscheidung über das neuzeitliche Wesungsgeschehen des Seyns als Seinsverlassenheit. Sofern sich aber das neuzeitliche Wesen der Wahrheit, die Gewißheit des seiner selbst gewissen Subjekts, in den Bahnen der neuzeitlichen Wissenschaft entfaltet, wird die durch das neuzeitliche Denken entschiedene Seinsverlassenheit von der neuzeitlichen Wissenschaft „mitentschieden" (S. 141). „Mitentscheiden" heißt: die Entscheidung, die durch das Denken gefallen ist, zur Entfaltung bringen.

Die Seinsverlassenheit geschieht als „das Niederhalten der Alétheia bis zur Niederzwingung in die Vergessenheit" (S. 141).

Die neuzeitliche Wissenschaft entscheidet mit über die Seinsverlassenheit, wenn sie beansprucht, „ein oder gar das maßgebende Wissen zu sein" (S. 141). Weil die neuzeitliche Wissenschaft, wenn auch nicht autonom durch sich selbst, so doch auf dem Grunde des neuzeitlichen Denkens die Bahnen vorgibt für das Niederhalten und die Niederzwingung der Alétheia, bedarf es der Besinnung auf die neuzeitliche Wissenschaft innerhalb der denkerischen Hinweisung auf die Seinsverlassenheit des Seienden, um aus dieser denkerisch enthüllten Seinsverlassenheit die Wahrheit des Seyns anklingen zu lassen. Mit der Wahrheit des Seyns klingt jene Alétheia an, die erstanfänglich als Unverborgenheit des Seienden erfahren und gedacht wurde, um dann als das Zudenkende einzustürzen bzw. sich zu entziehen. Mit dem neuzeitlichen Denken wird sie zugunsten der Wahrheit als Gewißheit und der Seiendheit als Vorgestelltheit niedergehalten und niedergezwungen, was als Seinsverlassenheit des Seienden erfahren wird. *Klingt* aus der so erfahrenen Seinsverlassenheit des Seienden die Wahrheit des Seyns *an*, dann *klingt* die Alétheia nicht mehr nur als Unverborgenheit des Seienden in seinem Sein *an*, sondern erstmals *klingt* die Unverborgenheit *an* als eine solche des Seyns, als Wahrheit des Seyns.

Die durch die mathematische Naturwissenschaft und Technik *mit*entschiedene Seinsverlassenheit kennzeichnet Heidegger auch als „Entzauberung des Seienden" (S. 107). Damit greift er ein Wort auf, das Max Weber geprägt hat. In seinem Vortrag von 1918 „Wissenschaft als Beruf" sagt Weber: „Die zunehmende Intellektualisierung und Rationalisierung bedeutet [...]: das Wissen davon oder den Glauben daran: daß man, wenn man nur wollte, es jederzeit erfahren könnte, daß es also prinzipiell keine geheimnisvollen unberechenbaren Mächte gebe, die da hineinspielen, daß man vielmehr alle Dinge – im Prinzip – durch Berechnen beherrschen könne. Das aber bedeutet: die Entzauberung der Welt [...]. Hat dann aber nun dieser in der okzidentalen Kultur durch Jahrtausende fortgesetzte Entzauberungsprozess und überhaupt: dieser ‚Fortschritt', dem die Wissenschaft als Glied und Triebkraft mit angehört, irgendeinen über dies rein Praktische und Technische hinausgehenden Sinn?" (Gesammelte Aufsätze zur Wissenschaftslehre. Tübingen, 1951, S. 578). Und gegen Schluß heißt es: „Es ist das Schicksal unserer Zeit, mit der ihr eigenen Rationalität und Intellektualisierung, vor allem: Entzauberung der Welt ..." (S. 596). Was Max Weber als eine soziologische Kennzeichnung versteht: den Vorgang der Entzauberung der Welt vor allem durch die neuzeitliche Wissenschaft und Technik, das ist für den Denker Heidegger ursprünglicher erfahren und gedacht ein geschichtliches (nicht historisches) Seinsphänomen: der grundlegende Wandel in der Offenbarkeitsweise des Seienden, der allen Bereichen des Seienden die ihnen eigene unverfügbare Unverborgenheit entzieht. Doch die Nüchternheit derjenigen, die sich auf die Entzauberung der Welt durch Wissenschaft und Technik berufen, erweist sich in Wahrheit als eine Gestalt von „Verzauberung" (S. 107). Der *59. Abschnitt* ist überschrieben „Das Zeitalter der völligen Fraglosigkeit und Verzauberung". Hier (S. 124) heißt es: „Man pflegt das Zeitalter der ‚Zivilisation' dasjenige der Entzauberung zu nennen [...]. Gleichwohl ist es umgekehrt. Nur muß gewußt werden, woher die Bezauberung kommt. Antwort: aus der schrankenlosen Herrschaft und Machenschaft. Wenn diese in die Erdherrschaft kommt, wenn sie alles durchsetzt, dann sind keine Bedingungen mehr, um die Verzauberung noch eigens zu spüren und gegen sie sich zu sperren. Die Behexung durch die Technik und ihre sich ständig überholenden Fortschritte ist nur *ein* Zeichen dieser Verzauberung, der zufolge alles auf Berechnung, Nutzung, Züchtung, Handlichkeit und Regelung drängt" (S. 124). Hier wird das wissenschaftlich-technische Aufgeklärtsein über den einstigen Zauber, der über allen Dingen der Welt lag, entlarvt als eine neue und eigene Gestalt von Bezauberung und Verzauberung durch die grenzenlose Macht der wissenschaftlichen Technik und ihrer Möglichkeiten, die absolute Technik-Gläubigkeit als eine „Behexung durch die Technik" (S. 124).

Nachdem wir die entscheidenden Leitworte für das Denken des „Anklangs" erläutert haben, erinnern wir uns daran, daß jede der sechs Fügungen als ein eigener „Wesensbereich" des Ereignisses gekennzeichnet wurde (*39. Abschnitt*, S. 82). Somit ist auch der „Anklang" ein solcher Wesens-bzw. Wesungsbereich des Ereignisses. Jetzt kommt es aber darauf an zu klären, was das eigentlich heißt, daß das Denken des „Anklangs" ein eigener Wesungsbereich des Ereignisses ist, der sich in seiner Eigenheit von allen anderen unterscheidet.

Zuerst müssen wir uns die formal-allgemeine Struktur dessen vergegenwärtigen, was Heidegger als „Ereignis" denkt. Wir sagten: Ereignis ist der Bezug des ereignenden Zuwurfs im Gegenschwung zum ereigneten Entwurf. Im ereigneten Entwurf ist das Wesen des Menschen als Da-sein angesprochen. Das Ereignis ist das Zueinandergehören von Seyn und Da-sein. Auch wenn sich das Denken erst in der dritten Fügung, im „Sprung", als ereigneter Entwurf erfährt, der ereignet ist aus dem ereignenden Zuwurf, m.a.W. auch wenn das Denken erst in der dritten Fügung „Der Sprung" seine eigene Zugehörigkeit zum Ereignis und somit das Ereignis als solches erfährt und denkend bestimmt, muß doch das Denken auch schon in der ersten Fügung „Der Anklang" in irgendeiner Weise zum Ereignis gehören, wenn der „Anklang" ein eigener Wesensbereich des Ereignisses sein soll.

Daher fragen wir: Inwiefern zeigt sich aus dem, was wir von der Seinsverlassenheit und der darin anklingenden Wahrheit des Seyns ausgeführt haben, die Ereignis-Struktur ? Zeigt sich aus ihm so etwas wie ein ereignender Zuwurf und ferner so etwas wie ein ereigneter Entwurf?

Wir sagten: Die langhin verhüllt gebliebene Seinsverlassenheit des Seienden *widerfahre* dem Denken und stimme es in die Grundstimmung der Verhaltenheit und in die Leitstimmung des Schreckens. Was dem Denkenden als Er-fahrung wider-fährt, ist solches, was ihn trifft. Was ihm widerfährt und ihn trifft, ist solches, das ihm zugeworfen wird. In der Erfahrung der Seinsverlassenheit des Seienden zeigt sich der Bezug eines Zuwurfes. Die sich dem Denken zuwerfende und darin bekundende, sich zeigende Verlassenheit des Seienden von der ihm möglichen Bergungsweise der Wahrheit, der Unverborgenheit seines Seins richtet sich an das Denken, damit dieses die sich ihm zuwerfende Seinsverlassenheit enthülle. Das Enthüllen durch das Denken, das denkende Enthüllen, hat den Charakter des Entwurfes. Und dieser enthüllende Entwurf ist geworfener, sofern er nur das entwerfend enthüllt, worein er aus dem Zuwurf geworfen ist. Damit haben wir aber nur gezeigt, daß sich das Denken der Seinsverlassenheit in den beiden Bezügen, die das Ereignis bilden, bewegt.

Wir müssen nun genauer fragen, welchen Charakter das Sichzuwerfen der Seinsverlassenheit und welchen Charakter das geworfene Entwerfen der sich zuwerfenden Seinsverlassenheit hat. Hierzu wenden wir uns dem *141. Abschnitt* (S. 262) zu, der zur dritten Fügung „Der Sprung“ gehört. Dieser Vorgriff ist nötig, weil wir sonst nicht von vornherein verstehen können, inwiefern der „Anklang“ ein eigener Wesungsbereich des Ereignisses ist. Im *141. Abschnitt* mit der Überschrift „Das Wesen des Seyns“ (S. 262) heißt es: „Die Er-eignung des Da-seins durch das Seyn und die Gründung der Wahrheit des Seyns im Da-sein – die Kehre im Ereignis ist weder im Zuruf (Ausbleib) noch in der Zugehörigkeit (Seinsverlassenheit) je allein beschlossen“ (S. 262). Hier werden grundsätzlich zwei Weisen unterschieden, in denen die Wahrheit des Seyns geschehen kann, zwei Wesens- oder Wesungsweisen.

Die eine wird gekennzeichnet als der Gegenschwung von „Zuruf“ und „Zugehörigkeit“. „Zuruf“ meint dasselbe wie „Zuwurf“, der Zuwurf in der Weise des Zurufes, des er-eignenden Zurufes. Der Zuwurf als „ereignender Zuruf“ nennt die nicht verweigerte und somit die offene Wesung der Wahrheit des Seyns. Dementsprechend kennzeichnet die „Zugehörigkeit“ jene Weise des geworfenen, ereigneten Entwurfes, die dem nicht verweigerten Zuruf entgegnet. Ist der eröffnende Entwurf er-eignet aus dem ereignenden Zuruf, dann gehört der Denkende (das denkende Da-sein) als ereigneter Entwurf zur nicht-verweigerten, zur offenen Wesung der Wahrheit des Seyns.

Die andere Wesungsweise der Wahrheit des Seyns wird gekennzeichnet als Gegenschwung von „Ausbleib“ und „Seinsverlassenheit“. „Ausbleib“ heißt, daß der Zuwurf als er-eignender Zuruf wegbleibt, sich verweigert. Bleibt der Zuwurf als ereignender Zuruf aus, dann entgegnet der denkende Entwurf in der Weise, daß er die zum Ausbleib gehörende Seinsverlassenheit als eine solche entwerfend enthüllt.

Der Wesens-oder der Wesungsbereich des Ereignisses in der Weise des „Anklangs“ hat offensichtlich die Bezugsstruktur von „Ausbleib und Seinsverlassenheit“. Um nun auch dieser geschichtlichen Wesungsweise des Ereignisses als „Anklang“ eine eigene terminologische Kennzeichnung zu geben und diese dann terminologisch zu unterscheiden von jener anderen, noch verweigerten Geschehensweise von „Zuruf und Zugehörigkeit“, führen wir jetzt das Grundwort ein vom „*ent*-eignen“ und „*Ent*eignis“. An zwei Textstellen in den „Beiträgen“ verwendet Heidegger das Verb „enteignen“. Auf S. 120 im *57. Abschnitt* „Die Geschichte des Seyns und die Seinsverlassenheit“ wird gesagt:“In diesem Zeitalter (der Seinsverlassenheit) ist ‚das Seiende‘, was man das ‚Wirkliche‘ und ‚das Leben‘ und die ‚Werte‘ nennt, des Seyns enteignet“ (S. 120). Und im *118. Abschnitt* „Der Sprung“ heißt es vom Menschen im Zeitalter der Seinsverlassenheit, dass er „des Seyns enteignet“ ist (S. 231).

Wir können nun davon sprechen, daß der Zuwurf, in welchem der Ausbleib des ereignenden Zurufes zugeworfen wird, nicht *er*-eignender, sondern *ent*-eignender Zuwurf ist. Der denkende Entwurf, der dem ent-eignenden Zuwurf entgegnet, ist dann nicht als ereigneter, sondern als enteigneter Entwurf zu fassen. Der Gegenschwung aber von *ent*eignendem Zuwurf und *ent*eignetem Entwurf wäre dann nicht das *Er*-eignis, wohl aber das *Ent*-eignis. Da in der geschichtlichen Wesungsweise der Wahrheit des Seyns als Ent-eignis sich die Wahrheit des Seyns zuwirft in der Weise ihres Ausbleibs, ihrer Verweigerung, läßt sich vom denkenden Entwurf noch nicht sagen, daß er zugehöre zur *offenen*, nicht-verweigerten Wesung der Wahrheit des Seyns. Solange das Denken den sich zuwerfenden Ausbleib der offenen Wesung entwirft, ist dieser Entwurf ent-eigneter Entwurf, d.h.

noch nicht Eigentum der offenen, unverschlossenen Wesung der Wahrheit des Seyns als Ereignis. Und ebenso ist der Zuwurf als enteignender ein solcher, der das denkende Da-sein, dem er sich zuwirft, noch nicht zum Eigentum der unverstellten Wesung der Wahrheit des Seyns werden läßt.

Bei solchen terminologischen Bildungen ist aber streng darauf zu achten, daß wir uns nicht in einer bloßen, sachfernen Terminologie ergehen, sondern daß wir mit der terminologischen Begriffsbildung einen *phänomenologisch gesehenen* Sachverhalt fassen. Wenn wir vom Enteignis sprechen, achten wir auf jenen geschichtlichen Grundzug der Verweigerung und des Entzuges, der das Bezugsganze von Zuwurf und geworfenem Entwurf bestimmt. Verweigerung und Ausbleib besagen nicht, daß jeglicher Zuwurf unterbleibt. Ausbleib und Verweigerung sind eine geschichtliche Weise, wie sich die Wahrheit des Seyns für das entwerfende Dasein zuwirft, eine Geschehensweise der Wahrheit des Seyns, die vom Entzug geprägt ist. Ist aber die sichzuwerfende Wahrheit des Seyns bestimmt durch den Entzug, dann auch der entgegnende Entwurf. Den Entzug, der den Zuwurf prägt, kennzeichnen wir terminologisch dadurch, daß wir statt vom er-eignenden vom enteignenden Zuwurf sprechen. Gleichfalls kennzeichnen wir den Entwurf, sofern auch dieser durch den Entzug bestimmt ist, als enteigneten Entwurf.

Unsere Ausgangsfrage lautete: Wie ist das Denken des Anklangs als ein Wesungsbereich des Ereignisses zu charakterisieren ? Unsere Antwort lautet: Im Bereich des „Anklangs" hat das Ereignis den Charakter des Enteignisses. Das seinsgeschichtliche Denken, das mit der Erfahrung der Seinsverlassenheit einsetzt und in der erfahrenen Seinsverlassenheit des Seienden den ersten Anklang der sich verweigernden Wahrheit des Seyns als Ereignis erfährt, – das so einsetzende seinsgeschichtliche Denken denkt die sich verweigernde Wahrheit des Seyns als Enteignis. Im Wesungsbereich des „Anklangs" denkt das seinsgeschichtliche Denken die geschichtliche Wesungsweise der Wahrheit des Seyns noch nicht als unverschlossenes Ereignis, sondern als Enteignis. Aber das Enteignis, der Gegenschwung von enteignendem Zuwurf und enteignetem Entwurf, ist selbst der geschichtliche Vorenthalt des Ereignisses. Der Weg des seinsgeschichtlichen Denkens beginnt mit dem als „Anklang" bezeichneten Enteignis, in welchem das noch verweigerte Ereignis anklingt. Der Gang des seinsgeschichtlichen Denkens ist der Gang vom Enteignis zu dem schrittweise durch die verschiedenen Fügungen hindurch sich enthüllenden Ereignis. Obwohl der „Anklang“ das erstmals sichenthüllende Enteignis ist, kann auch der „Anklang“ ein Wesungsbereich des Ereignisses genannt werden, in welchem das Ereignis sich *als* Ereignis noch verweigert. Aber seine eigene geschichtliche Verweigerung, das Enteignis, ist selbst seine Wesungsweise des Ereignisses und insofern ein Wesungsbereich von diesem. Wenn das Denken der Wahrheit des Seyns als Ereignis beginnt mit der Erfahrung der Seinsverlassenheit als Enteignis und wenn dieses Denken kein anderes als ein phänomenologisches Denken ist, dann ließe sich der Gang vom anfänglichen Enteignis zum offenen Ereignis als eine ‚Phänomenologie des Ereignisses‘ verstehen.

Das Denken des „Anklangs“ abschließend erinnern wir an Heideggers Wesensbestimmung der Technik als „Ge-stell“. Von diesem sagt er in „Der Satz der Identität“ (S. 25 in: *Identität und Differenz*), das Ge-stell als die geschichtliche Konstellation von Sein und Mensch im Zeitalter der modernen Technik sei das „Vorspiel“ des „Ereignisses“. Als „Vorspiel“des Ereignisses ist aber das Ge-stell das Enteignis. Damit wird offenbar, wohin Heideggers Frage nach dem Wesen der Technik gehört: Das Ge-stell hat seinen systematischen, seinen fugenmässigen „Ort“ im „Anklang“ als der ersten Fügung des seinsgeschichtlichen Denkens.

# Achtes Kapitel

## DAS ZUSPIEL des ersten und des anderen Anfangs und die Notwendigkeit des anderen Anfangs aus der ursprünglichen Setzung des ersten Anfangs

Überblicken wir die Überschriften der insgesamt *34 Abschnitte,* in die der zweite Wesungsbereich des Ereignisses „Das Zuspiel" gegliedert ist, so stellen wir fest: Diese sprechen vom Zuspiel, vom ersten und anderen Anfang, von der Phýsis, vom Seienden und dessen Seiendheit, von der Leitfrage, vom Denken als Leitfaden, vom Platonismus, Idealismus und Deutschen Idealismus, vom Apriori. Damit haben wir die verschiedenen Überschriften schon ihrem sachlichen Zusammenhang gemäß geordnet.

Worum es im *„Zuspiel"* (*81.-114. Abschnitt*), der zweiten Fügung des seinsgeschichtlichen Denkens geht, erfahren wir sogleich aus dem *81. Abschnitt* (S. 169), der die zweite Fügung eröffnet. Das Denken des Wesungsbereiches „Das Zuspiel" vollzieht sich als die „Auseinandersetzung der Notwendigkeit des anderen Anfangs aus der ursprünglichen Setzung des ersten Anfangs" (S. 169). Das Verhältnis des anderen Anfangs zum ersten, und umgekehrt, das Verhältnis des ersten zum anderen Anfang ist das Thema der zweiten Fügung des seinsgeschichtlichen Denkens. Die Notwendigkeit des anderen Anfangs kann sich nur zeigen in einer *ursprünglichen* Setzung des ersten Anfangs. Was hier „erster Anfang" genannt wird, ist in sich ein Zweifaches: der erste Anfang selbst als das anfangende Denken des Seins des Seienden im vorplatonischen Denken und die mit Platon beginnende Geschichte des ersten Anfangs, die eine Geschichte des Sichentfernens von dem ist, was das Gedachte und Erfahrene des ersten Anfangs war. Die Geschichte des ersten Anfangs als Geschichte des Sichentfernens vom erstanfänglich Gedachten ist das, was Heidegger die ‚Geschichte der Metaphysik' nennt. Aber „Metaphysik" ist hier nicht historisch, sondern seinsgeschichtlich gemeint.

Um nun aber den ersten Anfang insgesamt „ursprünglich" setzen und d.h. als ersten Anfang seinsgeschichtlich denken zu können, bedarf es schon eines ersten, vorläufigen Wissens vom anderen Anfang. Dieses Wissen aber gewann das Denken im „Anklang" aus der Erfahrung der Seinsverlassenheit des Seienden, in der das Wesungsgeschehen der Wahrheit des Seyns anklingt. Um aber die erfahrene Seinsverlassenheit innerhalb des ersten Fügungsbereiches denkerisch enthüllen zu können, mußte das Denken sich schon in die geschichtliche Herkunft der geschichtlich-gegenwärtigen Seinsverlassenheit leiten lassen. Das Hineinfragen in die geschichtliche Herkunft der Seinsverlassenheit führte schon hinein in die Geschichte des überlieferten Denkens, führte in das neuzeitliche Denken und die von ihm getroffenen Entscheidungen und führte auch weiter zurück in den griechischen Anfang, der sich erwies als der vorplatonische Anfang und als der Anfang der Metaphysik bei Platon und Aristoteles.

Mit dem vor-läufigen Wissen vom anderen Anfang, mit dem Anklingen der sich verweigernden Wahrheit des Seyns selbst, wendet sich das Denken seiner eigenen Geschichte zu und erfährt diese als eine solche, in der mit Platon beginnend das Sein des Seienden als die Seiendheit des Seienden gedacht wird. Soweit und solange das Sein in je einer geschichtlichen Gestalt der Seiendheit gedacht wird, kann dieses Denken als das Denken der Geschichte des ersten Anfangs gekennzeichnet werden. Diese Geschichte findet aber ihr Ende, wenn sich die Notwendigkeit zeigt, das Sein nicht nur als Seiendheit des Seienden, sondern ursprünglicher das Seyn als solches in seiner ihm eigenen Wahrheit (Unverborgenheit) zu denken. Mit dem Sichzeigen dieser Notwendigkeit bricht auch die Unterscheidung auf zwischen dem Denken des anderen und dem Denken des ersten Anfangs. Der erste Anfang und seine Geschichte, die für Heidegger bis zu Nietzsche reicht, kann also nur ursprünglich gesetzt werden aus der ersten Erfahrung, aus dem ersten Anklang der Wahrheit des Seyns selbst in ihrem Sichverweigern. Und nun kann das Denken in die Geschichte des so als ersten Anfang gesetzten Denkens hineinfragen und die dem ersten Anfang eigentümliche Grenze seines Fragens nach dem Sein freilegen, damit sich von dieser Grenze her das Denken des anderen Anfangs zeigt. Wenn nämlich in den verschiedenen Grundstellungen des metaphysischen Denkens von Platon bis Nietzsche gezeigt werden kann, wie jede geschichtliche Bestimmungsweise der Seiendheit des Seienden zugleich eine Verhüllungsweise der Wahrheit des Seyns selbst ist, dann zeigt sich von hier aus die Notwendigkeit des anderen Anfangs.

Das Denken in diesem zweiten Fügungsbereich „Das Zuspiel" wird gekennzeichnet (*81. Abschnitt,* S. 169) als die „fragende wechselweise Übersteigung der Anfänge". Das Hineinfragen in die Geschichte des ersten Anfangs geschieht umwillen der Klärung des anderen Anfangs, und die denkerische Klärung dessen, was zum andersanfänglichen Denken gehört, lässt das erstanfängliche Denken in schärfere Konturen hervortreten. Die geschichtliche (nicht historische) Besinnung auf die Geschichte des ersten Anfangs im Herkommen vom Anklang des anderen Anfangs geschieht umwillen der wechselweisen Klärung dessen, was das Eigentümliche des ersten und das des anderen Anfangs ist.

Noch im *81. Abschnitt* wird hervorgehoben, daß zum Denken im „Zuspiel" alles das gehört, was „über die Unterscheidung von Leitfrage und Grundfrage" zu sagen ist (S. 169). Hierzu heißt es im *85. Abschnitt:* „Die ursprüngliche Zueignung des ersten Anfangs (und d.h. seiner Geschichte) bedeutet das Fußfassen im anderen Anfang" (S. 171). Und diese ursprüngliche Zueignung der Geschichte des ersten Anfangs im gleichzeitigen Fußfassen im anderen Anfang, dieses so sich kennzeichnende Denken im „Zuspiel" „vollzieht sich im Übergang von der *Leitfrage* (was ist das Seiende ?, Frage nach der Seiendheit, Sein) zur Grundfrage: was ist die Wahrheit des Seyns ?" Die Leitfrage ist diejenige, die das Denken in der Geschichte des ersten Anfangs von Platon bis Nietzsche leitet, wenn es jeweils eine denkerische Bestimmung der Seiendheit des Seienden gibt. Die Grundfrage aber ist die Frage für das Denken des anderen Anfangs. Sie heißt Grundfrage, weil sie, wenn sie nach dem Wesen (der Wesung) der Wahrheit des Seyns fragt, nach dem Grunde fragt, in dem das Denken der Leitfrage gründet.

Ausdrücklich wird im ersten Abschnitt des „Zuspiels" (S. 169) vermerkt, dass alle Vorlesungen Heideggers über „Geschichte" der Philosophie hier im zweiten Fügungsbereich ihren fugenmäßigen „Ort" haben. Dieser Hinweis ist von größter Bedeutung. Denn er gibt uns zu wissen, welche Aufgabe diese Vorlesungen Heideggers aus den dreißiger und vierziger Jahren innerhalb des Aufrißes des seinsgeschichtlichen Denkens übernehmen. Die meisten dieser Vorlesungen sind „geschichtliche", d.h. seinsgeschichtliche Vorlesungen, die von Anaximander, Heraklit, Parmenides, von Platon und Aristoteles, von Descartes und Leibniz, von Kant, Hegel und Schelling und von Nietzsche handeln. Sie alle bewegen sich im Fügungsbereich des „Zuspiels". In ihnen geht es darum, die jeweilige geschichtliche Grundstellung und ihre Leitfragenbeantwortung sichtbar zu machen umwillen der Freilegung des andersanfänglichen Denkens.

Im *100. Abschnitt* „Der erste Anfang" (S. 195) heißt es vom vorplatonischen ersten Anfang: „Erstanfänglich wird das Seiende als Phýsis erfahren und genannt. Die Seiendheit als beständige Anwesenheit ist darin noch verhüllt, Phýsis das waltende Aufgehen". Hier wird das Auszeichnende des vorplatonischen oder vorsokratischen Denkens eines Anaximander, eines Heraklit und eines Parmenides herausgestellt: das Sein erstmals denkerisch erfahren und ins denkerische Wort gebracht zu haben als Phýsis, als das waltende Aufgehen des Seienden im Ganzen, so, daß es in seinem Sein unverborgen ist. Diese erstanfängliche, vorplatonische Bestimmung des Seins des Seienden zeigt noch nichts von der Seiendheit in der Bedeutung von „beständiger Anwesenheit", wie diese erstmals gedacht und gesagt wird von Platon in der idéa , bzw. im eidos. Wie wir bereits ausgeführt haben, ist diese Bestimmung der Seiendheit zugleich gewonnen am Leitfaden des herstellenden Verhaltens. Weder zur Phýsis noch zur Alétheia im vorplatonischen Denken des Seins des Seienden gehört das herstellende Verhalten als Leitfaden.

Hierzu heißt es im *101. Abschnitt* (S. 197f.), daß das Denken „die große Einfachheit des ersten Anfangs des Denkens der Wahrheit des Seyns" herausstellen müsse. Es muß in der auslegenden Zuwendung zu den Denkern des ersten Anfangs aufzeigen, was es heißt, daß bei ihnen das Sein (Einai) in die Alétheia und in die Phýsis denkerisch gerückt wird, so, daß das Denken als Lógos und Noeín die Unverborgenheit des Seins des Seienden vernimmt. An das seinsgeschichtliche Denken wird der Appell gerichtet, diesen ersten Anfang des Denkens zum Leuchten zu bringen, was nur dann gelingt, wenn es von vornherein auf alle späteren Auslegungsmittel verzichtet hat. Die späteren, mit der platonischen Philosophie beginnenden Auslegungsmittel werden als solche bezeichnet, die „erst aus der Nichtbewältigung des Anfangs und dem Einsturz der Alétheia entsprungen" sind (S. 198). Dies sind die von Platon und Aristoteles geschöpften ontologischen Begriffe: das Noeín als Nous des Ideín der Idéa, also das platonische Vernehmen der Idee, und ferner der Lógos als Apóphansis der Kategoríai, d.h. die am Leitfaden der Aussage gewonnenen Kategorien des Aristoteles. Weil die platonischen und aristotelischen Begriffe ihren Ursprung dem Einsturz und Sichentziehen der Alétheia verdanken, dürfen sie nicht als Auslegungsmittel verwendet werden für jenes erstanfängliche Denken, das aus der Erfahrung der Alétheia und der Phýsis denkt.

Was hier ausgesprochen wird, ist eine hermeneutische Einsicht von großer Tragweite, und zwar nicht nur für das Verhältnis des platonisch-aristotelischen zum vorsokratischen Denken, sondern für das Verhältnis alles späteren Denkens zum früheren. Es geht nicht an, das Frühere vom

Späteren her zu interpretieren, wenn das Spätere seine eigenen Voraussetzungen hat, die dem Früheren fremd sind. So wie das vorplatonische bzw. vorsokratische Denken nicht vom platonischen und aristotelischen Denken her, sondern aus ihm selbst heraus zur Auslegung kommen muß, so darf auch nicht das platonische und aristotelische Denken beispielsweise vom neuzeitlichen Denken her interpretiert werden.

Im Sinne dieser bedeutsamen hermeneutischen Einsicht heißt es im *96. Abschnitt* (S. 189f.): „Die anfängliche Auslegung des Seienden als Phýsis“: „Wie dürftig ist unser Besitzstand an echtem Denkvermögen, daß wir die Einzigkeit dieses Entwurfs gar nicht mehr ermessen können, sondern als das Natürlichste ausgeben, da ja schon das menschliche Denken zunächst die ‚Natur‘ vor sich hat“. Aber bei der Phýsis des vorplatonischen Denkens handelt es sich gar nicht um das, was wir gewohnt sind, als ‚Natur‘ zu bezeichnen: weder um die Natur als Gegenstand der Naturwissenschaft noch um die Natur als Landschaft, noch als Sinnlichkeit. Die Phýsis ist vielmehr das Grundwort, in dem sich die denkerische Erfahrung des Seienden und seines Seins ausspricht: das waltende Aufgehen des Seienden in seine Unverborgenheit, Alétheia. Phýsis und Alétheia nennen daher dasselbe: das Aufgehen und Unverborgensein des Seienden in seinem Sein.

Was den ersten Anfang des Denkens des Seins ausmacht, ist die Erfahrung der Alétheia als der Unverborgenheit des Seienden. Weil im Denken Platons und des Aristoteles die erstanfänglich das Denken bestimmende Alétheia und Phýsis nicht als das eigentlich zu Denkende festgehalten werden, weil das Denken vielmehr seine maßgebliche Leitung aus dem herstellenden Verhalten des Menschen nimmt, kommt es zum „Einsturz der Alétheia“, zum Einsturz der Unverborgenheit des Seienden als Maßgabe für das Denken des Seins. Eine denkerische Bewältigung des ersten Anfangs durch die Folgenden hätte darin bestanden, die Alétheia festzuhalten und dazu überzugehen, diese eigens zu befragen, d.h. nach ihrem Wesen zu fragen. Weil solches unterblieb, wird der erste Anfang nicht bewältigt. Die Nichtbewältigung des ersten Anfangs durch die Nachfolgenden, durch Platon und Aristoteles, wird zur Geburt der Metaphysik. Denn jetzt erst kommt es zur Leitfrage als Frage nach der Seiendheit des Seienden, die nicht aus der Alétheia gedacht und bestimmt wird, sondern am Leitfaden des herstellenden Verhaltens.

So heißt es im *83. Abschnitt* „Die Meinung aller Metaphysik über das Sein“: „Die Metaphysik meint, das Sein lasse sich am Seienden finden, und dies so, daß das Denken über das Seiende hinaus geht" (S. 170). Über das Seiende hinauszugehen, um die Seiendheit des Seienden zu denken, ist der Grundzug des Transzendierens, durch den die Metaphysik seit Platon charakterisiert ist. Das Sein aber als die Seiendheit, auf die hin das metaphysische Denken das Seiende übersteigt, ist der Horizont für das transzendierende Denken der Metaphysik.

Im *91. Abschnitt* „Vom ersten zum anderen Anfang" (S. 179ff.) wird vom ersten Anfang gesagt, er erfahre und setze „die Wahrheit des Seienden, ohne nach der Wahrheit als solcher zu fragen". Das gilt sowohl für die Denker des ersten Anfangs, wie vor allem dann für Platon und Aristoteles als die ersten metaphysischen Denker. Demgegenüber heißt es vom anderen Anfang, er erfahre „die Wahrheit des Seyns" und frage nach dem Sein der Wahrheit" (S. 179). Nicht nur die Wahrheit, die Unverborgenheit des Seienden, sondern die Wahrheit als die Unverborgenheit des Seyns. Während das erstanfängliche Denken nach dem Sein des Seienden in seiner Unverborgenheit fragt, fragt das andersanfängliche Denken nach dem Seyn in seiner ihm eigenen Wahrheit (Unverborgenheit). Die Wahrheit als die Wahrheit des Seyns ist jenes Wesen der Wahrheit, das im Denken des ersten Anfangs verhüllt blieb, sofern nicht nach der Alétheia als solcher gefragt wurde.

Im selben *Abschnitt 91* (S. 185) heißt es, im ersten Anfang sei die Wahrheit als Unverborgenheit ein Charakter des Seienden als solchen. Diese Wahrheit wandelt sich zur Richtigkeit der Aussage und schließlich zur Gewißheit, die die Seiendheit des Seienden als Gegenstand zur Vorgestelltheit und Gegenständlichkeit werden läßt. Im Denken des anderen Anfangs, genauer gesagt im Denken des Übergangs vom ersten zum anderen Anfang, wird die Wahrheit erfahren als die Wahrheit für das Seyn und das Seyn als das Seyn dieser Wahrheit.

Wenn das Denken „in den anderen Anfang einspringt, dann kehrt es darin zugleich zurück in den ersten Anfang, und umgekehrt, wenn es in den ersten Anfang springt, vermag es solches nur, weil es schon in den anderen Anfang gesprungen ist. Der denkerische Rückgang in den ersten Anfang ist nicht zu mißdeuten als eine Versetzung in Vergangenes, sondern ist eine ‚Entfernung' (S. 185) von ihm". In der denkerischen Auseinandersetzung mit den Grundstellungen aus dem ersten Anfang und seiner Geschichte bezieht das seinsgeschichtliche Denken eine „Fernstellung" (S. 185) zum ersten Anfang. Denn nur aus dieser Fernstellung zum jeweils Gedachten der Geschichte des ersten Anfangs kann das gesehen werden, „was in jenem Anfang und [was] als jener Anfang anfing“ (S. 185). Die Fernstellung zum erstanfänglich Gedachten wird jedoch nur durch die Erfahrung des andersanfänglichen Denkens gewonnen. Nur das Denken der Wahrheit des Seyns als das Denken des anderen Anfangs bietet die nötige und zureichende Fernstellung, um aus dieser heraus das Denken der Wahrheit des Seienden in seiner Seiendheit erfahren und bestimmen zu können.

Diese durch den anderen Anfang ermöglichte Fernstellung zum ersten Anfang läßt erfahren, daß das Entscheidende im ersten Anfang das Nichtfragen der Frage nach der Alétheia ist. Das Nichtfragen der Wahrheitsfrage ist jene seinsgeschichtliche Entscheidung, die darüber entschieden hat, daß das abendländische Denken zur „Metaphysik“ wurde. Diese Einsicht, daß das Ausbleiben der Frage nach dem Wesen der Alétheia zur Geschichte der Metaphysik geführt hat, „spielt uns die Notwendigkeit zu, den anderen Anfang vorzubereiten“ (S. 186). Den anderen Anfang denkerisch vorbereiten heißt, sich denkerisch der Seinsverlassenheit des Seienden zu stellen. Denn die unsere geschichtliche Gegenwart bestimmende Seinsverlassenheit ist „tief verborgen das Widerspiel“ zu jenem Nichtfragen nach dem Wesen der Alétheia im ersten Anfang (S. 186). Die das geschichtliche Heute bestimmende Seinsverlassenheit des Seienden, so, wie sie mitentschieden und ausgefaltet wird durch die Herrschaft der neuzeitlichen Naturwissenschaft und modernen Technik, läßt sich nicht „aus heutigen und gestrigen Missständen und Versäumnissen“ (S. 186) erklären. Sie hat vielmehr ihre tiefste Wurzel im Denken des ersten Anfangs, sofern dieses nicht nach dem Wesen der Alétheia, der Wahrheit, gefragt hat. Nur weil die Not der Seinsverlassenheit ihre Herkunft aus dem ersten Anfang hat, vermag sie den Denkenden in die Bereitschaft für den anderen Anfang zu nötigen.

Der *91. Abschnitt* endet mit zwei entscheidenden Sätzen: „Und deshalb ist die Wahrheitsfrage der erste Schritt zum Bereitsein. Diese Wahrheitsfrage, nur *eine* wesentliche Gestalt der Seynsfrage, hält diese künftig heraus aus den Bezirken der ‚Metaphysik‘ (S. 186). Die Wahrheitsfrage als die Frage nach dem Wesen der Wahrheit ist der „erste Schritt“ zur Bereitschaft für das Denken des anderen Anfangs. Sie ist die erste, die zuerst sich stellende Frage auf dem Wege der Seynsfrage als Grundfrage. Die Wahrheitsfrage ist selbst eine wesentliche Gestalt der Seynsfrage, jene Gestalt, die allem zuvor in ihrer Notwendigkeit eingesehen werden muß. Denn wenn die Geschichte der metaphysischen Leitfrage nach der Seiendheit des Seienden nur möglich wurde durch das Nichtfragen der

Wahrheitsfrage, durch das Sichentziehen der Alétheia, kann die Grundfrage nach dem Sein als solchem nur im Ausgang von der Wahrheitsfrage gefragt werden. Nur wenn sich das Wesen der Wahrheit als Unverborgenheit zeigt, kann nach der Wahrheit des Seyns und nach dem Seyn dieser Wahrheit gefragt werden. Deshalb nennt Heidegger die Frage nach dem Wesen der Wahrheit die „Vor-frage" (S. 76). Ohne die Vor-frage nach dem Wesen der Wahrheit ist ein Fragen nach dem Seyn als Grundfrage im Unterschied zur metaphysischen Leitfrage nicht möglich. Auf dem seinsgeschichtlichen Ausarbeitungsweg der Seinsfrage gewinnt die Wahrheitsfrage eine besondere Bedeutung. Zwar gehörte auch auf dem transzendental-horizontalen Weg die Wahrheitsfrage zur Seinsfrage. Der eigenste Wahrheitscharakter des Seins war das vierte Grundproblem der Fundamentalontologie. Aber auf dem transzendental-horizontalen Weg war es nicht erforderlich, die Wahrheitsfrage als Vor-frage zu kennzeichnen. Erst auf dem seinsgeschichtlichen Weg tritt die Wahrheitsfrage in den Rang der Vor-frage für die Seynsfrage, weil sich gezeigt hat, daß das metaphysische Fragen nach dem Sein als der Seiendheit des Seienden eine Wesensfolge dessen ist, daß sich die Wahrheit als Alétheia früh schon für das Denken entzogen hat. Der Entzug und der Einsturz der Alétheia ließ es aber nicht zu, statt nur nach der Seiendheit des Seienden nach dem Sein als solchem zu fragen. Denn zum Sein als solchem gehört die ihm eigenste Wahrheit. Entzieht sich diese, dann entzieht sich mit ihr das Seyn selbst.

Das Denken, das den Übergang aus der metaphysischen Leitfragenstellung des ersten Anfangs zu der nicht mehr metaphysischen Grundfragenstellung des anderen Anfangs sucht, hält sich im Wissen darum, daß es sich weder in irgendeiner überlieferten metaphysischen Grundstellung noch in einer neu zu eröffnenden Leitfragenstellung ansiedeln kann. Im Zeitalter der Seinsverlassenheit des Seienden kann und muß es um die Grundfrage nach der Wahrheit des Seyns gehen, um auf diesem Wege die Seinsverlassenheit in eine neue Seinsbergung im Seienden anzudenken.

Der „Übergang von der *Leitfrage* (was ist das Seiende ?, Frage nach der Seiendheit, Sein ) zur *Grundfrage:* was ist die Wahrheit des Seyns ?" ist seinsgeschichtlich gesehen „die Überwindung, und zwar die erste und erstmögliche aller ‚Metaphysik'" (S. 171). Die Rede von der Überwindung aller Metaphysik könnte aber die Meinung aufkommen lassen, das seinsgeschichtliche Denken halte sich in einer „‚Gegnerschaft' gegen die ‚Metaphysik'" (S. 173). Doch die seinsgeschichtliche Rede von der „Überwindung der Metaphysik" hat nichts zu tun mit der

„‚antimetaphysischen‘ Tendenz des ‚Positivismus‘ und seiner Spielarten“ (S. 172). Die seinsgeschichtliche Rede von der Überwindung der Metaphysik will nur betonen, daß die ursprünglichere Frage nach der Wahrheit des Seyns nicht mit Hilfe von Gedankenzügen aus der metaphysischen Leitfrage ausgearbeitet werden kann. Es handelt sich also hierbei „nicht um eine ‚Gegnerschaft‘ gegen die ‚Metaphysik‘“ (S. 173). Desgleichen wird mit der seinsgeschichtlichen Wendung vom „Ende der Metaphysik“ nicht gesagt, das seinsgeschichtliche Denken wolle „das, was es als Ende und im Ende begriffen hat, nun einfach hinter sich [...] lassen“ (S. 173). Mit der Wendung vom „Ende der Metaphysik“ ist nicht gemeint, das seinsgeschichtliche Denken „sei mit der ‚Metaphysik‘ fertig“ (S. 173). In der seinsgeschichtlichen Abgrenzung von der metaphysischen Leitfragenstellung wird vielmehr „die Geschichte des ersten Anfangs [...] so völlig aus dem Anschein der Vergeblichkeit und bloßen Irre herausgenommen“, daß „jetzt erst [...] das große Leuchten über alles bisherige denkerische Werk“ kommt (S. 175). Die Metaphaysik wird somit „in einer Weise ernstgenommen [...], die jedes Übernehmen und Fortleben von Lehrstücken und jedes Erneuern von Standpunkten und jede Vermischung und Ausgleichung vieler solcher wesentlich übertrifft“ (S. 175). Die seinsgeschichtliche Auseinandersetzung mit der Geschichte der Metaphysik als Geschichte des ersten Anfangs ist „keine Gegnerschaft, weder im Sinne der groben Ablehnung noch in der Weise einer Aufhebung des ersten im Anderen“(S. 187), d.h. keine dialektische Aufhebung im Sinne Hegels. Vielmehr ist es so, daß das Denken des anderen Anfangs, das Denken der Wesung der Wahrheit des Seyns, „dem ersten Anfang [...] zur Wahrheit seiner Geschichte und damit zu seiner unveräußerlichen eigensten Andersartigkeit verhilft, die allein fruchtbar wird in der geschichtlichen Zwiesprache der Denker“ (S. 187).

Die hohe Meinung, die das andersanfängliche Denken von den überlieferten Philosophien der Geschichte des ersten Anfangs hat, kommt in kaum überbietbarer Weise zum Ausdruck, wenn es von den „großen Philosophien“ heißt, sie seien „ragende Berge, unbestiegen und unbesteigbar. Aber sie gewähren dem Land sein Höchstes und weisen in sein Urgestein“ (*93. Abschnitt* „Die großen Philosophien“, S. 187). Die „großen Philosophien“ sind die großen Metaphysiken von Platon bis Hegel. Sie sind „unbestiegen“, d.h. unbesiegt, und „unbesteigbar“, d.h. unbesiegbar. Diese Berge, diese großen Philosophien, die großen Metaphysiken sind für das Menschen-Land das Höchste und zugleich das Tiefste, indem sie in das

Urgestein des Menschenlandes weisen. Die großen Philosophien, die Metaphysiken von Platon bis Hegel sind Richtpunkt für dieses Land. Jede dieser großen Philosophien bildet den Blickkreis dieses Landes. Die großen abendländischen Metaphysiken ertragen die auf sie gerichtete Sicht, sie ertragen aber auch die Verhüllung, in der sie nicht als das, was sie sind, erfahren und verstanden werden. Ihre Verhüllung ist nicht von der Art, daß sie darin verschwunden sind. Heidegger fragt, wann die Berge, also die großen Metaphysiken, dasjenige sind, was sie an ihnen selbst sind, und antwortet darauf: Die großen Philosophien des Abendlandes sind nicht etwa dann das, was sie in Wahrheit sind, „wenn wir vermeintlich sie bestiegen und beklettert haben", wenn wir all zu früh meinen, sie in den Griff des Verstandenhabens genommen zu haben. Die Berge, die großen Philosophien, die abendländischen Metaphysiken sind nur dann das, was sie selbst sind, wenn wir uns ihnen in der Weise nähern, daß wir sie für uns und für das Menschenland „stehen" lassen. Die Berge, die großen Philosophien einfach *stehen* lassen heißt aber, „in der Ruhe des Gebirges das lebendigste Ragen erstehen zu lassen" und selbst „im Umkreis dieser Überragung zu stehen". Dies alles zusammenfassend heißt es: „Die echte denkerische Auseinandersetzung" mit diesen Bergen, den großen abendländischen Metaphysiken, „muß dies alles anstreben", alles das, was von dem Verhältnis der Menschen zu den Bergen, zu den großen Metaphysiken, gesagt wurde. In dieser „Aus-einander-setzung mit den großen Philosophien", die die „metaphysischen Grundstellungen innerhalb der Geschichte der Leitfrage" sind, muß derart vorgegangen werden, „daß jede Philosophie als wesentliche als Berg zwischen Bergen zu stehen kommt und so ihr Wesentlichstes zum Stand bringt". Dies gelingt nur dann, wenn dabei „aus der verschwiegenen Grundfrage her" die Leitfrage „nach ihrem vollen Gefüge" „neu entfaltet" wird (S. 188). Dies, was Heidegger von der interpretatorischen Auseinandersetzung mit den großen Metaphysiken fordert, hat Heidegger selbst in seinen vielen großen geschichtlichen Vorlesungen geleistet. Heideggers Wendung von der „Überwindung der Metaphysik", die leicht mißverständlich ist, heißt nur, die Grundfrage nach der Wahrheit des Seyns ohne Anleihen aus der Geschichte der Metaphysik entfalten, um dadurch gerade die großen Philosophien dieser abendländischen Geschichte in ihrer eigenen Größe zu erfahren, mit der sie selbst in die Geschichte des Seyns gehören, die ihrerseits den anderen und den ersten Anfang einschließt.

Im *94. Abschnitt* „Die Auseinandersetzung des anderen Anfangs" (S. 188) heißt es von dieser Auseinandersetzung des anderen Anfangs mit dem ersten Anfang der Metaphysik, sie könne „ nie den Sinn haben, die bisherige Geschichte der Leitfrage und somit die ‚Metaphysik' als einen ‚Irrtum' nachzuweisen".

Die denkerische Auseinandersetzung mit dem ersten Anfang des Denkens muß diesen ersten Anfang „in seine unverfälschte Grösse und Einzigkeit" zurückstellen (S. 188). Durch die denkerische Auseinandersetzung wird der erste Anfang nicht aufgehoben und zu einem bloß Vergangenen und Historischen erklärt, sondern es wird geschichtlich „seine Notwendigkeit" für den anderen Anfang gegründet. Dadurch, daß der andere Anfang der „andere" ist gegenüber dem „ersten", bleibt der „andere" geschichtlich-wesensmäßig auf den ersten Anfang zurückbezogen. Die Geschichte der Metaphysik wird im seinsgeschichtlichen Denken erfahren und erkannt als die erste geschichtliche Epoche in der geschichtlichen Wesung des Seyns. So kann das übergängliche und andersanfängliche Denken niemals die Geschichte der Metaphysik als etwas Überholtes aufgeben und hinter sich lassen. Die Geschichte der Metaphysik ist jetzt nicht mehr Philosophiegeschichte und nicht mehr nur ein Gegenstand philosophiehistorischer Forschung, sondern sie gehört selbst in die Geschichte des Seyns, als jene Geschichte, in der sich die Wahrheit des Seyns in ihrem offenen Wesungsgeschehen als Ereignis verweigert hat, so, daß die Geschichte der Metaphysik als die Seinsgeschichte des Enteignisses denkend ausgelegt werden muß.

Auch das „Zu-spiel" ist wie jede der sechs Fügungen ein eigener „Wesungsbereich" des Ereignisses und als ein „eigener" ein „anderer" gegenüber einer jeden anderen Fügung. Dem „Zu-spiel" geht voraus der „Anklang". Wie diese erste Fügung ein eigener Wesungsbereich des Ereignisses ist, hatten wir bereits zu verstehen versucht. Wir sagten: Im Bereich des „Anklangs" hat das Ereignis den geschichtlichen Charakter des Ent-eignisses. Obwohl im „Anklang" wie auch im „Zu-spiel" das Ereignis als solches noch nicht thematisch ist, sondern erst in der dritten Fügung „Der Sprung" ins offene Erscheinen tritt, mußten wir auf zwei wesentliche Bestimmungen des Ereignisses aus der Fügung „Der Sprung" vorgreifen, um nach der Durchsprache des Anklangs schon verstehen zu können, was es heißt, daß die Fügung „Der Anklang" ein eigener Wesungsbereich des Ereignisses ist. Die erste Bestimmung, auf die wir vorgreifen mußten, war die formale Struktur des Ereignisses. Danach besagt ‚Ereignis' die Zusammengehörigkeit von ereignendem Zuwurf und ereignetem Entwurf. Wenn jede der sechs Fügungen ein eigener und anderer Wesungsbereich des Ereignisses ist, dann muß jede der sechs Fügungen diese formale Struktur zeigen. -Die zweite Bestimmung des Ereignisses war die grundsätzliche Unterscheidung von zwei geschichtlichen Wesungsweisen der Wahrheit des Seyns: die offene Wesungsweise, terminologisch festgemacht in dem Begriffspaar „Zuruf – Zugehörigkeit", und die sich selbst verbergende Wesungsweise, terminologisch gefaßt in dem Begriffspaar „Ausbleib – Seinsverlassenheit".

Im „Anklang" gehört das seinsgeschichtliche Denken, das zu ihm selbst eröffnet wird in der Erfahrung der Seinsverlassenheit des Seienden, nicht schon in die offene Wesung der Wahrheit des Seyns als Ereignis, sondern in die sichentziehende, in die ausbleibende offene Wesung der Wahrheit des Seyns als Ent-eignis. Der Ausbleib muß von der Ereignis-Struktur her gefaßt werden als ausbleibender oder enteignender Zuwurf, in welchem der er-eignende Zuruf der offenen Wesung ausbleibt. Dem ent-eignenden Zuwurf entspricht dann der ent-eignete Entwurf, dem es verweigert bleibt, das offene Wesungsgeschehen der Wahrheit des Seyns zu entwerfen. Die Zusammengehörigkeit von ent-eignendem Zuwurf und ent-eignetem Entwurf ist aber das, was als das Ent-eignis gefaßt wird. Das seinsgeschichtliche Denken, das im ersten Wesensbereich des Ereignisses, im „Anklang", einsetzt, erfährt aus der Seinsverlassenheit des Seienden die Wahrheit des Seyns als eine verweigernde, und das heißt: als Ent-eignis. Das Ent-eignis ist jene geschichtliche Wesungsweise der Wahrheit des Seyns, in der sich diese *als Ereignis* verweigert. Der Weg des seinsgeschichtlichen Denkens beginnt im Ent-eignis als dem ersten Wesungsbereich des Er-eignisses und bahnt durch die weiteren Fügungen hindurch den Weg in das Er-eignis.

Nachdem wir uns den eigenen Ereignis-Charakter, also das Ent-eignis, des „Anklangs" als den ersten Wesungsbereich des Ereignisses vergegenwärtigt haben, ist zu fragen, wie der Ereignis-Charakter des „Zuspiels" als des zweiten Wesungsbereiches des Ereignisses zu kennzeichnen ist. Worin unterscheidet sich das „Zu-spiel" vom „Anklang", der zweite vom ersten Wesungsbereich des Ereignisses ? Im „Zu-spiel" vollzieht sich die denkende „Auseinandersetzung der Notwendigkeit des anderen Anfangs aus der ursprünglichen Setzung des ersten Anfangs". Während es dem Denken im „Anklang" darum geht, die erfahrene Seinsverlassenheit des Seienden als eine solche sichtbar zu machen und zu enthüllen, zu enthüllen als die äußerste Verweigerung der offenen Wesung der Wahrheit des Seyns, geht es dem Denken im „Zu-spiel“ darum, im Lichte des „Anklangs“ der sich verweigernden Wahrheit des Seyns in die geschichtliche Herkunft der Seinsverlassenheit zurückzugehen, d.h. aber in die Geschichte des bisherigen Denkens des Seins vorzudringen und diese Geschichte als den ersten Anfang und als dessen Geschichte zu begreifen. Die Geschichte des ersten Anfangs ist jedoch im Unterschied zum ersten Anfang selbst, dem Anfang des vorsokratischen oder vorplatonischen Denkens, die Geschichte des Sichentfernens vom ersten Anfang selbst, von der erstanfänglichen denkerischen Erfahrung der altgriechischen Phýsis und Alétheia, der erfahrenen Wahrheit des Seienden in seinem Sein. Das Sichentfernen vom ersten Anfang selbst, das Heidegger auch den Fort-gang, d.h. den Weg-gang von diesem ersten Anfang selbst nennt, geschieht durch das Ausbleiben der Frage nach dem Wesen der Wahrheit selbst. Nur diese Frage, die Heidegger auch als Vor-frage kennzeichnet, dringt vor in das Wahrheitswesen als der Wahrheit des Seyns. Bleibt aber diese Frage aus, dann zeigt sich das Sein für das Denken nicht als das Seyn in seiner ihm eigenen Wahrheit, nicht als Wahrheit des Seyns und Seyn dieser Wahrheit, sondern als Sein des Seienden in der Bedeutung von dessen Seiendheit. Das Denken, das die Geschichte des Denkens als die geschichtliche Herkunft der Seinsverlassenheit des Seienden durchdenkt, denkt diese Geschichte, die Geschichte der Metaphysik, als die Geschichte des Ent-eignisses. Insoweit ist das Denken im „Zu-spiel“ wie das Denken im „Anklang“ das Denken des Enteignisses.

Aber die ursprüngliche Setzung und Durchdenkung der bisherigen Geschichte des Denkens als Geschichte des ersten Anfangs geschieht umwillen der Klärung des anderen Anfangs, der bestimmt ist durch die offene Wesung der Wahrheit des Seyns als Er-eignis. In dieser Hinsicht geht das Denken im „Zu-spiel“ über das Denken im „Anklang“ hinaus. Dann ist es nicht nur Denken des Ent-eignisses, sondern zugleich ein Vorbereiten des Denkens des Er-eignisses. Es hält sich im Zwischen von ausbleibendem, ent-eignendem Zuwurf und er-eignendem Zuwurf und damit auch im Zwischen von ent-eignetem und er-eignetem Entwurf. Was sich dem Denken im „Zuspiel“ zuwirft als denkend zu Entwerfendes, ist einerseits die Geschichte des wachsenden Ausbleibs der Wahrheit des Seyns und andererseits der mögliche andere Anfang der zögernd sichzeigenden Wahrheit des Seyns in ihrem freien, d.h. offenen Wesungsgeschehen.

# Neuntes Kapitel

## DER SPRUNG des Denkens in die Wahrheit des Seyns in ihrer Wesung als Ereignis

Was besagt nun der Übergang des Denkens aus dem Wesungsbereich des „Zu-spiels" in den Wesungsbereich des „Sprunges" ? Um uns eine erste Orientierung dessen zu geben, worum es im „Sprung" im Unterschied zum „Zu-spiel" und zum „Anklang" geht, werfen wir auch hier zuerst einen Blick auf die verschiedenen Überschriften der insgesamt *53 Abschnitte* der dritten Fügung „Der Sprung" (*von Abschnitt 115 bis Abschnitt 167).* So wie im „Anklang" und im „Zu-spiel" jeweils einige der Abschnitte überschrieben waren mit dem Titel der jeweiligen Fügung, so sind auch jetzt in der Fügung „Der Sprung" mehrere Abschnitte überschrieben mit dem Titel dieser Fügung. Die übrigen Überschriften sagen vom Seyn und vom Seienden, vom Seyn und Menschen, vom Bezug des Da-seins und des Seyns, von der Wesung des Seyns als Ereignis, von der Zerklüftung, von Seyn und Nichts bzw. Nichtseyn, von Seyn und Zeit, von der Wahrheit und dem Zeit-Raum, von den Stufen des Seyns, vom Leben, vom Sein zum Tode.

Die dritte Fügung „Der Sprung" wird mit dem *115. Abschnitt* „Die Leitstimmung des Sprungs" eröffnet (S. 227). Der „Sprung" – das sei gleich zu Anfang gesagt – ist die Kennzeichnung des in dieser Fügung geschehenden, sich vollziehenden Denkens – Denken als Sprung. Das Denken in dieser Fügung hat den Charakter eines Springens – inwiefern und in welcher Weise, lassen wir im Augenblick noch offen. Vom Denken des Sprunges heißt es, dieser sei „das Gewagteste im Vorgehen des anfänglichen Denkens" (S. 227). Das „anfängliche Denken" ist ein anderer Name für das seinsgeschichtliche Denken, das den anderen Anfang im denkenden Gespräch mit dem ersten Anfang denkt. Das Denken als „Sprung" ist das „Gewagteste", weil es überhaupt und erstmals und für alles Folgende vorbereitend *die Dimension des anderen Anfangs eröffnet:* die Dimension der Wahrheit des Seyns in ihrer Ereignis-Struktur. Was auf die dritte Fügung folgt, zunächst als Fügung der „Gründung", das Denken als Gründung oder das gründende Denken, baut jenes aus, was das springende Denken erstmals eröffnet.

Das Denken als Sprung „läßt und wirft alles Geläufige hinter sich" (S. 227). „Alles Geläufige" – das sind die aus der Geschichte des ersten Anfangs geläufigen denkerischen Bestimmungen des Seins und des Seienden, der Wahrheit, der Zeit und des Raumes und nicht zuletzt des Menschen. Die geläufige Bestimmung des Seins ist die der Seiendheit in ihrer geschichtlichen Wandlung. Die geläufige Bestimmung des Seienden ist das Seiende seiner jeweilig geschichtlich abgewandelten Seiendheit, z.B. das Seiende als Gegenstand und Objekt. Die geläufige Bestimmung der Wahrheit ist die Richtigkeit, die Übereinstimmung, die Gewissheit. Die geläufige Bestimmung der Zeit ist das Nacheinander der Jetzt, die reine Jetztfolge. Die geläufige Bestimmung des Raumes ist das reine Nebeneinander der möglichen Raumteile. Die geläufige Bestimmung des Menschen in seinem Wesen ist das ‚vernünftige Lebewesen', jenes Lebewesen, das sich von allen nichtmenschlichen Lebewesen durch sein Artwesen der Vernunft unterscheidet.

Das Denken als Sprung, das alle geläufigen Bestimmungen hinter sich läßt, „erwartet nichts unmittelbar vom Seienden, sondern erspringt allem zuvor die Zugehörigkeit zum Seyn in dessen voller Wesung als Ereignis" (S. 227). Es erwartet „nichts unmittelbar" vom Seienden, weil es nicht im Ausgang vom Seienden nach dessen Seiendheit fragt, sondern weil es die eigene Zugehörigkeit zum Seyn selbst und seiner offenen Wesung als Ereignis erspringt. Sein Erspringen ist das denkerische Eröffnen des bislang, d.h. in der Geschichte des ersten Anfangs Verschlossenen. Aber wie erspringt das Denken, wie eröffnet es erstmals in der Geschichte des Denkens die Wahrheit des Seyns in ihrer Wesungsweise als Ereignis ? Das Denken erspringt, d.h. eröffnet die Wahrheit des Seyns in ihrem Wesungsgeschehen als Ereignis. Es vermag aber die Wahrheit des Seyns nur zu eröffnen, insofern es dafür sein eigenes Wesen, das Wesen des Denkens, erfährt als je schon zugehörig zur Wahrheit des Seyns. Das Denken eröffnet die Wahrheit des Seyns nur insofern, als diese sich ihm ereignend schon zugeworfen hat. Damit erspringt und eröffnet das Denken die Weise, wie es selbst zu der ereignend sichzuwerfenden Wahrheit des Seyns gehört. Das Denken als Sprung erspringt und eröffnet sein eigenes Wesen als aus dem ereignenden Zuwurf ereigneter Entwurf.

Der Sprung ist keine Metapher für das Denken, sondern der Sprung ist bereits der Entwurfscharakter des Denkens. Warum aber ist das entwerfende und als solches eröffnende Denken ein „Springen“ ? Die Antwort auf diese Frage finden wir im *119. Abschnitt* (S. 233). Weil der denkerische Übergang von der Leitfrage der Geschichte des ersten Anfangs, der denkerische Übergang von der Frage nach dem Seienden in seinem Sein, zur Grundfrage nach der Wahrheit des Seyns als Ereignis *kein unmittelbarer Übergang* ist, kein fließender Übergang, deshalb hat der Entwurfscharakter des Denkens den Charakter eines „Sprunges“ (S. 233). Der Sprung ist Absprung von der Seiendheit des Seienden zur Wahrheit des Seyns selbst in ihrem (Wahrheit) und seinem (Seyn) Ereignis-Charakter.

Das Denken als Sprung, als springendes Entwerfen, als entwerfendes Eröffnen der Wahrheit des Seyns selbst und der eigenen Zugehörigkeit zu dieser – der so sich vollziehende denkerische Sprung ist gestimmt durch die Leitstimmung der „Scheu“ (S. 227). Von der Stimmung der „Scheu“ wissen wir schon, dass sie zur Grundstimmung des andersanfänglichen Denkens, zur „Verhaltenheit“ gehört – die Verhaltenheit im Unterschied zum Erstaunen (thaumázein) als der Grundstimmung des erstanfänglichen Denkens in der griechischen Antike (Platon und Aristoteles). Die „Scheu“ ist *die* Gestimmtheitsweise, in der sich der Denkende zu der sich ihm zögernd zeigenden Wahrheit des Seyns entwerfend verhält. Von der Scheu als der Leitstimmung des Sprunges, des springend eröffnenden Denkens, heißt es, in ihr übersteige sich die Verhaltenheit des Denkens „zur Inständigkeit des Ausstehens der fernsten Nähe der zögernden Versagung“ (S. 227). Seit 1931 verwendet Heidegger das Wort „Inständigkeit“ für das, was er zuvor in „Sein und Zeit“ als seinsverstehende Existenz genannt hat. Also müssen wir in der Inständigkeit die Existenz in ihren existenzialen Seinscharakteren denken: in ihrer Geworfenheit, in ihrem Entwurfscharakter, in ihrem Sorge-Vollzug, um hier nur einige der existenzialen Strukturen der Existenz aus „Sein und Zeit“ zu nennen. Die „Inständigkeit des Ausstehens“, das „Ausstehen“ meint hier die Sorge, das ekstatische Sorgetragen für das Da des Da-seins, für das Da als die Offenheit, als die Wahrheit des Seyns, die sich dem springenden Denken in ihrer „zögernden Versagung“ zu zeigen beginnt. Die so sich in der zögernden Versagung zeigende Wahrheit (Unverborgenheit) des Seyns ist es, die den sie Denkenden in die Leitstimmung der Scheu stimmt. Während die Leitstimmung des „Anklangs“ der „Schrecken“ ist, das Erschrecken vor der Seinsverlassenheit des Seienden, ist die Scheu die Leitstimmung des „Sprunges“.“Schrecken“ und „Scheu“ gehören als Leitstimmungen zur

Grundstimmung der Verhaltenheit, des Innehaltens und Heraustretens aus dem Bisherigen und Geläufigen.

Im Übergang des Denkens *aus* der bisherigen Leitfragenbeantwortung *in* die Grundfrage nach der Wahrheit des Seyns selbst in ihrem Ereignis-Charakter „bereitet sich", wie es im *117. Abschnitt* „Der Sprung" heißt, „die ursprünglichste und deshalb geschichtlichste Entscheidung vor, jenes Entweder-Oder, dem keine Verstecke und Bezirke des Ausweichens bleiben" (S. 229). Gemeint ist die Entscheidung, *„entweder* dem Ende [der Geschichte des ersten Anfangs] verhaftet [zu] bleiben [...], *oder* den anderen Anfang „anzufangen" (S. 229). Diese Entscheidung zwischen dem Verbleiben im Bisherigen oder der Vorbereitung des anderen Anfangs wird von Heidegger im „Vorblick" ausgefaltet in die verschiedenen Entscheidungen, die die eine Entscheidung in sich schließt. Es ist der *44. Abschnitt* „Die Entscheidungen" (S. 90ff.), der die elf Entscheidungen aufführt.

Die *1. Entscheidung* ist die: „ob der Mensch" – wie seit Beginn der Neuzeit – „‚Subjekt' bleiben will *oder* ob er das Da-sein gründet" (S. 90). Das Gründen gehört dann zur vierten Fügung „Die Gründung". Die fundamentalontologische Gründung des Daseins geschah in „Sein und Zeit". Gemeint ist jetzt aber die seins-oder ereignisgeschichtliche Gründung des Da-seins, worin dieses mit der Wahrheit des Seyns in das Ereignis gehört.

Die *2. Entscheidung:* „ob mit dem Subjekt das ‚animal' als die ‚Substanz' und das ‚rationale' als ‚Kultur' dauerfähig bleiben soll *oder* ob die Wahrheit des Seyns im Dasein eine werdende Stätte findet" – das letztere nennt die ereignisgeschichtliche Gründung des Da-seins, wonach das jeweilige Da die zugeworfene und entworfene Wahrheit des Seyns ist, aus deren offener Wesung die Seinsverlassenheit des Seienden sich in eine Bergung der Wahrheit des Seyns als die neue Offenbarkeit des Seienden kehren kann.

Die *3. Entscheidung:* ob das Sein – wie in der Geschichte des ersten Anfangs – als das „Generellste" und Allgemeinste weiterhin gefaßt werden soll *oder* in seiner geschichtlichen (ereignishaften) „Einzigkeit", mit der das Seyn „das Seiende als Einmaliges durchstimmt". Das Seiende als Einmaliges ist jenes Seiende, das der Seinsverlassenheit entzogen ist.

Die *4. Entscheidung:* ist die Entscheidung zwischen der Wahrheit als Richtigkeit und Gewissheit – *oder* der Wahrheit als der „Lichtung des Sichverbergens". Diese Kennzeichnung der Wahrheit geht hervor aus der Gründung des im antiken ersten Anfang ungegründet gebliebenen Wesens der Alétheia: das Alpha-privativum zeigt in die Lichtung, die Lethe nennt die Verbergung oder das Sichverbergen. Die Wahrheit des Seyns als die Lichtung des Sichverbergens besagt, daß die Lichtung (Unverborgenheit) ihre Herkunft aus dem Sichverbergen hat, so daß das Sichverbergen oder die Verborgenheit (Lethe) zum Wesen der Wahrheit als Lichtung gehört.

Die *5. Entscheidung:* ob das Seiende weiterhin als das „Selbstverständlichste" gelten soll *oder* ob das Seyn zum Fragwürdigsten wird, von dem her das Seiende den Charakter des Selbstverständlichsten verliert.

Die *6. Entscheidung* ist diejenige zwischen der Kunst als „Erlebnisveranstaltung" *oder* der Kunst als das „Ins-Werk-Setzen der Wahrheit [Lichtung] des Seyns". Letzteres ist von Heidegger durchgeführt in seiner grossartigen Abhandlung „Der Ursprung des Kunstwerkes" in den „Holzwegen" (GA 5) und als Einzelausgabe.

Die *7. Entscheidung* ist die, ob „die Geschichte" blosse Historie ist *oder* ob die Geschichte der Philosophie erfahren und gewürdigt wird „als der Gebirgszug der befremdlichen unbesteigbaren Berge" – wie es im *93. Abschnitt* „Die grossen Philosophien" ausgeführt ist.

Die *8. Entscheidung* betrifft die Ansetzung der „Natur": entweder bleibt es auch künftig dabei, die Natur anzusetzen als „Ausbeutungsgebiet des Rechnens und Einrichtens" und als „Gelegenheit des ‚Erlebens'", *oder* ob künftighin die Natur aus der Wahrheit des Seyns als Ereignis erfahren wird: als „die sich verschließende Erde", die „das Offene der bildlosen Welt trägt". Die erste Alternative gehört in die Machenschaft, der die Natur ausgesetzt wird, die zweite Alternative ist die Natur in der Sichtweise der Wesung der Wahrheit des Seyns als Ereignis, in der die Natur erfahren wird „als die sich verschließende Erde", die kraft ihres Sichverschließens das „Offene der bildlosen Welt" trägt. „Bildlos" ist die aus dem Offenen der Wahrheit des Seyns erfahrene Welt, weil sie als das Ganze der wesentlichen Sinnbezüge nicht „Welt" ist im Sinne des neuzeitlichen „Weltbildes" (siehe „Die Zeit des Weltbildes" in „Holzwege" (GA Bd. 5), nicht eine Welt als Vorgestelltheit, die auf das vorstellende Subjekt rückbezogen ist und sich von diesem Rückbezug her bestimmt.

Die *9. Entscheidung* ist die zwischen der herrschenden „Entgötterung des Seienden" *oder* der denkerischen Vorbereitung einer Dimension, in der sich die „Nähe und Ferne" des Göttlichen „entscheidet". Ohne jene Dimension (und diese ist die Lichtung des Seyns) bleibt es bei der Entgötterung, beim Ausbleib des Heiligen und Göttlichen. Innerhalb der aufgehenden Dimension der Lichtung des Seyns kann sich allererst entscheiden, ob es bei der Flucht des Göttlichen bleibt oder ob diese sich in ein erneutes Nahen des Göttlichen wendet.

Die *10. Entscheidung* besagt: entweder begnügt sich der Mensch unserer Zeit mit dem Seienden und bleibt gänzlich unbedürftig des Fragens nach dem Seyn, *oder* er wagt das Seyn und vertraut sich dem Denken der Wahrheit des Seyns als Ereignis an und wagt „damit den Untergang", nicht etwa die Vernichtung, sondern das *Untergehen unter* das Jetzige und Heutige, das von der Seinsverlassenheit und herrschenden Machenschaft gegenüber allem, was ist, geprägt ist, und das Sichöffnen für das Walten der Wahrheit des Seyns als Ereignis, aus dem die Seinsverlassenheit und Entgötterung sich wandeln kann.

Die *11. und letzte Entscheidung* ist die zwischen dem Wagen der großen Entscheidung *oder* dem Sichüberlassen der „Entscheidungslosigkeit".

Von diesen 11 Entscheidungen heißt es, daß sie alle sich zusammenziehen auf die „eine und einzige" Entscheidung: „ob das Seyn sich endgültig entzieht *oder* ob dieser Entzug als die Verweigerung zur ersten Wahrheit und zum anderen Anfang der Geschichte wird" (S. 91). Damit wird deutlich, daß es sich bei den Entscheidungen nicht um bloß menschliche Entscheidungen handelt, sondern um Entscheidungen, die im Bereich des enteignenden bzw. ereignenden Zuwurfs und des enteigneten bzw. ereigneten Entwurfes fallen. Kommt es zu einem endgültigen Sichentziehen der Wahrheit des Seyns, zum endgültigen enteignenden Zuwurf, dann fällt die Entscheidung zugunsten des Menschen als Subjekt, zugunsten der Kunst als bloß ästhetisches Objekt, zugunsten der Natur als schrankenloses Ausbeutungsgebiet. Kommt es aber dazu, daß der bisher herrschende Entzug der Wahrheit des Seyns *als* dieser Entzug innerhalb und außerhalb des Denkens erfahren wird, dann wird der so erfahrene Entzug, die so erfahrene Verweigerung zum anderen Anfang der Geschichte des Seyns, oder zurückhaltender formuliert, dann kann das Denken die Geschichte des anderen Anfangs, die Geschichte der Überwindung der Seinsverlassenheit und der Gottverlassenheit vorbereiten.

Weiter lesen wir im *117. Abschnitt* „Der Sprung" (S. 229), der andere Anfang könne „nur im Sprung" geschehen und auch die „Vorbereitung" des anderen Anfangs sei „schon ein Springen", das herkommt und abspringt aus der Auseinandersetzung des „Zu-spiels" mit der Geschichte des ersten Anfangs.

Was in dem die dritte Fügung eröffnenden *Abschnitt 115* vom Sprung gesagt wurde, erfährt jetzt im *122. Abschnitt* seine eigentliche Entfaltung. Dies ist jener Abschnitt, auf den wir schon an früherer Stelle unserer Kommentierung vorgegriffen und den wir eine von jenen Schlüsselstellen genannt haben, die das Verständnis der „Beiträge zur Philosophie (Vom Ereignis)" grundlegend aufschließen. Dieser *122. Abschnitt* ist überschrieben „Der Sprung (der geworfene Entwurf)" (S. 239). Der Sprung des springenden Denkens ist „der Vollzug des Entwurfs der Wahrheit des Seyns" (S. 239). In und mit diesem Sprung (Entwurf) geschieht die „Einrückung in das Offene der Wahrheit des Seyns". Dieses Einrücken besagt, daß das denkende Entwerfen sich als geworfen erfährt, geworfen aus der sich ihm zuwerfenden Wahrheit des Seyns. Was dies Denken denkt, denkend entwirft, ist die sich zuwerfende Wahrheit des Seyns, die sich zuwirft, um im denkenden Entwurf eröffnet zu werden. Insofern aber die Geworfenheit in die zu entwerfende Wahrheit des Seyns ihre Herkunft hat aus dem Sichzuwerfen der Wahrheit des Seyns und insofern die Wahrheit des Seyns sich zuwirft, um im Entwurf eröffnet zu werden, kann und muß das Sichzuwerfen oder der Zuwurf sprachlich-begrifflich gefaßt werden als ein *Er-eignen.* Denn im er-eignenden Zuwurf wird der Entwerfende *zum Eigentum* der sich zuwerfenden Wahrheit des Seyns. Und wenn die Geworfenheit des Entwurfs ihre Herkunft aus dem Zuwurf hat, der Zuwurf aber den Charakter des Er-eignens hat, dann muß die Geworfenheit begriffen werden als das *Ereignetsein.* Der geworfene Entwurf heißt daher „er-eigneter Entwurf". Sofern der denkende Entwurf ereigneter ist aus dem ereignenden Zuwurf, *gehört* das Denken als ereignetes Entwerfen *zur* Wahrheit des Seyns („Zugehörigkeit zum Seyn") (S. 239). Der ereignete Entwurf kann daher auch gekennzeichnet werden als „Zugehörigkeit" zur Wahrheit des Seyns. Die Zugehörigkeit wird zur Wesensbestimmung des denkenden Da-seins oder des daseinsmäßigen Denkens. Das Da-sein als Denkendes, denkend in der Weise des ereigneten Entwerfens, gehört zu dem von ihm Entworfenen, zur Wahrheit des Seyns, die nur waltet in der gegenwendigen Struktur von ereignendem Zuwurf *und* ereignetem Entwurf.

Indem das seinsgeschichtliche Denken die Wahrheit des Seyns springend eröffnet und darin sich selbst in seinem Wesen erfährt als geworfener, als ereigneter Entwurf, ereignet aus dem ereignenden Zuwurf, erfährt es zugleich das Wesen des Menschen (und nicht nur des Denkenden) als ereignet-entwerfendes Da-sein.

Innerhalb der transzendental-horizontalen Blickbahn zeigt sich uns ein umgekehrtes Vorgehen: Dort wird zuerst das „Wesen“ des Menschen als Existenz, als geworfen-entwerfendes, Sorge-tragendes Dasein bestimmt. Erst von hier aus zeigt sich dann auch, daß sich das Wesen des Denkens neu bestimmt: nicht mehr von der ratio des animal rationale her, sondern von der Existenz und deren existenzialen Charakteren. Das Denken vollzieht sich gemäß „Sein und Zeit“ als der ausdrückliche geworfene Entwurf. Denken ist dort das Entwerfen, das Eröffnen des Seins und das strukturale Auslegen des entworfenen Seins. Das Sein aber, das denkend entworfen wird, etwa das Sein als Existenz des Daseins, ist für seine denkerische Entwerfbarkeit vorgegeben als das, worein das Denken für seinen Vollzug des Entwerfens schon geworfen ist. Auch im Denken von „Sein und Zeit“ ist das Denken geworfenes Entwerfen und Auslegen des geworfen Entworfenen. Aber im seinsgeschichtlichen Denken der „Beiträge zur Philosophie (Vom Ereignis)“ erfährt sich zuerst das Denken selbst in seinem daseinsmäßigen Wesen, um von daher zu der Einsicht zu kommen, daß das geworfene bzw. ereignete Entwerfen nicht nur das Wesen des Denkens, sondern mit diesem auch das Wesen des Menschen überhaupt ist, des Menschen, auch sofern er nicht denkt. Denn das Denken ist eine ausgezeichnete Seinsmöglichkeit des Menschen. Die Auszeichnung besteht aber nicht darin, daß es geworfenes Entwerfen ist, sondern besteht in der besonderen Vollzugsweise des geworfenen Entwerfens, das als solches das Wesen des Menschen als Da-sein ist.

Der entscheidende Schritt des Denkens in der dritten Fügung „Der Sprung“ ist das springende (abspringende) Eröffnen der Wahrheit des Seyns. Dabei erfährt sich das springende Eröffnen als das Entwerfen, das Entwerfen aber als *geworfen in* die Wahrheit des Seyns *durch die sich zuwerfende Wahrheit des Seyns,* die sich zuwirft als im Entwerfen zu entwerfende. Insofern das entwerfende Eröffnen nur ist, wie es ist, aus dem Sichzuwerfen der zu entwerfenden Wahrheit des Seyns, gehört das Entwerfen nicht sich selbst. Es gehört vielmehr der sichzuwerfenden, im Sichzuwerfen das Entwerfen als ein solches eröffnenden und insofern unverfügbaren Wahrheit des Seyns. Weil im Sichzuwerfen die Wahrheit des Seyns das Entwerfen *zu ihrem Eigentum werden läßt,* kann Heidegger das Sichzuwerfen, den Zuwurf, das Ereignen nennen. Das Sichzuwerfen ist ein Ereignen des Entwerfens, das Eigentum der Wahrheit des Seyns ist. Insofern das Entwerfen Eigentum der sichzuwerfenden Wahrheit des Seyns ist, ist seine Geworfenheit zu kennzeichnen als sein Ereignetsein.

Das ist der Sinn der Rede vom geworfenen als dem ereigneten Entwerfen. Was Heidegger das *Ereignis* nennt, ist *das Ganze von ereignendem Zuwurf und ereignetem Entwurf.*

In diesem Sinne heißt es im letzten Absatz des bedeutsamen *122. Abschnitts* (S. 239), daß der denkende Entwurf des Da-seins als die entwerfende Eröffnung der Wesung der Wahrheit des Seyns „nichts leistet". Der denkende Entwurf ist kein leistender, wenn das Leisten einschließt, daß der Leistende sich selbst gehört und aus sich selbst das Leisten vollzieht. Das ist die Grundauffassung von der mit Descartes einsetzenden neuzeitlichen Subjektivität des denkenden und erkennenden Subjekts. Der denkende Entwurf leistet nichts, heißt, daß das Entwerfen nicht als ein Leisten des Subjekts aufgefaßt werden darf. Das Denken als entwerfendes ist kein Leisten in dem erläuterten Sinne, sondern ein „Auffangen" des ereignenden Zuwurfs und ein Eröffnen des Aufgefangenen. Der ereignende Zuwurf heißt jetzt auch „Gegenschwung der Er-eignung". Die je und je sich zuwerfende Wahrheit des Seyns als eine im ereigneten Entwurf zu entwerfende schwingt dem eröffnenden Entwurf entgegen als Gegenschwung. Das Ereignis als die Zusammengehörigkeit der Wahrheit des Seyns und des Da-seins ist daher der ereignende Zuwurf im Gegenschwung zum ereigneten Entwurf.

Der *135. Abschnitt* (S. 254) ist überschrieben „Die Wesung des Seyns als Ereignis (der Bezug von Da-sein und Seyn)". Ist die Rede von der „Wesung" des Seyns als Ereignis, so könnte man meinen, die Wesung des Seyns geschehe als Etwas im Gegenüber des Da-seins, geschehe „für sich" und als solches, zu dem das Da-sein erst den Bezug aufnehme. Eine solche Meinung legt zugleich die andere Meinung nahe, daß auch das Da-sein für sich sein kann, um als solches den Bezug zum Seyn aufnehmen zu können. Diesen fehlgehenden Meinungen gegenüber muß betont werden, daß, wenn die Rede ist vom Wesungsgeschehen der Wahrheit des Seyns als Ereignis, die „Er-eignung des Da-seins" schon in das Wesungsgeschehen eingeschlossen ist. Denn „Er-eignis" heißt: Er-eignender Zuwurf für den aus diesem ereigneten Entwurf. Im er-eignenden Zuwurf wird das Da-sein er-eignet als ein ereignetes Entwerfen. „Der Bezug des Da-seins *zum* Seyn gehört in die Wesung des Seyns selbst" (S. 254). Anders gewendet, das Seyn, die Wahrheit des Seyns, „braucht" für seine und ihre Wesung das Da-sein als den geworfenen, ereigneten Entwurf. Das „Brauchen" und „der Brauch" ist ein Grundwort des seinsgeschichtlichen Denkens, das in den seinsgeschichtlichen Schriften Heideggers vielfach auftaucht. Hier in den „Beiträgen zur Philosophie (Vom Ereignis)“ wird es zusammen mit vielen anderen Grundworten erstmals eingeführt.

In diesem Sinne heißt es auch im *133. Abschnitt* „Das Wesen des Seyns“ (S. 251): „Das Seyn braucht den Menschen, damit es wese, und der Mensch gehört dem Seyn, auf dass er seine äußerste Bestimmung als Dasein vollbringe“. Das Brauchen ist die Sinnrichtung des er-eignenden Zuwurfs. Der Mensch als Da-sein aber gehört nicht sich selbst, sondern dem Seyn, d.h. der sich ihm zuwerfenden und den Menschen als Entwerfenden eröffnenden Wahrheit des Seyns. Als ereignetes Entwerfendsein gehört der Mensch der sich ihm zuwerfenden Wahrheit des Seyns. Der so der Wahrheit des Seyns gehörende Mensch vollbringt seine „äußerste Bestimmung als Da-sein“, wenn er sein Wesen in der Weise des ereigneten Entwerfens der sich ihm ereignend zuwerfenden Wahrheit des Seyns vollzieht.

Was wir in unserer Kommentierung bisher als den Bezug des ereignenden Zuwurfs gefaßt haben, erweist sich jetzt als das „Brauchen“. Und was wir bislang den ereigneten Entwurf genannt haben, zeigt sich jetzt als ein „Zugehören“. Deshalb sagt Heidegger im *133. Abschnitt: „Dieser Gegenschwung des Brauchens und Zugehörens* macht das Seyn als Ereignis aus“ (S. 251). Das Ereignis als Gegenschwung des ereignenden Zuwurfs und des ereigneten Entwurfs ist, weil im ereignenden Zuwurf ein Brauchen und im ereigneten Entwurf ein Zugehören liegt, zumal der Gegenschwung von Brauchen und Zugehören. Das Brauchen ist der Name für die Wahrheit des Seyns in ihrem Bezug zum Da-sein, während das Zugehören der Name ist für das Wesen des Da-seins als dessen Wesensverhältnis zur Wahrheit des Seyns. Das Ganze können wir auch so formulieren: Der Bezug der Wahrheit des Seyns zum Wesen des Menschen (Sein des Da) und das Wesensverhältnis des Daseins zur Wahrheit des Seyns gehören zusammen in der Weise des Gegenschwunges, und dieser Gegenschwung ist das Ereignis.

Diesen Gegenschwung *im* Ereignis und *als* Ereignis faßt Heidegger in den „Beiträgen“ als „Kehre“. Damit stoßen wir auf die Frage, was es mit der „Kehre im Denken“ Heideggers auf sich hat. Doch vorerst wenden wir uns dem *140. Abschnitt* „Die Wesung des Seyns“ zu, worin von der „Kehre“ gesprochen wird (S. 261). Heidegger beginnt so: Die Wahrheit des Seyns und dieses, das Seyn selbst „west nur, wo und wann Da-sein“. Die Rede vom verbalen „Wesen“ der Wahrheit des Seyns meint hier das nicht verschlossene, sich nicht entziehende Wesungsgeschehen der Wahrheit des Seyns. Zum Wesungsgeschehen der Wahrheit des Seyns gehört das Wesen des Menschen als Da-sein. Kein offenes, unverschlossenes Wesungsgeschehen der Wahrheit des Seyns, ohne daß sich der Mensch in seinem Wesen erfährt als Da-sein. Das Wesen des Menschen als Subjekt gehört nicht zum offenen, sondern zum sichentziehenden Wesungsgeschehen der Wahrheit des Seyns, so, daß dieses garnicht zur Erfahrung gelangen kann. Die Wahrheit des Seyns und das Seyn dieser Wahrheit wesen nur dann in offener Weise, wenn der Mensch als Da-sein existiert. Als Dasein existieren heißt aber: existieren in der Weise des geworfenen, des ereigneten Entwurfs. Die Wahrheit für das Seyn und das Seyn der Wahrheit wesen nur deshalb dort, wo der Mensch als Da-sein existiert, weil die Wahrheit des Seyns für ihre offene Wesung das ereignete Entwerfen braucht. Die Wahrheit des Seyns geschieht durch den ereigneten Entwurf hindurch.

Anschließend heißt es: „Da-sein ‚ist' nur, wo und wann das Seyn der Wahrheit" (S. 261). Denn das Da-sein ‚ist' nicht aus ihm selbst, sondern aus dem ereignenden Zuwurf der Wahrheit des Seyns als ereignetes Entwerfen, ein ereignet-entwerfendes Wesensverhältnis zur Wahrheit des Seyns.

Beides – die Wahrheit des Seyns, die nur west, wo Da-sein existiert, und Da-sein, das nur existiert, wenn die Wahrheit des Seyns west (als Bezug des ereignenden Zuwurfs) – Beides in seiner Zusammengehörigkeit ist „*die* Kehre". Von dieser Kehre heißt es, sie zeige an das Wesen des Seyns selbst „als das in sich gegenschwingende Ereignis" (S. 261). Der Gegenschwung ist somit die Kehre, und die Kehre im Ereignis ist der Gegenschwung.

Ähnliches lesen wir im *141. Abschnitt* „Das Wesen des Seyns" (S. 262); „Die Ereignung des Da-seins durch das Seyn und die Gründung der Wahrheit des Seyns im Da-sein – die Kehre im Ereignis". Das will sagen: Die Er-eignung des Da-seins als geworfen-entwerfende Existenz durch den ereignenden Zuwurf der Wahrheit des Seyns und die Gründung der zugeworfenen Wahrheit des Seyns im Da-sein, die Gründung durch den gründenden Entwurf, jener Bezug und dieses Wesensverhältnis bilden in ihrer Verschränkung die Kehre, den Gegenschwung im Ereignis.

Erstmals hat Heidegger im „Brief über den Humanismus" (1946 geschrieben an den französischen Philosophen Jean Beaufret, 1947 als Einzelschrift veröffentlicht, später aufgenommen in den Band „Wegmarken"

(GA Bd. 9)[9] öffentlich von der „Kehre" gesprochen. Seitdem spricht man in der Heidegger-Literatur vom Heidegger vor und Heidegger nach der Kehre. Diese Rede will sagen, daß sich das Denken Heideggers gekehrt habe, daß es im Denken Heideggers eine Kehre gibt. Welche Bewandtnis hat es mit dieser „Kehre" ?

In der fraglichen Passage aus dem „Brief über den Humanismus" heißt es, „daß bei der Veröffentlichung von *‚Sein und Zeit'* der Dritte Abschnitt des Ersten Teiles, *‚Zeit und Sein'*, zurückgehalten wurde" (GA Bd. 9, S. 327). Was in diesem Dritten Abschnitt *‚Zeit und Sein'* denkerisch geschieht im Verhältnis zu den beiden vorangehenden Abschnitten der Daseins-Analytik, faßt Heidegger so: „Hier kehrt sich das Ganze um". (S. 328) Als Grund dafür, daß dieser Dritte Abschnitt im April 1927 nicht mitveröffentlicht, sondern zurückgehalten wurde, nennt Heidegger dieses: „Der fragliche Abschnitt wurde zurückgehalten, weil das Denken im zureichenden Sagen dieser Kehre versagte und mit Hilfe der Sprache der Metaphysik nicht durchkam". (S. 328) Wir aber fragen jetzt: Inwiefern kehrt sich in *‚Zeit und Sein'* gegenüber den beiden vorangehenden Abschnitten das Ganze um ? Ist das eine Kennzeichnung, die Heidegger erst von seinem späteren, dem seinsgeschichtlichen Standort aus im Rückblick auf den Aufriß von „Sein und Zeit" vorgenommen hat ? Gehört die Rede vom Sichumkehren und von der Kehre schon zur ersten, der transzendental-horizontalen Blickbahn und zu deren Sprache ?

Wir wissen, daß die Thematik des Dritten Abschnittes „Zeit und Sein" seit 1975 in grundsätzlichen Zügen ausgearbeitet vorliegt, ausgearbeitet in der Marburger Vorlesung vom Sommersemester 1927. Diese Ausarbeitung nennt Heidegger selbst eine „neue Ausarbeitung" des 3. Abschnitts des I. Teiles von „Sein und Zeit". Die „neue" Ausarbeitung ist eine „zweite" Ausarbeitung, nachdem Heidegger in den ersten Januartagen des Jahres 1927 die bis zu diesem Zeitpunkt gediehene *erste* Ausarbeitung des Textes für den 3. Abschnitt „Zeit und Sein" verworfen hat. Näheres hierzu können wir in der Vorlesung Heideggers „Die Metaphysik des deutschen Idealismus" vom I. Trimester 1941, GA Bd. 49, S. 39 nachlesen. Was Heidegger dort schriftlich festhält, steht in der Vorlesungshandschrift in Klammern, die besagen, daß er diese Passage nicht vorgetragen hat. Dort lesen wir: Der Entschluß, die erste Ausarbeitung von „Zeit und Sein" nicht mit zu veröffentlichen, „wurde gefaßt in den ersten

[9] M. Heidegger, *Wegmarken.* GA Bd. 9. Hrsg. v. F.-W. v. Herrmann. Vittorio Klostermann Frankfurt a.M. 1976.

Januartagen 1927 während eines Aufenthaltes in Heidelberg bei Karl Jaspers, wo mir aus lebhaften freundschaftlichen Auseinandersetzungen an Hand der Korrekturbogen von ‚Sein und Zeit' klar wurde, daß die bis dahin erreichte Ausarbeitung dieses wichtigsten Abschnittes (I,3) unverständlich bleiben müsse. Der Entschluß zum Abbruch der Veröffentlichung wurde gefaßt an dem Tage, als uns die Nachricht vom Tode R.M. Rilkes traf)". Und außerhalb der Klammer heißt es weiter: „Allerdings war ich damals der Meinung, übers Jahr schon alles deutlicher sagen zu können. Das war eine Täuschung".

In einer Aufzeichnung aus dem Ende der dreißiger Jahre „Mein bisheriger Weg" heißt es in Bezug auf den 3. Abschnitt „Zeit und Sein": „Aber der eigentliche systematische Abschnitt ‚Zeit und Sein' blieb in der ersten Ausführung unzureichend, und äußere Umstände (das Anschwellen des Jahrbuchbandes) verhinderten zugleich glücklicherweise die Veröffentlichung dieses Stückes, zu der ohnehin beim Wissen um das Unzureichende kein großes Vertrauen war. Der Versuch ist vernichtet, aber sogleich auf mehr geschichtlichem Wege ein neuer Anlauf gemacht in der Vorlesung vom S.S. 1927".

Somit ist von Heidegger mehrfach bezeugt, daß „Die Grundprobleme der Phänomenologie" (GA Bd. 24) eine zweite Ausarbeitung der Thematik „Zeit und Sein" sind. Ebenfalls ist von ihm selbst bezeugt, daß die erste Ausarbeitung vernichtet ist. Die zweite Ausarbeitung aber, in Gestalt der systematisch angelegten Marburger Vorlesung, wurde von ihm nicht vernichtet, und zwar auch nicht nach dem Sommersemester 1927 oder später als zur „Zweiten Hälfte" von „Sein und Zeit" gehörig veröffentlicht, wohl aber noch zu Lebzeiten als Eröffnungsband seiner Gesamtausgabe erschienen. Seit diesem Erscheinen, also seit 1975, kann „Sein und Zeit" nicht mehr ohne die anschließenden „Grundprobleme der Phänomenologie" gelesen und studiert werden.

Unsere Frage aber lautete: Gehört die Rede von der „Kehre", vom Sichumkehren des Ganzen, in die Blickweise und zur Sprache von „Sein und Zeit" und damit des ersten, transzendental-horizontalen Ausarbeitungsweges der Seinsfrage ? Finden wir dort irgendwo das Wort von der „Kehre"? Das Wort selbst findet sich weder in „Sein und Zeit" von 1927 noch in den „Grundproblemen der Phänomenologie" (GA Bd. 24), wohl aber in der Marburger Vorlesung vom Sommersemester 1928 „Metaphysische Anfangsgründe der Logik im Ausgang von Leibniz"(GA Bd. 26).[10] In dieser Vorlesung gibt es einen „Anhang" mit dem Titel „Kennzeichnung der Idee und Funktion einer Fundamentalontologie". Die Vorlesung selbst hält sich noch ganz in der transzendental-horizontalen Blickbahn, die wir auch die fundamentalontologische Blickbahn genannt haben. In jenem hochbedeutsamen „Anhang" greift Heidegger direkt auf die Thematik der „Grundprobleme der Phänomenologie" zurück. Diese Ausführungen stehen also in engem Zusammenhang mit der „Neuen Ausarbeitung" von „Zeit und Sein". Aus diesem „Anhang" zitieren wir jetzt ein längeres Textstück, in dem das Wort „Kehre" auftaucht:

„Es ergab sich: Das Grundproblem der Metaphysik [die Seinsfrage] verlangt in seiner Radikalisierung und Universalisierung eine Interpretation des Daseins auf Zeitlichkeit, aus welcher selbst [durch die Explikation der horizontalen Zeit bzw. Temporalität ] die innere Möglichkeit des Seinsverständnisses und somit der Ontologie erhellen soll – aber nicht, damit diese innere Möglichkeit lediglich gewußt werde, verstanden ist sie vielmehr nur im Vollbringen, d.h. in der Ausarbeitung der [in den vier Hauptproblemen vorgestellten] Grundproblematik selbst. Dieses Ganze der Grundlegung und Ausarbeitung [= 1.-3. Abschnitt] der Ontologie ist die Fundamentalontologie; sie ist 1. Analytik des Daseins [= 1.-2. Abschnitt] und 2. Analytik der Temporalität des Seins [= 3. Abschnitt]. Diese temporale Analytik ist aber zugleich die Kehre, in der die Ontologie selbst in die metaphysische Ontik [...] ausdrücklich zurückläuft. Es gilt, durch die Bewegtheit der Radikalisierung und Universalisierung die Ontologie zu dem in ihr latenten Umschlag zu bringen. Da vollzieht sich das Kehren, und es kommt zum Umschlag in die Metontologie" (GA Bd. 26, S. 201).

Damit ist eine eindeutige Antwort auf unsere Frage gegeben. In der letzten Marburger Vorlesung (GA Bd. 26), die selbst zur fundamentalontologischen Blickbahn der Seinsfrage gehört, wird von der „Analytik der Temporalität des Seins", also von der Thematik „Zeit und Sein" gesagt, sie sei zugleich die Kehre. Diese Kehre können wir die zur Fundamentalontologie, zur Ausarbeitung der Frage nach dem Sinn von Sein überhaupt, gehörende, die fundamentalontologische Kehre nennen.

---

[10] 10 M. Heidegger, *Metaphysische Anfangsgründe der Logik im Ausgang von Leibniz.* Marburger Vorlesung Sommersemester 1928. GA 26. Hrsg. v. K. Held. Vittorio Klostermann Frankfurt a.M. 1978.

Allerdings wird hier die „Kehre" als Umschlag der Fundamentalontologie in die Metontologien von den verschiedenen Bereichen des Seienden gekennzeichnet. Streng genommen bedeutet dies: Wenn und nachdem aus der ursprünglichen Zeitigungsweise der existenzialen Zeitlichkeit des Daseins (in der sich das Verstehen des Seins, das Entwerfen des Seins, zeitigt) die horizontale Zeit als Horizont der Temporalität expliziert, d.h. phänomenologisch entfaltet ist, und nachdem die vier fundamentalontologischen Grundprobleme ausgearbeitet sind, vollzieht sich das Kehren, der Umschlag in die Metontologien von den verschiedenen Bereichen des Seienden. Denn nun kommt es darauf an, nach der Klärung dessen, worin der ontologische Sinn von Sein überhaupt besteht, und nach der Ausarbeitung der vier Grundprobleme die verschiedenen Bereiche des Seienden auf ihre temporal bestimmte Seinsweise und Seinsverfassung hin zur Auslegung zu bringen.

Demgegenüber heißt es in jener berühmten Textstelle aus dem „Brief über den Humanismus", daß sich in „Zeit und Sein" das Ganze umkehre. So könnte man meinen, die in „Zeit und Sein" als erster Schritt erfolgende Entfaltung der horizontalen Zeit aus der existenzialen Zeitlichkeit des Daseins gehöre selbst zum Sichumkehren des Ganzen. Doch so ist es nicht gemeint. Erst nachdem die horizontale Zeit entfaltet ist, so, daß nunmehr die Ganzheit der existenzial-horizontalen ursprünglichen Zeit aufgewiesen ist, werden die vier Grundprobleme der Fundamentalontologie von der horizontalen Zeit her als Probleme der Temporalität ausgearbeitet. Ferner können nun auf dem Boden der ausgearbeiteten Grundprobleme die verschiedenen Bereiche des Seienden von ihren temporal bestimmten Seinsverfassungen her ausgelegt und gekennzeichnet werden. Was hier „Kehre" oder das „Sichumkehren" genannt wird, ist die Blickweise vom entfalteten Zeithorizont her auf die vielfältigen Seinsweisen in ihrer temporalen Bestimmtheit als Weisen des temporalen Anwesens und auf die Weise, wie die Bereiche des Seienden durch diese temporalen Seinsverfassungen bestimmt werden.

Die Antwort auf unsere Frage lautet also: Sowohl das Wort „Kehre" wie auch ein „Sichumkehren" gehören zum fundamentalontologischen, zum transzendental-horizontalen Ausarbeitungsweg der Seinsfrage.

Auch was Heidegger im „Brief über den Humanismus" als Grund dafür angibt, daß „Zeit und Sein" 1927 zurückgehalten und auch nicht in der vorgesehenen „Zweiten Hälfte" von „Sein und Zeit" veröffentlicht wurde, deckt sich mit dem, was wir jetzt aus dem Text der Vorlesung von 1941 und aus der privaten Aufzeichnung wissen. Der Grund ist der, daß das Denken" im zureichenden Sagen dieser Kehre versagte". Die Betonung liegt hier auf dem „zureichenden Sagen", nicht etwa auf dem Denken. Die erste Ausarbeitung, die dann abgebrochen und vernichtet wurde, stand in der Gefahr, beim Leser „unverständlich zu bleiben". Es war also ein Sprachproblem und nicht etwa das Unvermögen des Denkens, etwa derart, daß sich der Gedankengang von „Zeit und Sein" denkerisch nicht entfalten lasse. Daß Heidegger nicht etwa denkerisch in eine „Sackgasse" geraten war, bezeugt die „neue", die zweite Ausarbeitung in den „Grundproblemen der Phänomenologie" vom Sommersemester 1927.

Aber im „Brief über den Humanismus" wird auch gesagt, daß der 3. Abschnitt „Zeit und Sein" zurückgehalten wurde, weil das Denken „mit Hilfe der Sprache der Metaphysik nicht durchkam". Doch diese Begründung geht über das zuvor von Heidegger Gesagte (dass das Denken im zureichenden Sagen der Kehre von „Dasein und Zeitlichkeit" zu „Zeit und Sein" nicht durchkam) hinaus. Diese weitergehende, zweite Begründung, die auf die Sprache der Metaphysik abhebt, zielt nun schon auf das Verlassen der transzendental-horizontalen Blickbahn zugunsten des Ereignis-Denkens. Die „Sprache der Metaphysik", von der hier die Rede ist, ist die Rede von „Transzendenz" und „Horizont". Jetzt wird gesagt: Das Denken der Seinsfrage sei zu der Einsicht gekommen, daß die Beantwortung der Frage nach dem Sinn von Sein überhaupt in der Blickbahn von Transzendenz und Horizont, so, wie diese in „Zeit und Sein" in der ersten und in der zweiten Ausarbeitung durchgeführt wurde, zwar nicht falsch ist, wohl aber dem Wesen als der geschichtlichen Wesung des Seins nicht gerecht wird. Und so kam es zu Beginn der 30er Jahre zur Überwindung des „Horizontes" und der zu ihm gehörenden „Transzendenz"dadurch, daß das horizontal enthüllte Sein und die horizontal enthüllte „Zeit" (Temporalität) zurückgenommen, zurückgedacht wurde in die Herkunft, die sich nunmehr zeigte als das ereignende Sichzuwerfen der Wahrheit des Seyns für den darin ereigneten daseinsmäßigen Entwurf der zugeworfenen Wahrheit des Seyns. Jetzt aber heißt „Kehre" nicht mehr die sichumkehrende Blickweise vom Zeithorizont her auf die Seinsweisen und auf die Weise, wie die temporal bestimmten Seinsweisen die Bereiche des Seienden als solche bestimmen, sondern jetzt nennt das Wort „Kehre" die Gegenwendigkeit im Ereignis selbst. Die Kehre ist jetzt keine Verhaltensweise des Denkens. Nicht das Denken kehrt sich, sondern die Kehre ist die

Struktur in der Zusammengehörigkeit von Wahrheit des Seyns und Dasein.

Erst wenn man *die zum Ereignis selbst gehörende Kehre* gesehen hat, kann man nachträglich Heideggers Übergang *vom* transzendental-horizontalen Weg der Seinsfrage *zum* seins-oder ereignisgeschichtlichen Ausarbeitungsweg als ein Sichkehren oder als eine Kehre bezeichnen. Hier kommt es dann darauf an, den ersten, den transzendental-horizontalen Ausarbeitungsweg mit der zu ihm gehörenden fundamental-ontologischen Kehre von innen heraus zu verstehen und dann zu begreifen, aus welchen sachlichen Notwendigkeiten diese transzendental-horizontale Blickbahn immanent sich wandelt in die Blickbahn des Ereignisses, zu der die Kehre als die Gegenwendigkeit von sichzuwerfender Wahrheit des Seyns und geworfen-entwerfendem Entwurf gehört. Spricht man in Bezug auf Heidegger vom Denken ‚vor der Kehre' und ‚nach der Kehre', dann kann das nur besagen, daß das Denken vor der Kehre das transzendental-horizontale Denken ist und daß dieses Denken mit seiner fundamentalontologischen Kehre sich in das seinsgeschichtliche Denken kehrt, das nun das Denken ‚nach der Kehre' ist. Doch bei diesem Übergang, diesem Sichkehren des transzendental-horizontalen Weges in den seinsgeschichtlichen Weg *darf nicht übersehen werden,* daß das transzendental-horizontale Denken von „Sein und Zeit" mit seinen drei Abschnitten die Kehre von der transzendentalen Zeitlichkeit des Daseins zur horizontalen Zeit (Temporalität) wirklich vollzogen hat, und dieser Kehre-Vollzug ist in den „Grundproblemen der Phänomenologie", in dieser „neuen" und zweiten Ausarbeitung von „Zeit und Sein" ausgeführt. Hierzu äußert sich Heidegger in seinem 1937/38 verfassten ‚Rückblick auf den Weg – Mein bisheriger Weg' wie folgt: „Allerdings – im jetzigen Rückblick gesehen – wäre am Ende die Mitteilung des ganz ungenügenden Stückes über ‚Zeit und Sein' doch wichtig genug gewesen. Sie hätte die Mißdeutung von ‚Sein und Zeit' als einer bloßen ‚Ontologie' des Menschen und die Verkennung der ‚Fundamentalontologie' nicht so weit kommen lassen, wie es geschah und geschieht" (GA Bd. 66, Anhang, S. 414).

## *DER SPRUNG UND DIE ZERKLÜFTUNG DES SEYNS*

Der *Sprung* ist das denkerisch-entwerfende Eröffnen der Wahrheit als des Offenen des Seyns, aber so, daß das Offene des Seyns im ereignenden Zuwurf dem entwerfenden Eröffnen entgegenschwingt und von daher dieses Entwerfen ein ereignetes ist, er-eignet aus dem ereignenden Zuwurf (Kehre im Ereignis !). Diesen Gegenschwung, die Kehre vom ereignenden Zuwurf für den ereigneten Entwurf, nennt Heidegger – wie wir wissen – *das Er-eignis.* Dieser Gegenschwung von ereignendem Zuwurf für den ereigneten Entwurf bildet das, was wir die Ereignis-Blickbahn nennen, die sich denkerisch ergeben hat aus dem immanenten Wandel der zuerst eingenommenen transzendental-horizontalen Blickbahn. Diese Ereignis-Blickbahn (oder die seinsgeschichtliche Blickbahn) müssen wir denkend aufnehmen, wir müssen uns in sie hineinstellen, um nun alles weitere denkerisch nachvollziehen zu können, was innerhalb der dritten Fügung „Der Sprung" zu denken ist. Das erste, was es jetzt zu denken gilt, ist jener Sachverhalt, den Heidegger „die Zerklüftung des Seyns" nennt.

Im *120. Abschnitt* „Der Sprung" (S. 235) heißt es: Der Sprung ist die denkerische Bereitstellung des Offenen, „das als Zeit-Raum (Augenblicksstätte) die Zerklüftung des Seyns zugänglich und beständlich macht im Da-sein". Was hier „Zeit-Raum" genannt wird, ist eigenes Thema erst in der vierten Fügung „Die Gründung". Der Zeit-Raum nennt die Zusammengehörigkeit der ursprünglichen Zeit in ihrem Zeitigen und des ursprünglichen Raumes in seinem Räumen – der Zeit-Raum also als das innere Gefüge der Wahrheit (Offenheit, Lichtung, Unverborgenheit) des Seyns als Ereignis, als ereignender Zuwurf im Gegenschwung für den ereigneten Entwurf. Von der ersprungenen und so eröffneten Wahrheit als dem Offenen des Seyns wird aber gesagt, daß das Offene die Zerklüftung des Seyns im Da-sein zugänglich macht. Die Zerklüftung ist also Zerklüftung des Seyns in der Wahrheit des Seyns. Was hier Zerklüftung des Seyns genannt wird, muß daher in der Ereignis-Blickbahn erfahren und gedacht werden. Die Zerklüftung hat ihren ‚Ort' in der gegenwendig oder kehrig geschehenden Wahrheit als Offenheit oder Lichtung des Seyns.

Was aber heißt nun „Zerklüftung" in Bezug auf das Seyn ? Welchen Sachverhalt haben wir unter diesem Wort in den Blick des Denkens zu nehmen ? Im *127. Abschnitt* (S. 244) „Die Zerklüftung" heißt es: Sie ist die in sich bleibende Entfaltung der Innigkeit des Seyns selbst, sofern wir es als die Verweigerung und Umweigerung ‚erfahren'". In der vorphilosophischen Sprache sagen wir z.B.: ein Gebirge ist stark zerklüftet. Die Zerklüftung eines Gebirges entsteht durch die Aufklaffung eines zuvor verschlossenen Erdreiches, das aufklafft und verschieden gestaltete steile Gebirgszüge bildet, zwischen denen Klüfte, d.h. Öffnungen, Risse, Spalten klaffen. Das Springen des denkerischen Entwerfens eröffnet das für das Denken des ersten Anfangs und seiner Geschichte verschlossene Offene (Lichtung) des Seyns und entfaltet dieses in die zu ihm gehörenden mannigfaltigen Klüfte. Die „Zerklüftung“ ist die „Entfaltung“, die öffnende, entwerfende Auseinanderfaltung der Innigkeit, der einigenden Einheit des Seyns in seine mannigfaltigen Weisen. Die „Zerklüftung des Seyns“ zielt somit auf jene Sachverhalte ab, die wir aus der fundamentalontologischen Ausarbeitung der Seinsfrage kennen als die Frage nach der Grundartikulation im Sein, ferner als die Frage nach der Vielfältigkeit der Seinsweisen und als die Frage nach der ontologischen Differenz von Sein und Seiendem. Wenn wir bisher immer nur von der „Wahrheit des Seyns“ gesprochen haben, dann konnte es und kann es so aussehen, als ob hier nur in einer gleichförmigen Weise vom Seyn gesprochen werde. Die „Zerklüftung“ des Seyns sagt uns aber, daß das Seyn aus der „Wahrheit des Seyns“ eine innere Auseinanderfaltung und Gliederung zeigt, die eigens im denkenden Entwerfen entfaltet, ausgefaltet werden muß.

Der *156. Abschnitt* ist überschrieben „Die Zerklüftung“ (S. 278). Hier wird ausgeführt, daß das Wesungsgeschehen des Seyns in seiner Wahrheit (in seinem Offenen) als Er-eignis und innerhalb des Er-eignisses als Zerklüftung des Seyns in das Gefüge der Weisen des Seyns, -daß dieses Wesungsgeschehen der Wahrheit des Seyns der Philosophie solange verschlossen bleiben wird, wie diese meint, „man könne etwa durch Ausklügelung der verschiedenen Modalitätsbegriffe das Sein wissen und gleichsam zusammenbauen“ (S. 278). Hier wird eines deutlich: Was im Zuge der Grundfrage nach der Wahrheit des Seyns unter der „Zerklüftung des Seyns“ zu denken ist, das hat innerhalb der metaphysischen Leitfrage nach dem Seienden als solchem eine Entsprechung in dem, was dort als „Modalitäten des Seins“ bezeichnet und gedacht wird. Doch zuerst bedarf es des denkerischen „Sprunges in das Seyn als Ereignis“, damit sich innerhalb der so eröffneten Blickbahn die „Zerklüftung“ des Seyns zu eröffnen vermag.

Vom Verhältnis zwischen den „Modalitäten des Seins“ und der „Zerklüftung des Seyns“ handelt der *157. Abschnitt* „Die Zerklüftung und die ‚Modalitäten‘“ (S. 279). Die Modalitäten: Wirklichsein, Möglichsein, Notwendigsein, sind die Modalitäten des Seins des Seienden, seiner Seiendheit. Deshalb erfahren wir durch die Seinsmodalitäten nichts über die „Zerklüftung des Seyns“. Nach der Zerklüftung des Seyns selbst kann erst gefragt werden, wenn die Wahrheit des Seyns als Ereignis aufleuchtet. Weil die Seinsmodalitäten – so z.B., wie Kant diese als vierte Gruppe der Kategorien in seiner Kategorien-Tafel denkt – Modalitäten des Seins des

Seienden, nicht aber des Seyns selbst in seiner ihm eigenen Wahrheit (Offenheit) als Ereignis sind, „bleiben [sie] hinter der Zerklüftung zurück", und zwar in derselben Weise „wie die Seiendheit hinter der Wahrheit des Seyns" (S. 279). Die Frage nach den Modalitäten des Seins vom Seienden „bleibt notwendig in den Rahmen der Leitfrage verhaftet" (S. 279). Nur der Grundfrage nach der Wahrheit des Seyns selbst und dem Seyn dieser Wahrheit steht es zu, die Zerklüftung zu erfragen.

Die metaphysische Leitfrage kennt nur eine Seinsweise: die existentia, das Wirklichsein, und dessen modale Abwandlungen: Möglichsein und Notwendigsein. Dagegen kennt die Grundfrage nach der Wahrheit des Seyns selbst eine Vielfältigkeit von Seinsweisen. Während im Rahmen der Leitfrage die Bereiche des Seienden, seine Regionen, gegliedert sind nach ihrem gattungs-und artmässigen Wesen (essentia) und alle Gattungs-und Artbereiche an der einen Seinsweise und deren Modalisierbarkeit teilhaben, sind im Rahmen der Grundfrage die Bereiche des Seienden gegliedert nach den sie bestimmenden Seinsweisen, von denen *nur eine* das Wirklichsein im Sinne des Vorhandenseins und dessen Modalisierung ist. In den „Beiträgen zur Philosophie (Vom Ereignis)" werden diese verschiedenen, aus ihrer eigenen Seinsweise sich bestimmenden Bereiche des Seienden so gekennzeichnet: das Zeug (das für den Bereich der umweltlichen Gebrauchsdinge im weiten Sinne, des zuhandenen Seienden, steht), das Ding (jetzt im Sinne des Naturdinges, des Nichtlebendigen wie Stein und Berg), das Lebewesen (als Pflanze und Tier), das Werk (als das Werk der Kunst, das sprachliche und bildnerische und musikalische Kunstwerk), ferner die Tat (als Name für die Politische Tat, in der nicht nur die Gemeinschaftsformen der Bürgerlichen Gesellschaft und des Staates gebildet werden, sondern die auch für das Existieren des Menschen in den daseinsmäßigen Gemeinschaftsformen steht). Damit sind aber nur einige wesentliche und nicht etwa alle möglichen Seinsweisen für eigene Bereiche des Seienden genannt.

## *SEYN UND NICHTS*

Zur „Zerklüftung des Seyns" gehört aber auch in einer wesentlichen Weise jene Kluft, die als die Zusammengehörigkeit von Seyn und Nichts bezeichnet wird. Hierzu heißt es im *145. Abschnitt* „Das Seyn und das Nichts" (S. 266): Nicht nur in der ganzen Geschichte der Metaphysik, sondern im bisherigen abendländischen Denken überhaupt „wird das

‚Sein' immer als die Seiendheit des Seienden und so als dieses selbst begriffen. Noch heute geht bei allen ‚Denkern' die Gleichsetzung von Sein und Seiendem und zwar auf Grund einer Unkraft des Unterscheidens aller Philosophie gleichsam voran. Dementsprechend wird das Nichts immer als das Nichtseiende gefaßt und somit als Negativum" (S. 266). Dieser Rückblick auf die Geschichte des bisherigen Denkens schließt den ersten Anfang selbst vor Platon mit ein, schließt somit Parmenides ein, der der erste Denker ist, der das Eón, das eine einigende Sein der vielen Onta, scharf abgrenzt gegen das Mè Ón, das Nichtsein. Sowohl bei Parmenides wie bei allen nachfolgenden Denkern aus der Geschichte des ersten Anfangs wird das Nichts als das dem wahren Sein entgegengesetzte Nichtsein gedacht. Als solches wird es abgegrenzt gegen und ausgegrenzt aus dem Sein.

Wird aber nicht nur, wie im ersten Anfang und in der metaphysischen Leitfrage, nach dem Seienden in seinem Sein (Seiendheit) gefragt, sondern im Sinne der Grundfrage nach dem Seyn selbst in seinem ihm eigenen Offenen (Wahrheit), dann zeigt sich, daß das Nichts nicht der Gegensatz zum Seyn ist, sondern „die wesentliche Erzitterung des Seyns selbst" (S. 266). Als Erzitterung (Erbeben) des Seyns selbst *gehört das Nichts zum Seyn selbst,* in das Seyn selbst, bilden also Seyn und Nichts eine innige Zusammengehörigkeit. Das Nichts als Erzitterung des Seyns selbst wird dann erfahren *als eine ausgezeichnete Wesungsweise des Seyns selbst in seiner Wahrheit.*

Die Frage nach der Zusammengehörigkeit von Seyn und Nichts, von Nichts und Seyn, wurde auch auf dem transzendental-horizontalen Weg der Seinsfrage gestellt, ausgearbeitet und beantwortet: in Heideggers Freiburger Antrittsvorlesung von 1929 „Was ist Metaphysik ?" (GA 9). Dort bekundet sich das zum Wesen des Seins gehörende Nichts in seinem Nichten, und dieses Nichten wird daseinsmäßig erfahren als Gestimmtheitsweise der Angst. Im Sichängstigen des Daseins erfährt dieses das Entgleitenlassen des zuvor selbstverständlich offenbaren Seienden im Ganzen aus dieser selbstverständlichen Offenbarkeitsweise. Aber gerade in diesem nichtenden, abweisenden Entgleitenlassen rückt das Seiende im Ganzen in seine ursprüngliche, nunmehr befremdende Offenheit ein, so, daß es allererst *als* das offenbare Seiende erfahren wird. Das nichtende Entgleitenlassen und ursprüngliche Einrückenlassen des Seienden in seine Offenbarkeit erweist sich damit als eine Erschließungsweise der Erschlossenheit oder Offenheit des Seins selbst. Das Transzendieren des Da-seins, sein existierendes Übersteigen des Seienden in die Enthülltheit des Seins selbst, erweist sich somit als ein Übersteigen, als ein Transzendieren in die ekstatisch-horizontal enthüllte, erschlossene Aufgeschlossenheit des Seins selbst in seiner wesensmäßigen Zusammengehörigkeit mit dem nichtenden Nichts. Das ist der Sinn des Satzes aus der Antrittsvorlesung: Da-sein heißt „Hineingehaltenheit in das Nichts, oder, der Mensch als Da-sein ist „der Platzhalter des Nichts". Denn nur der Mensch kann das Nichten des Nichts erfahren, nicht aber auch das Tier, weil der Mensch in seinem daseinsmäßigen Wesen offen ist für die Offenheit, Wahrheit des Seins, zu der als eine Geschehensweise das Nichten gehört.

Im Übergang aus der transzendental-horizontalen in die Ereignis-Blickbahn geschieht das nichtende Entgleitenlassen nicht mehr als ein transzendental-horizontal erschlossenes, sondern als „wesentliche Erzitterung des Seyns selbst" in seiner Wahrheit. Die Erzitterung als ausgezeichnete Wesungsweise der Wahrheit des Seyns geschieht aus dem ereignenden Zuwurf: als ereignend-nichtender Zuwurf für den ereigneten Entwurf.

Hieran anschließend heißt es im *128. Abschnitt* „Das Seyn und der Mensch" (S. 255), dem Menschen komme „die Ahnung" des Seyns selbst „aus dem, was allein noch dem Seyn gleichrangig, weil ihm zugehörig bleibt, aus dem Nichts" (S. 245). Nur das Nichts ist dem Seyn selbst gleichrangig, weil es zu ihm gehört. Aber das Nichts ist hier nicht die Verneinung des Seins und des Seienden, nicht als dessen Gegensatz, sondern das Nichts in seinem Nichten als eine Wesungsweise der Wahrheit, des Offenen des Seyns selbst. Die Erfahrung des nichtenden Entgleitenlassens des Seienden im Ganzen in der Grundbefindlichkeit der Angst weist hin auf das Offene des Seyns, zu dem das Nichten selbst gehört. Wenn das Nichts dem Seyn selbst zugehört, wie wird dann das Nichts verstanden ? Die Antwort lautet: *„Als das Übermaß der reinen Verweigerung"* (S. 245). Was heißt hier „Verweigerung" ? Diese gehört zum Wesen des Seyns selbst. Jede Geschehensweise der Wahrheit des Seyns als Ereignis ist zumal Gewährung (Entbergung) und Verweigerung (Verbergung), Wahrung der Verbergung als der ständigen Herkunft für die Entbergung und Gewährung. Zu jeder Geschehensweise der Wahrheit des Seyns gehört in ihrer Gewährung, Entbergung, ein Maß der Verweigerung (Verbergung). Dagegen ist das Nichten des Nichts jene Geschehensweise der Wahrheit des Seyns, die gekennzeichnet ist durch ein „Übermaß" der Verweigerung gegenüber der Gewährung und Entbergung. Dieses Über-

Maß zeigt sich im Entgleitenlassen des Seienden im Ganzen. Im nichtenden Geschehen bekundet sich übermäßig der Verweigerungs- , der Verbergungscharakter des Seyns.

Im *129. Abschnitt* „Das Nichts“ (S. 246) wird von der reinen Verweigerung, so, wie diese sich im Nichten zeigt, gesagt, daß sie kein Nichtiges sei, sondern „höchste Schenkung“ (S. 246). Denn das nichtende Verweigern oder verweigernde Nichten schenkt die Einsicht in die Wahrheit des Seyns selbst, in die das Nichten hineinweist.

## *DAS SEYN ZUM TODE*

Im *161. Abschnitt* „Das Sein zum Tode“ (S. 283) wird als erstes davon gesprochen, welche Bedeutung das Kapitel aus „Sein und Zeit“ über das „Sein zum Tode“ habe in Bezug auf die Seinsfrage, die – wie wir wissen – nicht nur die Frage nach dem Sein des Menschen ist. Die existenzialontologische Analyse des Seins-zum-Tode als einer existenzialen Seinsweise des Daseins bildet das Erste Kapitel im Zweiten Abschnitt der Daseins-Analytik. So wie die gesamte Hermeneutik des Da-seins der Ausarbeitung der Grundfrage der Philosophie dient, so steht jede einzelne Analyse und somit auch die Analytik des Seins-zum-Tode im Dienste dieser Ausarbeitung. Die Analyse des Seins-zum-Tode verfolgt keine bloß oder vorrangig anthropologische und auch keine weltanschauliche Absicht, sondern allein die fundamentalontologische Abzielung, die Ausarbeitung der Fundamentalfrage der Philosophie. Das besagt dann: Der Tod, der je eigene Tod, zu dem das Dasein existierend sich wesenhaft so oder so verhält (= Sein zum...), erschöpft seine Bedeutung nicht nur in Bezug auf den Menschen (Existenz), sondern der Tod hat eine fundamentalontologische Bedeutung für das Sein selbst, nicht nur für das Sein (Existenz) des Menschen, sondern für das Sein überhaupt und im Ganzen. Um aber den ursprünglichen Zusammenhang von Sein und Tod thematisieren zu können, mußte zunächst „der Bezug des Da-seins zum Tode selbst, der Zusammenhang zwischen Entschlossenheit (Eröffnung) und Tod, das Vor-laufen sichtbar gemacht werden“ (S. 283) – im Zuge der existenzialen Analytik und Hermeneutik des Daseins. Dieses „Vor-laufen zum Tode“ ist im 2. Abschnitt von „Sein und Zeit“ „Dasein und Zeitlichkeit“ behandelt, um anschließend in „Zeit und Sein“, in der Beantwortung der Grundfrage nach dem Sinn von Sein überhaupt, zeigen zu können, wie „sich die Offenheit für das Seyn [= die Erschlossenheit] ganz und aus dem Äußersten öffne" (S. 283). Aus dem „Äußersten" heißt: aus dem Vor-laufen in den Tod als die äußerste Möglichkeit der schlechthinnigen Unmöglichkeit. In „Dasein und Zeitlichkeit", also innerhalb der Daseins-Analytik, erschöpft sich nicht die Bedeutung des im Sein zum Tode verstandenen Todes. Erst im Umkreis der Thematik „Zeit und Sein" zeigt sich seine fundamentalontologische Bedeutung. Dieser gemäß ist der in die Erschlossenheit hereinstehende Tod verstanden als die abgründige Verschlossenheit, aus der sich die Erschlossenheit aufschließt und in die im Sterben die Erschlossenheit zurückgeht. Die Erschlossenheit aber, die existenzial-horizontal im daseinsmäßigen Existieren aufgeschlossen ist, ist nicht nur Erschlossenheit des jeweiligen In-derWelt-seins des Daseins, sondern ist allem zuvor und ursprünglichst Erschlossenheit, Offenheit für das Sein überhaupt oder im Ganzen.

Im Übergang von der transzendental-horizontalen Blickbahn in die Ereignis-Blickbahn wird nicht etwa die Zusammengehörigkeit von Sein und Tod, Tod und Sein aufgegeben. Lediglich die horizontal-transzendental gefaßte Erschlossenheit des Todes wandelt sich in die ereignishafte Offenheit des Todes. Das Sein zum Tode innerhalb der Ereignis-Blickbahn wird von Heidegger so formuliert: „Die Einzigkeit des Todes im Da-sein des Menschen gehört in die ursprünglichste Bestimmung des Da-seins, nämlich vom Seyn selbst er-eignet zu werden, um seine Wahrheit (Offenheit des Sichverbergens) zu gründen" (S. 283). Nachdem sich nunmehr gezeigt hat, daß die Offenheit des Seyns zureichender und wesensgemäßer nicht transzendental-horizontal, sondern ereignishaft denkerisch entfaltet werden muß, gehört der im Sein-zum-Tode verstandene Tod in das Ereignis, in den er-eignenden Zuwurf für den ereigneten Entwurf. Der Tod als Tod gibt sich dem Da-sein primär aus dem ereignenden Zuwurf zu verstehen. Aus diesem erfährt das Da-sein seine Geworfenheit in das Sein-zum-Tode. Die im ereigneten Entwurf zu entwerfende und zu gründende Wahrheit des Seyns ist eine solche, zu deren Wesen der Tod gehört, der Tod als der Zeiger in die zum Wesen des Seyns gehörende Verbergung.

## *DIE STUFEN DES SEYNS UND DAS LEBEN*

Auch die Frage nach den Stufen des Seyns kann nur gefragt werden im Rahmen der Grundfrage nach der Wahrheit des Seyns selbst und diese innerhalb der Ereignis-Blickbahn. Die Frage nach den Stufen des Seyns zu eröffnen gehört zur Aufgabe der Dritten Fügung „Der Sprung". Zugleich hält sich diese Frage in der Nähe der Zerklüftung des Seyns in die Vielfältigkeit seiner Seinsweisen. Denn die Stufen des Seyns sind Stufen zwischen den Seinsweisen und der Weise, wie sie das Seiende offenbar sein lassen.

Auch die Frage nach den Stufen des Seyns hat ihre Vorgestalt innerhalb der metaphysischen Leitfrage nach der Seiendheit des Seienden. Dort ist es die Frage nach den Stufen der Seiendheit des Seienden. Die Stufung des Seins zeigt sich in der Geschichte der metaphysischen Leitfrage erstmals bei Platon: die Abbilder von Sinnendingen, die Sinnendinge selbst, die Ideen der Sinnendinge und zu höchst die Idee des Guten (Agathón). Bei Plotin sind die Stufen des Seins die verschiedenen Stufen des Ausfließens aus dem göttlichen Ureinen, die Emanationsstufen: das göttliche Ur-Eine, die Weltseele mit den Ideen, die Einzelseelen und die Keimformen der Dinge, die Erscheinungen und die Materie als das Nichtseiende. Jede dieser Emanationsstufen ist eine Beraubung, eine privatio, der Vollkommenheit des göttlichen Nous. Und wieder eine andere metaphysische Stufung der Seiendheit des Seienden findet sich bei Leibniz und seiner Ontologie der Monaden, der monadischen Substanzen: zu Höchst die Centralmonade Gottes, darunter die menschlichen Monaden, deren Vorstellungen und Strebungen durch Selbstbewußtsein ausgezeichnet sind, darunter die Monaden der tierischen und der pflanzlichen Lebewesen, deren Perzeptionen und Appetitionen frei sind vom Selbstbewußtsein und nur durch Sinnesempfindung und Behalten bestimmt sind, und zuunterst die einfachen Monaden der nichtlebendigen Natur, deren vorstellendes Streben ohne Sinnesempfindung und Behalten ist. Alle metaphysischen Gestalten der Stufung des Seins gehen letztlich auf Platon zurück, gehören somit zu dem die Geschichte der metaphysischen Leitfragenbeantwortung bestimmenden Platonismus. Deshalb ist der „Platonismus" in der Geschichte der Metaphysik, des ersten Anfangs, ein besonderes Thema in der Zweiten Fügung „Das Zu-spiel", in der sich das seinsgeschichtliche Denken mit seiner bisherigen Geschichte als Geschichte des erstanfänglichen Denkens auseinandersetzt, um so den Übergang in das andersanfängliche Denken vorzubereiten. Zu dieser Auseinandersetzung gehört auch die mit der metaphysischen Ansetzung der Stufen des Seins. Diese Auseinandersetzung bereitet den Übergang, den denkerischen Sprung in die Frage nach den Stufen des Seyns als des Ereignisses vor.

Deshalb lautet nun in der Fügung „Der Sprung" im *152. Abschnitt* „Die Stufen des Seyns" (S. 273f.) die Frage: „Gibt es, von der Wahrheit des Seyns als Ereignis aus gefragt, überhaupt Stufen dieser Art und gar Stufen des Seyns ?" (S. 274). Im *259. Abschnitt* aus dem abschließenden und rückblickenden, das Ganze noch einmal fassenden Teil „Das Seyn" wird die Y-Schreibung von „Seyn" eigens erläutert. Diese soll anzeigen, daß das Sein hier nicht mehr metaphysisch gedacht wird" (S. 436). Innerhalb des seinsgeschichtlichen Denkens nennt daher „Sein" in der i-Schreibart das Sein, wie es entlang der metaphysischen Leitfrage gefragt und bestimmt wird. „Seyn" dagegen in der Y-Schreibart meint das Seyn selbst in seiner Wahrheit (Unverborgenheit), so, wie es das Gefragte und Erfragte der Grundfrage ist.

Im Rahmen der Grundfrage nach der Wahrheit des Seyns ist die Frage nach den Stufen des Seyns nicht die Frage nach dem Seinsstärkeren und dem Seinsschwächeren. Es ist vielmehr die Frage nach der „Bergungsursprünglichkeit der Wahrheit und damit Erwesung des Ereignisses" in der leblosen Natur, in der lebendigen Natur, im Zeug, in der Machenschaft (dem industriell Produzierten), im Kunstwerk, in der politischen Tat, im Opfer und in anderen Bereichen des Seienden (S. 274).

Eine der Stufen des Seyns und seiner Wahrheit ist das nichtdaseinsmäßige „Leben". Im *154. Abschnitt* „Das Leben" (S. 276) nennt Heidegger „das Leben" „eine ‚Weise' der Seiendheit (Seyns) des Seienden. Aber schon in der transzendental-horizontalen Ausarbeitung der Seinsfrage und der „Metontologie" gehört „Leben" zu den (freilich nicht mit dem Anspruch auf Vollständigkeit) genannten Seinsweisen neben Existenz, Zuhandenheit, Vorhandenheit, Bestand. Ihre thematische Behandlung findet die Seinsweise des „Lebens" als Seinsweise vom „Tier" und „Pflanze" in der großen Freiburger Vorlesung vom Wintersemester 1929/30 „Die Grundbegriffe der Metaphysik. Welt, Endlichkeit, Einsamkeit"[11], und zwar in den Kapiteln 2 bis 5 des Zweiten Teiles. Die entscheidende 'Kategorie', in der das Leben des Tieres im Unterschied zur Existenz des Menschen und zum Dasein des Menschen ausgelegt wird, ist der Begriff „Benommenheit": Das Tier lebt in der Weise der Benommenheit, indem es zwar im Offenen seiner jeweiligen tierischen Umgebung lebt, aber so, daß ihm ein Vernehmen seiner Umgebung *als des offenbaren Seienden*

[11] 11 M. Heidegger, *Die Grundbegriffe der Metaphysik. Welt – Endlichkeit – Einsamkeit.* Freiburger Vorlesung Wintersemester 1929/30. GA Bd. 29/30. Hrsg. v. F.-W. v. Herrmann. Vittorio Klostermann Frankfurt a.M. 1994.

„genommen" ist. „Benommenheit" heißt somit „Genommenheit des Seinsverständnisses". Das Tier lebt in seiner ihm offenen Umgebung, aber nicht in der Offenbarkeit des Seienden als eines solchen. Deshalb ist das, was das Tier umgibt, nicht die offenbare und ausgelegte Umwelt des Daseins, sondern die Umgebung. Auf diese umfangreiche Analyse der Seinsweise des nichtmenschlichen, nicht-daseinsmäßigen Lebendigen greift Heidegger jetzt im *154. Abschnitt* positiv zurück, indem er an den dort gewonnenen Einsichten festhält.

Das Leben ist die „beginnliche Eröffnung des Seienden auf es zu in der Verwahrung des Selbst" (S. 276f.). In der beginnlichen Eröffnung des Seienden als des Lebendigen bleibt das Selbstsein aus. Denn eine Eröffnung von Seiendem in der Weise des Selbstseins gibt es nur dort, wo die Eröffnung ein Offensein für das Sein, ein Seinsverstehen ist. Die zur nichtmenschlichen lebendigen Natur seinsmäßig gehörende beginnliche Eröffnung ohne Selbstsein ist das, was Heidegger die „erste Erdunkelung in der Verwahrung des Selbst" (S. 276f.) nennt. Nach dem Grimm`schen Wörterbuch heisst „erdunkeln": verdunkeln, dunkel werden. Heidegger aber gibt diesem Wort einen veränderten Sinn: Erdunkelung als eine solche beginnliche Eröffnung, die eine Stufe des Dunkels bleibt – im Unterschied zur Offenheit des Da, die verfaßt ist durch Seinsverständnis und Selbstsein. Wo das Selbstsein verwahrt, d.h. verschlossen bleibt, da gibt es keine Jemeinigkeit, kein Einzelnes als Selbstisches, sondern Gattung und Art. Umgekehrt, wo die Offenheit des Seins den Charakter der Existenz hat, da läßt sich dieses Seiende nicht im Horizont von Gattung und Art bestimmen. Zur Erdunkelung des Lebendigen gehört die „Weltlosigkeit": Das Tier lebt nicht im Da, Offenen einer Welt. Was Heidegger in den „Beiträgen" die „Weltlosigkeit" nennt, hieß in der Vorlesung vom Wintersemester 1929/30 die „Weltarmut" des Tieres. „Weltlos" wurde dort das nichtlebendige Seiende, wie der Stein, genannt. Weil aber die Rede von der „Weltarmut" des Tieres mißdeutbar ist, so, als ob das Tier im Verhältnis zum Menschen nur in einem geringen Maße weltverstehend sei, hat Heidegger diese Kennzeichnung aufgegeben.

# Zehntes Kapitel

## DIE GRÜNDUNG der Wahrheit des Seyns Als gründender Grund (gründender Zuwurf) und als erreichendes-übernehmendes Er-gründen (er-gründender Entwurf)

Zum Verhältnis der dritten zur vierten Fügung heißt es im *3. Abschnitt* aus dem „Vorblick" (S. 9): „Der Sprung erspringt den Abgrund der Zerklüftung und so erst die Notwendigkeit der Gründung des aus dem Seyn zugewiesenen Da-seins". Was das springende-entwerfende Denken erstmals eröffnet: die Zerklüftung des Seyns nach seinen verschiedenen Dimensionen, übernimmt das *gründende* Denken, das das im Sprung Eröffnete *gründet.* Was besagt dieses „Gründen"?

Zunächst stellen wir fest, daß die vierte Fügung „Die Gründung" fünffach untergliedert ist. Die erste Unterteilung lautet „Da-sein und Seinsentwurf", die zweite „Das Da-sein", die dritte „Das Wesen der Wahrheit", die vierte „Der Zeit-Raum als der Ab-grund", die fünfte Untergliederung „Die Wesung der Wahrheit als Bergung".

Aus diesen Zwischentiteln ersehen wir, daß es in der „Gründung" in einer betonten Weise um das „Da-sein" geht, das Da-sein in seinem Seinsentwurf; ferner um das Wesen der Wahrheit als der Wahrheit für das Seyn; sodann um die ursprüngliche Zeit-und Raum-Verfaßtheit der Wahrheit als des Abgrundes für das Seyn und schließlich um die „Bergung" der Wahrheit des Seyns als die jeweilige Entborgenheits-bzw. Offenbarkeitsweise des Seienden der unterschiedlichen Bereiche – d.h. die Offenbarkeitsweise des Seienden als Bergungsweise der Wahrheit seines Seyns, und diese Bergung oder Bergungsweise als zum vollen Wesungsgeschehen der Wahrheit gehörig. Zur Bergung der Wahrheit des Seyns gehört das, was Heidegger den Streit von Welt und Erde nennt. Mit dem seinsgeschichtlichen Einblick in die „Bergung" verwandelt sich auch die zunächst transzendental-horizontal angesetzte „ontologische Differenz" von Sein und Seiendem in das, was Heidegger die „Gleichzeitigkeit" von Seyn und Seiendem nennt.

### *a) Da-sein und Seinsentwurf*

Im ersten, dem *168. Abschnitt „Da-sein und Seyn"* (S. 293) wird gesagt: Da-sein hat seine seinsmäßige Herkunft aus der „Er-eignung im Ereignis", somit aus dem er-eignenden Zuwurf, aus dem es zu ihm selbst kommt als ein ereignetes Entwerfen. Das war die Einsicht der dritten Fügung „Der Sprung". Deshalb heißt es weiter: „Aber nur auf dem Grunde des Da-seins kommt das Seyn zur Wahrheit" (S. 293). Das besagt: Das Da-sein muß nun allererst zum Grund werden für die Wahrheit des Seyns. Zum „Grund" – nicht in der Bedeutung von verursachender Ursache, sondern „Grund" in der Bedeutung dessen, was in sich gründen und aufragen läßt und was trägt. Wenn das Da-sein zum Grund werden muß für die Wahrheit als die Wahrheit des Seyns, dann muß das Da-sein als ein solcher gründenlassender und tragender Grund gegründet werden. Deshalb wendet sich die vierte Fügung in betonter Weise dem „Da-sein" zu.

Im *170. Abschnitt* „Da-sein" (S. 294) heißt es, Da-sein sei nicht solches, „was am vorhandenen Menschen einfach vorfindbar sein könnte". Vielmehr ist Da-sein „der aus der Grunderfahrung des Seyns als Ereignis ernötigte Grund der *Wahrheit* des Seyns" (S. 294). Die „Grunderfahrung des Seyns als Ereignis" wurde in der dritten Fügung „Der Sprung" gemacht. Diese Erfahrung nötigt nun dazu, das Da-sein als Grund der Wahrheit des Seyns zu gründen, d.h. aber hermeneutisch zu gewinnen. Durch die Gründung des Da-seins als Grund für die Wahrheit, d.h. für das Offene des Seyns wird der Mensch in seinem Wesen „von Grund auf gewandelt" (S. 294). Durch die Gründung des Wesens des Menschen als Da-sein und dieses als gründenlassender Grund für die Wahrheit des Seyns kommt es zum „Sturz des *animal rationale*" (S. 294).

Im *171. Abschnitt* „Da-sein" lesen wir weiter: „Da-sein [ist] der in der Gründung wesende Grund des künftigen Menschseins" (S. 294), der Zukünftigen, von denen die fünfte Fügung eigens handelt. Hieran anschließend wird gesagt: „Das Da-*sein*", also die Seinsweise des Menschen, die Existenz, ist „die Sorge". Damit greift das seinsgeschichtliche Denken innerhalb der vierten Fügung auf die Hermeneutik des Da-seins zurück. Die Hermeneutik des Da-seins war auf dem transzendental-horizontalen Ausarbeitungsweg der Seinsfrage entfaltet worden. Was wir aber in unserem Kommentar an früherer Stelle betont haben: daß die Hermeneutik des Daseins, abgelöst von Transzendenz und Horizont, ihre unverlierbare Bedeutung auf dem seinsgeschichtlichen Weg der Seinsfrage behält, findet jetzt seine volle Bestätigung. Zwar wurde im Ersten Abschnitt der Daseins-Analytik (§ 41) die Sorge zunächst nur herausgestellt als das Sorgetragen für die jeweilige Existenzmöglichkeit des In-der-Welt-seins. Doch mit dieser Analyse wurde die Sorge als das Sorgetragen für die Erschlossenheit der jeweiligen Seinsweise von nichtdaseinsmäßigem Seienden vorbereitet. Im Dritten Abschnitt „Zeit und Sein“ kommt es zur Aufweisung dessen, wie die Sorge das Seinsverständnis überhaupt, und nicht nur des daseinsmäßigen Seins, ermöglicht. Die Sorge umschließt drei existenziale Strukturen: den Entwurf, das Geworfensein und das entdeckende, offenbarmachende Sein beim Seienden. Wenn jetzt in der Ereignis-Blickbahn an der Sorge des Da-*seins* festgehalten wird, dann müssen wir auch hier die drei zur Sorge gehörenden Strukturen im Blick behalten. *Zwei* dieser Strukturen haben wir auf unserem bisherigen Weg immer schon genannt, vor allem in der dritten Fügung „Der Sprung“: den Entwurf und dessen Geworfenheit, diese aber nunmehr als das Ereignetsein aus dem ereignenden Zuwurf. Die dritte existenziale Struktur kommt vor allem dann zum Vorschein, wenn die Struktur, das Phänomen, der Bergung ins Blickfeld rückt. Denn die Bergung der im ereigneten Entwurf entworfenen Wahrheit dieser oder jener Seynsweise geschieht im und mit dem offenbarmachenden, entbergenden Verhalten zum jeweiligen Seienden.

Aber es gibt auch Textstellen in den „Beiträgen“, in denen die existenzialen Termini des „Besorgens“ und des „Umgangs“ mit dem Seienden ausdrücklich genannt werden: im *13. Abschnitt* „Die Verhaltenheit“ (S. 33ff.) sagt Heidegger unter der Zwischenüberschrift „Die Verhaltenheit und die Sorge“ (S. 35): „die Bergung der Wahrheit, Bergung der Wahrheit und ihre Ausfaltung in das Besorgen und den Umgang“ (S. 35). Das will sagen: der bergend-besorgende Umgang birgt im Womit des Umgangs die im ereigneten Entwurf entworfene Wahrheit des Wie-und Wasseins. Damit ist gesagt, daß die Bergung der Wahrheit des Seyns in den vielfältigen Weisen des besorgenden Sichverhaltens zum Seienden und im besorgenden Umgang mit dem Seienden geschieht. Ähnliches wird gesagt (S. 71) im Unterabschnitt „Wahrheit“ des *32. Abschnitts* „Das Ereignis“. Ein entscheidender Durchblick nach der Vollziehung von Anklang und Zuspiel: „Die Bergung selbst vollzieht sich im und als Da-*sein.* Und dieses geschieht, gewinnt und verliert Geschichte in der inständlichen, im voraus dem Ereignis zugehörigen, aber es kaum wissenden Be-sorgung“ (S. 71). Die Be-sorgung soll aber hier – so wird betont – „nicht von der Alltäglichkeit her“ verstanden werden, „sondern aus der Selbstheit des

Da-seins begriffen" (S. 71). Die so aus der Selbstheit des Da-seins begriffene Be-sorgung „hält sich in mannigfachen, unter sich sich fordernden Weisen: Zeuganfertigung, Machenschaftseinrichtung (Technik), Kunstwerke schaffen, staatsbildende Tat, denkerisches Opfer" (S. 71). Damit wird ganz offensichtlich, wie weit und wie grundsätzlich in der Ereignis-Blickbahn das „Besorgen" genommen wird, worin die Bergung der im ereigneten Entwurf entworfenen Wahrheit des Seyns als Offenbarkeitsweise des Seienden geschieht.

Im *171. Abschnitt* (S. 294) heißt es, nachdem das Da-*sein* als Sorge genannt ist, weiter: „Der Mensch [ist] auf *diesem* Grunde des Da-seins", also auf dem Grunde der Sorge, „der Sucher des Seyns (Ereignis)" und „der Wahrer der Wahrheit des Seyns" (S. 294). Die Sorge als Sorgetragen ist in sich ein Suchen und ein Wahren, ein Hüten der gefundenen Wahrheit des Seyns. Das Finden des Gesuchten geschieht aus dem ereignenden Zuwurf, das Wahren aber als das Hüten vollzieht sich im ereigneten Entwurf und im bergenden Besorgen, das die im ereigneten Entwurf entworfene Wahrheit des Seyns im besorgten Seienden birgt.

Ausdrücklich verweist der *171. Abschnitt* auf die „Gründung des Daseins" auf dem ersten Ausarbeitungsweg, auf die Gründung des Da-seins als Sorge und Zeitlichkeit, die ihrerseits entrückt ist in die Temporalität, als welche die Wahrheit des Seyns verfaßt ist, temporal verfaßt. Auf diesem ersten Weg der Seinsfrage ist das *Da*-sein bezogen auf die Wahrheit als die Offenheit für das sichverbergende Sein, bezogen in der Weise des Seinsverständnisses. Im Seinsverständnis entwirft das Da-sein in der Weise des geworfenen, und d.h. in der Blickbahn des Ereignisses, des ereigneten Entwerfens das Offene für das Sein. Das Da-*sein* existiert in der Weise der „Entwerfung" (S. 295) der Wahrheit des Seyns. Die entworfene Wahrheit ist das Da- aus dem *Da*-sein, während das geworfene, ereignete Entwerfen das *sein* aus dem Da*sein* ist.

Im sachlichen Anschluss an das jetzt Ausgeführte heißt es im *173. Abschnitt* „Das Da-sein" (S. 297), das „Da-sein im Sinne des anderen Anfangs" (S. 297) könne nur ersprungen werden „im Einsprung in die Gründung der Offenheit des Sichverbergenden, jener Lichtung des Seyns, in die der künftige Mensch sich stellen muss, um sie offen zu halten"(S. 297). Der Sprung, das springende Denken springt somit nicht nur in die erste Eröffnung der Ereignis-Blickbahn (im Sinne der dritten Fügung), sondern es springt auch in die Gründung, ist denkender Einsprung in den gründenden Entwurf. Der Entwurf als gründender gründet die ihm zugeworfene Wahrheit bzw. Offenheit bzw. Lichtung als das geschichtliche Da- des *Da*-seins. Die zu gründende Offenheit ist die Offenheit (Wahrheit) für das Seyn als ein wesenhaft Sichverbergendes.

Vom Verbergen und Sichverbergen ist im Ereignis-Denken in mehrfacher Bedeutung die Rede, so aber, daß alle Bedeutungen im Wesen des Seyns zusammengehören. *Zur ersten Bedeutung:* Das Seyn als solches gehört zu seiner Wahrheit, Offenheit oder Lichtung. Das Wesungsgeschehen der Wahrheit oder Lichtung des Seyns ist das Lichtungs-bzw. Entbergungsgeschehen, das geschieht als Ereignis, d.h. im ereignenden Zuwurf für den ereigneten Entwurf. Die Wahrheit als die Lichtung oder Entbergung weist in sich zurück in die Verbergung als die Herkunft der geschichtlichen Entbergungs-oder Lichtungsweisen. Zum Wesen der Lichtung gehört somit die Verbergung. Die Verbergung als die Herkunft aller Lichtung und Entbergung führt dazu, daß jedes Lichtungsgeschehen des Seyns selbst ein Maß von Verbergung ist. Das will sagen: Keine geschichtliche Weise des gelichteten Seyns ist reine, bloße Lichtung oder Offenheit, die frei wäre von der Verbergung. Jede Entbergungsweise ist zumal eine Verbergungsweise. In den „Beiträgen" nennt Heidegger diese erste und Maß-gebende Weise der Verbergung, die zum Wesen des Seyns gehört, auch die „zögernde Versagung", das zögernde Sichversagen. Das will sagen: Die Wahrheit als Lichtung des Seyns gewährt sich, aber jede Weise ihres Sichgewährens ist zumal ein Sichversagen, kein gänzliches, aber ein zögerndes, – ein Sichversagen dergestalt, daß es sich in keiner Entbergungsweise erschöpft.

Die *zweite Bedeutung* der Verbergung ist die Verweigerung in der Weise der *Verstellung,* des Sichselbstentziehens der Wahrheit des Seyns oder auch der Ausbleib des vollen, des offenen Wesensgeschehens der Wahrheit, Offenheit oder Lichtung des Seyns.

Eine *dritte Bedeutung* von Verbergung geht mit dem zusammen, was wir ansatzweise als die „Bergung" der Wahrheit des Seyns erläutert haben. Denn die zum Wesungsgeschehen der Wahrheit des Seyns gehörende Bergung ist *eine Weise,* wie die im ereignenden Zuwurf und ereigneten Entwurf gelichtete Entbergungsweise des Seyns sich in der Offenbarkeit oder Entborgenheit des Seienden verbirgt – ein Verbergen in der Weise des Bergens.

In mehreren Abschnitten aus dem ersten Kapitel der vierten Fügung wird direkt zurückgegriffen auf die Hermeneutik des Daseins in „Sein und Zeit". Der Abschnitt, in dem die Sorge in das Ereignis-Denken hineingeholt wird, wurde von uns schon herangezogen. Der *175. Abschnitt* „Das Da-sein und das Seiende im Ganzen“ (S. 299f.) beginnt so: „Der erste Hinweis auf das Da-sein als Gründung der Wahrheit des Seyns ist vollzogen („Sein und Zeit“) im Durchgang durch die Frage nach dem Menschen, sofern dieser als der Entwerfer des Seins begriffen und so aus jeder ‚Anthropologie‘ herausgenommen wird (S. 299). Im *176. Abschnitt* „Dasein. Zur Erläuterung des Wortes“ (S. 300f.) heißt es mit Blick auf das Ereignis-Denken: „In der Bedeutung, die „Sein und Zeit“ erstmals und wesentlich ansetzt, ist dies Wort nicht zu übersetzen, d.h es widersetzt sich den Hinsichten der bisherigen Denk- und Sageweise der abendländischen Geschichte: das *Da-sein.*“ (S. 300).

Der *178. Abschnitt* „„Das Da-sein existiert umwillen seiner““ (S. 302) gibt eine für das Ereignis-Denken bedeutsame Erläuterung des berühmten Satzes aus der Daseins-Analytik in „Sein und Zeit“. Gleich anschließend erläutert der *179. Abschnitt* (S. 302) den Begriff „Existenz“ so, wie dieser im § 9 von „Sein und Zeit“, S. 42, bestimmt wird in jenem Satze, der an die Spitze der folgenden Hermeneutik des Daseins gestellt wird (als Leitfaden für die Hermeneutik): „Das ‚Wesen‘ des Daseins liegt in seiner Existenz“. Zugleich merkt Heidegger an, daß er dennoch das Wort „Existenz“ für das „Wesen“, die eigenste Seinsweise des Da-seins, „schon länger nicht mehr gebraucht habe, da die aus dem Dasein verstandene Existenz „mißdeutbar“ ist, d.h gleichgesetzt werden kann mit der „Existenzphilosophie“, d.h. mit jenem Existenz-Begriff, der von Karl Jaspers angesetzt wurde. Jaspers verwendet in seiner Schrift „Die geistige Situation der Zeit“ (1931) erstmals das Wort „Existenzphilosophie“. Von jetzt ab bestand die Gefahr, daß alles Denken, zu dessen Grund- und Leitworten die „Existenz“ gehört, als „Existenzphilosophie“ aufgefaßt wird – ohne dabei die tiefgreifenden Unterschiede zu sehen und zu beachten. Der tiefgreifende Unterschied aber zwischen dem Jaspers'schen Existenzbegriff und demjenigen Heideggers ist vor allem ein zweifacher. Zum einen ist für Jaspers die Existenz das freie Sichzusichselbstverhalten im Bezug zur Transzendenz (zum Umgreifenden), die sittliche Überhöhung des Vernunftwesens des Menschen. Die „Existenz“ hält sich also bei Jaspers weiterhin auf dem Boden des vernünftigen Lebewesens, während für Heidegger die Existenz die Seinsweise des Daseins ist, wodurch das ‚vernünftige Lebewesen‘ als unzureichende Wesensbestimmung des Menschen aufgegeben wird. Zum anderen geht es in der Philosophie von Jaspers um die Existenz des Menschen und um die Existenzerhellung. Im Philosophieren von Jaspers steht die im vernünftigen Lebewesen gegründete Existenz im Zentrum. Im Denken Heideggers steht aber nicht die im Dasein gegründete Existenz im Zentrum. Hier geht es nicht in erster Linie um die Existenz und den Menschen, sondern um das Wesen des Seins (Seyns) überhaupt in seinem Bezug zum Wesen des Menschen. Dasjenige Wesen des Menschen aber, das sich aus dem Bezug des Seyns zu ihm bestimmt, ist die ekstatische Existenz.

Zu jenen Abschnitten aus dem ersten Kapitel der „Gründung", die sich direkt auf Analysen aus der Hermeneutik des Daseins in „Sein und Zeit" zurückbeziehen, um die dort gewonnenen existenzialen Phänomene fruchtbar zu machen für das Da-sein im Ereignis, gehört auch der *177. Abschnitt* „Das Weg-*sein*" (S. 301). Das Wort „Weg-*sein*" wird hier geprägt als Gegenwort zu „Da-sein". In beiden Worten ist die zweite Silbe „*-sein*" kursiv gesetzt (in der Handschrift unterstrichen). Die Betonung muß auch so gesprochen werden, um beide Worte in ihrer Bedeutung recht zu verstehen: Da-*sein* heißt: das Da *sein;* Weg-*sein* heißt: das Weg *sein.* Was aber bedeutet das: das Da *sein* ? Da-*sein* heißt: „die Offenheit des Sichverbergens ausstehen" (S. 317).

Das „ausstehen" erläutert das „*-sein*" aus dem Da-*sein.* An früherer Stelle unseres Kommentars sagten wir, daß Heidegger in dem Wort „Ausstehen" das Sorgetragen der Sorge, des sorgenden Vollzugs, denkt. „Die Offenheit des Sichverbergens" steht für das „Da" aus dem *Da*-sein. Wie wir die Offenheit des Sichverbergens denken müssen, haben wir schon gesagt: die Offenheit als die Wahrheit im Sinne der Lichtung; das Sichverbergen aber als das Seyn, das im Sichentbergen zumal ein Sichverbergen in mehrfacher Bedeutung ist. Das Da *sein* heißt somit: Ausstehen oder Sorgetragen für die Wahrheit des Seyns.

Was bedeutet aber: Weg-*sein* ? Das Weg-sein besagt: „die Verschlossenheit des Geheimnisses und des Seins betreiben, Seinsvergessenheit" (S. 301). Während das Da die Offenheit nennt, nennt das Weg die Verschlossenheit in Bezug auf die Offenheit. Für diese seinsgeschichtliche Verwendung des Wortes „Weg-sein" knüpft Heidegger an die außerphilosophische, geläufige Bedeutung an, wenn wir von einem Menschen sagen: er ist ganz weg – was nicht heißen soll, er ist abwesend, nicht hier, sondern was soviel bedeutet wie: er ist vernarrt und verschossen in etwas, er ist an dieses verloren. Das Weg-sein – seinsgeschichtlich erfahren – ist jene Vollzugsweise des Daseins, in der der Mensch gerade nicht Sorge trägt für die Offenheit des Sichverbergens, für die Wahrheit des Seyns, sondern gegenteilig die Verschlossenheit der Wahrheit des Seyns betreibt.

Aber das Weg-sein im Sinne der Verschließung der Offenheit des sichverbergenden Seyns kann nur gesehen und erfahren und gedacht werden, wenn überhaupt als Wesen des Menschen das Da-sein erfahren ist. „Wir sind zumeist und überhaupt noch im Weg-sein, gerade in der ‚Lebensnähe'" (S. 301). Die sogenannte Lebensnähe ist dann das Sichverlieren an das scheinbar nur Seiende, das gar nicht des Seyns bedarf. „Das Weg-sein wird zur Nennung einer wesentlichen Weise, wie der Mensch sich und zwar notwendig zum Da-sein verhält und verhalten muß, und dieses selbst erfährt und damit eine notwendige Bestimmung" (S. 302).

Mit dieser Kennzeichnung des Weg-seins in seiner Gegenwendigkeit zum Da-sein wird aber deutlich, daß darin jene existenzialen Phänomene aufgegriffen sind, die erstmals in der Hermeneutik des Daseins in „Sein und Zeit" mit dem Begriffspaar Uneigentlichkeit – Eigentlichkeit gefasst wurden. In Bezug auf diese beiden existenzialen Begriffe heißt es im *177. Abschnitt* (S. 302), daß beide in der Gefahr stehen, „moralisch-existenziell" verstanden zu werden. Dieses Mißverständnis legt die Wortwahl nahe, nicht jedoch das, was in der Daseins-Analytik mit diesen Begriffsworten angezeigt wurde. So ist „Eigentlichkeit" als Vollzugsmodus des Daseins die fundamentalontologische, auf die Seinsfrage gehende Anzeige jenes Da-seins, „in dem das Da *bestanden* wird in je einer Weise der Bergung der Wahrheit" als der Wahrheit für das Seyn, für die jeweilige Seynsweise der jeweiligen Bereiche des Seienden. In Klammern werden von Heidegger einige Weisen der Bergung der Wahrheit des Seyns im Seienden genannt: das denkerische und das dichterische Bergen, das bauende Bergen, das führende Bergen, das opfernde, das leidende oder das jubelnde Bergen. Das denkerische Bergen geschieht im Gedanken-Werk, das dichterische Bergen im dichterischen Werk, das bauende Bergen im architektonischen Werk, während das führende, opfernde, leidende und jubelnde Bergen in den verschiedenen zwischenmenschlichen Bereichen als unterschiedliche Weisen des Mitseins und Miteinanderseins vollzogen werden.

### *b) Das Da-sein*

Dieses zweite der insgesamt fünf Kapitel der vierten Fügung wird eröffnet mit dem *187. Abschnitt* „Gründung" (S. 307). Als wir in einem ersten Überblick über die sechs Fügungen des Ereignis-Denkens die vierte Fügung „Die Gründung“ vorbereitend erläuterten, warfen wir schon einen ersten Blick auf diesen besonders wichtigen Abschnitt, der die Schlüssel-Stelle für das Verständnis dessen ist, was hier überhaupt „Gründung“ heißt. Die herausgehobene Stellung, die dieser *187. Abschnitt* innerhalb der vierten Fügung hat, zeigt sich darin, dass er in einer äußerst durchsichtigen Weise den Sinn der „Gründung“ entfaltet.

Der *187. Abschnitt* beginnt so: „Gründung ist zweideutig“ – aber nicht, weil das Wort „Gründung“ zweideutig ist; es kommt nicht etwa darauf an, die Zweideutigkeit zugunsten einer Eindeutigkeit zu beseitigen. Das Zweideutigsein, die zwei Bedeutungen von „Gründung“, verweist vielmehr in das Ereignis und in die beiden Fundamental-Bezüge, die als Gegenschwung oder Kehre zusammengehören und das Ganze des Ereignisses bilden.

Gründung „ist zweideutig“, und diese beiden zusammengehörigen Bedeutungen sind diese:“ 1. *Der Grund gündet*, west als Grund“ (S. 307). Welcher Grund ? Die Wahrheit des Seyns, sofern *sie als Grund* geschieht. Sie west, sie geschieht als Grund, als gründender Grund, in der Weise des er-eignenden Zuwurfes. Die 2. Bedeutung von „Gründung“ wird so angezeigt: „Dieser gründende Grund wird als solcher erreicht und übernommen“ (S. 307). Der in der Weise des er-eignenden Zuwurfs gründende Grund wird vom ereigneten Entwurf „erreicht“, wenn er als der sichzuwerfende gründende Grund aufgefangen wird. Als aufgefangener wird er im ereigneten Entwurf „übernommen“, und das heißt: entworfen. Da das Zuentwerfende der zugeworfene gründende Grund ist, vollzieht sich das Entwerfen als ein gründendes. Damit sind die beiden Bedeutungen des Gründens benannt: Das Da-sein kann sich nur als ein gründendes Entwerfen vollziehen, wenn das im Entwerfen zu Gründende als ein solches, als der Gründende Grund, zugeworfen ist. Die beiden Bedeutungen des Gründens bilden zusammen das Ereignis: das Geschehen der Wahrheit des Seyns als sichzuwerfender gründender Grund im Gegenschwung des geworfenen gründenden Entwurfes.

Die zweite Bedeutung des Gründens, die zum ereigneten Entwerfen gehört; das Erreichen und Übernehmen des im er-eignenden Zuwurf gründenden Grundes, wird nun das „Er-gründen“ genannt. Das Präfix ‚Er-‘ weist hin auf den Entwurfscharakter dieses Gründens. Das Ergründen als das gründende Entwerfen vollzieht sich aber in zwei, auf ihre Weise zusammengehenden Weisen. Das Er-gründen heißt zum einen: „den Grund als gründenden *wesen* lassen“. Dasselbe Er-gründen heißt zum anderen: „auf ihn als Grund *bauen,* etwas auf den Grund bringen" (S. 307). Das er-eignete Entwerfen ist ein gründendes, indem es den zugeworfenen gründenden Grund auffängt und übernimmt, aber dergestalt, daß es diesen gründenden Grund entwerfend „*wesen*", d.h als gründenden Grund geschehen läßt. Das er-eignete Entwerfen ist darüberhinaus ein gründendes insofern, als es auf den zugeworfenen gründenden Grund baut. Es ist ein bauendes Entwerfen und als solches ein gründendes. Im bauenden Er-gründen wird „Etwas auf den Grund gebracht" (S. 307), so, daß dieser Grund sich als der tragende erweist.

Das gründende, er-gründende Entwerfen ist also ein den gründenden Grund geschehenlassendes und ein bauendes, auf den tragenden Grund bringendes Entwerfen.

„Das ursprüngliche Gründen des Grundes" ist das Geschehen der Wahrheit des Seyns, geschehend in der Weise des ereignend-gründenden Zuwurfs. Jetzt in der vierten Fügung kommt es darauf an, die Wahrheit als die Wahrheit für das Seyn und seine vielfältigen Weisen zu denken als Grund, als gründender Grund, auf den das Da-sein entwerfend bauen kann. Hier meint das „bauen" nicht das Errichten von Bauwerken im engeren Sinne, sondern „bauen" bezieht sich auf jede Vollzugsweise des gründenden Entwerfens und gründenden Bergens des Entworfenen in die jeweilige Offenbarkeit des Seienden. Das Seiende aber, dessen Offenbarkeit oder Unverborgenheit hervorgeht aus einem solchen gründenden Entwerfen und Bergen der sich als gründender Grund zuwerfenden Wahrheit des Seyns ist nicht mehr 'seinsverlassenes' Seiendes. Im gründenden Entwerfen und Bergen, gründend und bergend im Gegenschwung des gründenden Zuwurfs, geschieht das, was in den „Beiträgen" die „Wiederbringung des Seienden aus der Wahrheit des Seyns" genannt wird.

Im anschließenden *188. Abschnitt* „Gründung" (S. 307f.) wird das entwerfende Gründen, das im vorangehenden *187. Abschnitt* das Ergründen genannt wurde, eigens bedacht. „Den Grund der Wahrheit des Seyns und so dieses selbst er-gründen" (S. 307), das will sagen: Die Wahrheit als den im ereignenden Zuwurf wesenden Grund er-gründen, also gründend entwerfen. Und weil die Wahrheit als die Lichtung die Wahrheit für das Seyn ist, er-gründet der Entwurf mit der Wahrheit auch das Seyn dieser Wahrheit. Die Wahrheit für das Seyn und das Seyn dieser Wahrheit er-gründen heißt aber, „den Grund sein lassen durch das Beständnis des Da-*seins*". Das Beständnis des Da-*seins* vollzieht sich in der Weise des ereigneten Entwurfs als eines er-gründenden. Denn im Vollzug des er-gründenden Entwerfens wird die als wesender Grund im ereignenden Zuwurf zugeworfene Wahrheit des Seyns als das jeweilige geschichtliche Da- gegründet. Die im ereignenden Zuwurf zugeworfene Wahrheit des Seyns, zugeworfen als gründender Grund, als das Da- entwerfend gründen heißt, das Da-*sein* bestehen (Beständnis). Die Er-gründung als das Beständnis des Da-*seins* vollzieht sich somit als „Gründung des Da-seins" (S. 307). Das Da-*sein* wird als Da-*sein* gegründet, indem es sich ergreift und sich vollzieht als das gründende Entwerfen der als gründender Grund zugeworfenen Wahrheit des Seyns, das gründende Entwerfen der Wahrheit des Seyns als das Da- des Da-seins.

Im *191. Abschnitt* „Das Da-sein" (S. 311) wird das Da-sein gekennzeichnet als „der Wendungspunkt in der Kehre des Ereignisses. Der „Wendungspunkt in der Kehre" ist der „Punkt", in welchem das im ereignenden Zuwurf Zugeworfene vom Da-*sein* und als Da-sein aufgefangen und gegenwendig (kehrig) entworfen, eröffnet wird. Deshalb kann der „Wendungspunkt" auch gefaßt werden als „die sich öffnende Mitte", die sich öffnende Mitte der Kehre, d.h. jetzt „des Widerspiels von Zuruf und Zugehörigkeit" (S. 311). „Zuruf" ist der offene, nicht ausbleibende ereignende Zuwurf und die „Zugehörigkeit" ist der diesem Zuruf antwortende Entwurf. Das Da-sein als die offene Mitte des Gegenspiels von Zuruf und Zugehörigkeit ist „das Eigentum". Zur Erläuterung heißt es, „Eigentum" werde hier verstanden wie „Fürsten-tum", d.h. als die „herrschaftliche Mitte der Er-eignung als Zueignung des Zu-gehörigen zum Ereignis" (S. 311). „Zueignen" heißt: zu eigen geben. Im ereignenden Zuwurf wird, sofern dieser als ein Zueignen geschieht, das Wesen des Menschen dem Ereignis zu eigen gegeben, so, daß das Wesen des Menschen das Zugehörige ist, zugehörig dem vollen Ereignis, d.h. dem vollen Wesensgeschehen der Wahrheit des Seyns.

Ergänzend heißt es: Die Zueignung geschieht, wenn sie als Zueignung des Wesens des Menschen zum vollen Ereignis geschieht, zumal auch als Zueignung „zu *ihm:* Selbstwerdung" (S. 311). Die Zueignung des Wesens des Menschen, des Da-seins, zum Ereignis ist als solche Zueignung zugleich auch Zueignung des Da-seins zu „ihm" als einem „Selbst", ist Selbstwerdung. Damit ist deutlich gesagt: Das zum Ereignis gehörende Da-sein, der ereignete und als solcher gründende Entwurf, ist ein Selbstsein. Aber seine Selbstheit gründet nicht in sich selbst und auf sich selbst, sie ist keine sich selbst begründende Selbstheit, sondern Selbstheit, in der das Da-sein sich selbst nur insoweit gehört, als es aus dem ereignenden zueignenden Zuwurf der Wahrheit des Seyns gehört als deren Eigentum. Die so verstandene „Selbstwerdung“ des Da-seins steht im äußersten Gegensatz zur neuzeitlichen, mit Descartes einsetzenden Subjektivitäts-Philosophie.

Die Ausführungen zur Selbstheit des Da-seins im Ereignis werden fortgesetzt im *197. Abschnitt* „Da-sein – Eigentum – Selbstheit“ (S. 319). „Selbstheit entspringt als Wesung des Da-seins aus dem Ursprung des Da-seins“ (S. 319). Der „Ursprung“ des Da-seins ist der er-eignende Zuwurf. Diesem entspringt mit dem Da-sein dessen Selbstheit. Der „Ursprung des Selbst ist das *Eigen-tum*“ (S. 319f.), „Eigen-tum“ verstanden als „Herrschaft der Eignung im Ereignis“ (S. 320). Die herrschaftliche „Eignung“ , das herrschaftliche Er-eignen, ist der Ursprung des Da-seins und dessen Selbstheit. Bislang war die Rede vom „Er-eignen“, jetzt wird dieses auch das „Eignen“ genannt. Das Er-eignen als das Eignen entfaltet sich in die „Zueignung und Übereignung“ (S. 320). Was als Zueignung gefaßt wurde: 1. das zu eigen geben der Wahrheit des Seyns als dem Ursprung des Da-seins, 2. das zu eigen geben ihm selbst als ein Selbst, das wird hier im *197. Abschnitt* zusammen das „Eignen“ genannt. Das Eignen aber ist nun 1. Zueignung (des Da-seins ihm selbst) und 2. Übereignung (des Da-seins der Wahrheit des Seins). Zueignung aber und Übereignung stehen in einem bestimmten Verhältnis zueinander: Das Da-sein wird in der Zueignung nur insofern „sich zu-geeignet“, als es zum Ereignis zugehörig ist. In diesem Sichzugeeignetwerden „kommt es (das Da-sein) zu sich selbst“. Zu-sich-selbst-kommen heißt aber niemals, daß dieses Selbst „schon ein vorhandener, nur bisher nicht erreichter Bestand“ ist (S. 320). Das Zu-sich-selbst-kommen des Da-seins geschieht nur so, daß die Eignung (das Er-eignen) als Zueignung immer schon Übereignung in das Ereignis ist (S. 320). Die Über-eignung ist es, die es nicht zulässt, daß das zu sich selbst kommende Selbst des Da-seins sich auf sich selbst stellt. Zusammenfassend kann Heidegger sagen: „Das Eigentum als Herrschaft der Eignung ist Geschehnis der in sich gefügten Zu- und Über-eignung“ (S. 320).

In der Hermeneutik des Da-seins in „Sein und Zeit“ wird aber mit dem existenzialen Selbstsein (dem eigentlichen und dem uneigentlichen) auch das Mitsein mit dem Anderen (Mitdasein) existenzial thematisiert. Deshalb wird auch in den „Beiträgen“, im *197. Abschnitt,* das Für-Andere-sein des Da-seins aus dessen Selbstheit heraus bedacht. Die „Inständigkeit“ des Da-seins im Geschehnis von Zu-und Über-eignung ist es, die dem Menschen allererst ermöglicht, „geschichtlich“ zu 'sich' zu kommen und bei-sich zu sein“ (S. 320). „Inständigkeit“ ist das Wort für die Existenz des Da-seins. Das Zu-sich-kommen und das Bei-sich-sein des Daseins in der Weise eines Selbst ist geschichtlich gedacht ein jeweiliges geschichtliches Selbstsein. Ein solches geschichtliches Selbstsein aber ist nur möglich, sofern das Dasein existiert, d.h. inständig ist in jenem Geschehnis der Über-und der Zu-eignung. Nur sofern das Da-sein als das aus der Über-eignung und Zu-eignung entspringende Bei-sich, d.h. Selbstsein existiert, kann es im Existenzvollzug, im Vollzug seiner Inständigkeit im Da, in der als Da gegründeten Wahrheit des Seyns, das „Für-Anderesein“ wahrhaft übernehmen (S. 320). Das Für-Andere-sein schließt ein Selbstsein ein, das nur insofern ein Sich-zu-eigen-sein ist, als es dafür schon aus der Wahrheit des Seyns dieser selbst über-eignet ist. Zum „Sich“ und „Selbst“ gehört zwar wesenhaft der Rückbezug. Aber dieser Rückbezug ist hier, wo das Selbstsein aus dem Ereignis erfahren wird, nicht der Rückbezug eines Ich auf sich selbst, sondern der Rückbezug, der sein Wesen hat in der Eignung als Über-eignung und Zu-eignung.

Im folgenden *198. Abschnitt* „Gründung des Da-seins als Er-gründung“ (S. 321f.) wird die Unverzichtbarkeit der Hermeneutik des Da-seins aus „Sein und Zeit“ für das Ereignis-Denken und innerhalb von diesem für „Die Gründung“ hervorgehoben. „Gründung des Da-seins als Er-gründung“ heißt, daß das vom Da-sein vollzogene Gründen das Er-gründen ist (Gründung *des* Da-seins als gen. Subj.). Im Er-gründen wird die als Grund zugeworfene Wahrheit des Seyns gegründet als das Da-sein. In Bezug auf dieses Gründen des Da-seins heißt es, Da-sein lasse sich „nie aufweisen und beschreiben wie ein Vorhandenes“, Da-sein lasse sich nur „hermeneutisch [...] gewinnen“ (S. 321). Das Da-sein hermeneutisch gewinnen heißt aber nicht nur wörtlich, den Menschen in seinem Wesen auslegen (hermeneúein); denn damit bliebe der Vollzug des Auslegens noch völlig unbestimmt. Deshalb fügt Heidegger hinzu, das Da-sein lasse sich nur hermeneutisch gewinnen, „d.h. aber nach 'Sein und Zeit' im geworfenen Entwurf“ (S. 321). Der Vollzugssinn des Auslegens ist das geworfene Entwerfen und das Herauslegen, Ausarbeiten des Entworfenen. Im Ereignis-Denken ist der geworfene Entwurf der ereignete Entwurf. Dieser wird aber in der „Gründung“ vollzogen als der gründende, ergründende Entwurf. Somit ist es der er-gründende Entwurf, der die als Grund zugeworfene Wahrheit des Seyns als das Da-sein gründet.

Das Gründen als Er-gründen des Da-seins vollzieht sich als das hermeneutische Gewinnen des Da-seins.

Alles, was wir im Anschluß an den *191.* und 197. *Abschnitt* von der Zu-eignung und Über-eignung des Da-seins als Selbstsein ausgeführt haben, gehört in das Er-gründen des Da-seins als das hermeneutische Gewinnen des Da-seins, gehört – um es verdichtet zu sagen – in die Hermeneutik des Da-seins innerhalb des Ereignis-Denkens.

Im *197. Abschnitt* hieß es: Nur sofern das Da-sein existiert als das aus der Übereignung und Zu-eignung entspringende Bei-sich bzw. Selbstsein, kann es das Für-Andere-sein (das Mitsein mit Anderen) wahrhaft übernehmen. Dieser Gedanke wird im *198. Abschnitt* fortgesetzt. Jetzt heißt es vom Da, es sei das „offene, lichtend verbergende Zwischen zu Erde und Welt, die Mitte ihres Streites" (S. 322). In der Abhandlung „Der Ursprung des Kunstwerkes" (1936), dessen Gedankenzug, wie wir aus dem *247. Abschnitt* der „Beiträge" erfahren, in die vierte Fügung „Die Gründung" gehört, wird der Streit von Erde und Welt in seiner Struktur entfaltet. Die im Ereignis-Denken erfahrene „Erde" wird erfahren als das „Sichverschließende"; die Erde ist offenbar als das Sichverschließende. Die Welt aber ist das Offene Ganze von Sinnbezügen, die die Ganzheit einer Welt bilden. Die Erde als das offenbare Sichverschließende ist nur als solche offenbar in der Offenheit einer Welt. Der Streit von Welt und Erde ist ein wechselseitiger zwischen dem Sichverschließenden der Erde und dem Sichöffnen von Welt. Das Sichverschließende trachtet danach, die sich öffnende Welt in ihr Verschließendes aufzunehmen; die sich öffnende Welt aber trachtet ihrerseits danach, die sichverschließende Erde aufzuschließen, sie in das Offene der Weltbezüge zu heben. Keines der Beiden obsiegt über das Andere, sondern in der wechselseitigen Bestreitung überhöhen sie sich einander. Die sich öffnende Welt läßt die Erde, sofern diese die Welt in sich birgt, als die so verschließend-bergende Erde offenbar sein; die sichverschließende Erde birgt in sich die offene Welt, wenn diese die Erde als das Sichverschließende offenbar werden läßt. Dieses wechselseitige Geschehen ist das Geschehen des Streites von Erde und Welt, von Welt und Erde. Was Heidegger innerhalb des Ereignis-Denkens die Erde nennt, ist in verschiedenen Gestalten offenbar: die Erde der Natur und in den Naturdingen; die Erde in den Gebrauchsdingen, dem Zeug; die Erde im Kunstwerk; die Erde in der Sprache als deren Lautcharakter; die Erde im Da-sein selbst als dessen Leiblichkeit – um nur einige Gestalten der sichverschließenden Erde zu nennen.

Im Zusammenhang unserer Erläuterung der sichverschließenden Erde fiel das Wort vom „Bergen". Es ist jenes Bergen, worin das Zugeworfen-Entworfene geborgen wird, geborgen als die Offenbarkeit des Seienden. Nunmehr zeigt sich uns, daß das Bergen der Wahrheit des Seyns im Seienden zum Sichverschließenden der Erde gehört, daß somit das Sichverschließen und das Bergen zusammengesehen werden müssen. Daß die Wahrheit des Seyns und das Offene einer geschichtlichen Welt je und je geborgen wird im Seienden, heißt zugleich, daß die ontologische Differenz von Sein und Seiendem sowie von Welt und Innerweltlichem im Ereignis-Denken in verwandelter Weise erfahren und gedacht wird – nicht mehr dergestalt, daß die geworfen-entworfene Wahrheit des Seins und Erschlossenheit von Welt die „Bedingung der Möglichkeit" für die innerweltliche Entdecktheit des Seienden ist. Die Entdecktheit, die Offenbarkeit des innerweltlichen Seienden wird im Ereignis-Denken gewandelt erfahren aus dem Streit von Welt und Erde, so, daß die Offenbarkeit des Seienden die jeweilige Bergung und Geborgenheitsweise der zugeworfenentworfenen Wahrheit des Seyns und Offenheit der Welt ist. Die ereignishaft zu fassende Differenz von Wahrheit des Seyns und Seiendem hat wesentlich zu tun mit der Erde als der Sichverschließenden und mit ihrem Streit, in welchem sie zur sichöffnenden Welt steht.

Doch im *198. Abschnitt* (S. 322) ist nicht nur die Rede vom Streit zwischen Erde und Welt, sondern zuvor vom ‚Da als dem offenen, lichtend-verbergenden Zwischen zu Erde und Welt als der Mitte ihres Streites' (S. 322). Das Da als das Zwischen und die Mitte weist in das hinein, was Heidegger ebenfalls in der Abhandlung „Der Ursprung des Kunstwerkes" als den ursprünglichen Streit von Lichtung bzw. Entbergung und Verbergung nennt, den Urstreit. Der Urstreit ist das ursprüngliche Streiten von Lichtung und zwiefacher Verbergung, der Verbergung als der ständigen Herkunft aller Lichtung und der Verbergung als der Verstellung im Gelichteten der Lichtung. Dieser Streit heißt Urstreit, weil in ihm jener Streit von Welt und Erde gegründet ist.

Das Da ist also die lichtend-verbergende Mitte für den Streit von Erde und Welt. Als solche Mitte ist das Da „die Stätte der innigsten Zugehörigkeit" des Da-seins zur vollen Wesung der Wahrheit des Seyns, die als volles Wesungsgeschehen das volle Streitgeschehen ist von Lichtung und zwiefacher Verbergung und, darin gegründet, von Welt und Erde. Das Da als die Stätte der innigsten Zugehörigkeit des Menschen zum vollen Wesungs- und Streitgeschehen, zugehörig in der Weise des ereigneten und er-gründenden Entwurfes, – das so gefaßte Da ist „der Grund des Zu-sich, des Selbst und der Selbstheit“ (S. 322). Damit ist noch einmal und in verschärfender Weise gesagt, wie das Selbstsein des Da-seins gegründet ist in der Zugehörigkeit zum Wesungs- als dem Streitgeschehen der Wahrheit des Seyns und der Welt und der Erde. Das Bei-sich-sein des Selbst entspringt der Übernahme der Er-eignung (als der Über-und Zu-eignung“ (S. 322). So kann Heidegger sagen: „Selbstheit ist Zugehörigkeit in die Innigkeit des Streits als Erstreitung der Ereignung“ (S. 322). Wird die Selbstheit des Menschen so gedacht, aus der Zugehörigkeit des Da-seins in die volle Wesung der Wahrheit des Seyns und des Streites von Welt und Erde als Ereignis, dann ist eine solche denkerische Bestimmung der Selbstheit weit entfernt von der mit Descartes einsetzenden Begründung der Philosophie im und aus dem Ich.

Im Anschluß hieran heißt es im *198. Abschnitt* weiter: „Kein ‚Wir‘ und ‚Ihr‘ und kein ‚Ich‘ und ‚Du‘, keine Gemeinschaft erreicht, von sich her sich einrichtend, jemals das Selbst, sondern verfehlt es nur und bleibt von ihm ausgeschlossen, es sei denn, sie gründe sich selbst erst auf das Da-sein“ (S. 322). Damit ist jetzt Entscheidendes gesagt zum Mitsein und Mit-einander-sein des zum Ereignis gehörenden Da-seins. Wesentlich ist auch der Hinweis, daß die Gemeinschaft und jede ihrer Gestalten sich aus dem zum Ereignis gehörenden Da-sein gründen muß. Gesagt ist, daß jedes Ich und Du, jedes Wir und Ihr nur dann ein wahres Selbstsein gewinnt, wenn es sich aus dem zum Ereignis gehörenden Da-sein erfährt und bestimmt. Mit diesen Hinweisen ist Wesentliches gesagt zur Bestimmung von Selbstsein und Mitsein und allen Formen des Miteinanderseins aus dem Ereignis-Denken. Eine konkrete Ausführung und Entfaltung dessen, was jetzt nur in Grundzügen angezeigt ist, könnte nicht umhin, auf die existenzialen Analysen des Selbstseins, Mitseins und der Fürsorge in „Sein und Zeit“ zurückzugreifen, um diese innerhalb des Ereignis-Denkens fruchtbar zu machen.

Im *199. Abschnitt* „Transzendenz und Da-sein und Seyn“ (S. 322) findet sich eine bedeutsame Textpassage, die zeigt, worein sich im Übergang aus dem transzendental-horizontalen Weg in den Weg des Ereignis-Denkens das Transzendieren des Da-seins wandelt. „Da-*sein* steht anfänglich in der Gründung des Ereignisses, ergründet die Wahrheit des Seyns und geht nicht vom *Seienden* zu dessen Sein über“ (S. 322). „Das Da-*sein* steht anfänglich in der Gründung des Ereignisses“ heißt: es hat seine Herkunft aus dem ereignenden Zuwurf der Wahrheit des Seyns als des gründenden Grundes. Das Da-sein „er-gründet die Wahrheit des Seyns“ aber heißt, es er-gründet die als gründenden Grund zugeworfene Wahrheit des Seyns im Vollzug des ergründenden Entwurfs. Wenn aber das Da-*sein* die im er-eignenden Zuwurf als gründender Grund zugeworfene Wahrheit des Seyns er-gründet, d.h. gründend entwirft, dann kann dieses gründende Entwerfen nicht mehr gefaßt werden als ein Transzendieren, Übersteigen des Seienden auf die Enthülltheit (Wahrheit) des Seins hin.

Das Transzendieren, so, wie es auf dem ersten Ausarbeitungsweg von „Sein und Zeit“ (Vgl. „Die Grundprobleme der Phänomenologie“, (GA Bd. 24), „Vom Wesen des Grundes“(in GA 9 „Wegmarken“)) bestimmt wird, enthält in sich alle drei Strukturen aus der Sorge: den Entwurf, die Geworfenheit und das besorgende Sein beim Seienden. Wird nun gesagt, der ereignet-gründende Entwurf könne nicht mehr als ein Transzendieren gefaßt werden, dann werden nicht etwa mit der Transzendenz jene drei existenzialen Strukturen aus der Sorge-Verfassung aufgegeben. Denn die Transzendenz, das Transzendieren, Übersteigen ist eine bestimmte Interpretation des Bewegungssinnes der Sorge und ihrer drei Strukturen. Die Transzendenz aufgeben heißt daher nur, diese Interpretation des Bewegungssinnes aufgeben. Das schließt zugleich ein, daß der Bewegungssinn der Sorge und der zu ihr gehörenden existenzialen Strukturen in einer gewandelten Weise interpretiert werden muß. Die gewandelte Interpretation ergibt sich aus dem entscheidenden Einblick in die ereignishafte Herkunft der Geworfenheit: dass die Geworfenheit entspringt aus dem ereignenden Zuwurf. Jetzt zeigt sich, daß die Geworfenheit das Ereignetsein ist und als solches in den ereignenden Zuwurf verweist. Dann aber „geht [das Dasein] nicht vom *Seienden* zu dessen Sein über“, dann übersteigt es nicht mehr das Seiende auf dessen enthülltes Sein hin, sondern es *entgegnet* im Vollzug des ereigneten Entwurfes dem er-eignenden Zuwurf und *birgt* die zugeworfen-entworfene Wahrheit des Seyns *in* das Seiende und *als* das Seiende („Bergung der Wahrheit im Seienden und als Seiendes“ (S. 322)). Das Seiende in seiner Offenbarkeit ist dann die jeweilige Bergungsweise der ereignishaft geschehenden Wahrheit des Seyns, aber so, daß auch die Bergung in das volle Wesungsgeschehen des Ereignisses gehört. Heidegger formuliert diesen bedeutsamen Gedankenzug so: Statt daß das Dasein transzendierend vom Seienden zu dessen Sein übergeht, geschieht vielmehr „die Ergründung des Ereignisses als Bergung der Wahrheit im Seienden und als Seiendes, und so ist, wenn überhaupt noch ein Vergleich möglich wäre,was nicht zutrifft, das Verhältnis ein umgekehrtes“ (S. 322).

Das will sagen: Ereignishaft gedacht ist der daseinsmäßige Vollzug des ereigneten Entwurfes als eines er-gründenden kein Gehen vom Seienden zu dessen Sein, sondern umgekehrt, ein Kommen von der zugeworfenen-entworfenen Wahrheit des Seyns zum Seienden, insofern jene zugeworfene-entworfene Wahrheit des Seyns *im* Seienden und *als* Seiendes geborgen wird. Das Bergen aber ist die Weise, in der das Seiende als ein solches offenbar wird.

### *c) Das Wesen der Wahrheit*

In der vierten Fügung der sechsfach gefügten Fuge der Wahrheit des Seyns als Ereignis geht es um die *Gründung dieser Wahrheit.* Die Gründung geschieht aber als Gründung des *Da*-seins und als Gründung *im Dasein.* Mit anderen Worten, die Gründung geschieht dergestalt, daß sich die Wahrheit als gründender Grund zuwirft für den er-gründenden Entwurf, der den zugeworfenen Grund als gründenden *geschehen läßt* und auf diesen Grund *baut.* Geht es somit in der vierten Fügung um die in der Ereignis-Blickbahn geschehende Gründung der Wahrheit als der Wahrheit für das Seyn, dann liegt es nahe, daß eines der Kapitel dieser Fügung eigens vom Wesen der Wahrheit handelt.

Im *207. Abschnitt* „Von der Alétheia zum Da-sein“ (S. 329) geht Heidegger aus von der Alétheia und ihrer erstmaligen denkerischen Erfahrung bei den vorplatonischen Denkern als den Denkern des ersten Anfangs. Diesen Denkern ging es erstmals darum, das Seiende in der Unverborgenheit seines Seins, in seiner reinen, unverborgenen Seiendheit, zu denken. Alétheia heißt zwar Wahrheit, aber Wahrheit nicht im Sinne der Richtigkeit einer Erkenntnis einer Aussage, sondern Wahrheit als Unverborgenheit des Seienden, wie das Wort Alétheia selbst es sagt. Schon auf dem ersten Ausarbeitungsweg der Seinsfrage, in „Sein und Zeit“, griff Heidegger für die Frage nach dem Wesen der zum Sein selbst gehörenden Wahrheit (Erschlossenheit, Enthülltheit) zurück auf das frühgriechische Verständnis der Alétheia, nicht aber, um sich mit diesem zu begnügen und so für sein eigenes Wahrheits-Denken in Anspruch zu nehmen. Vielmehr lag und liegt das Motiv für diesen Rückgriff darin, zu zeigen, daß Wahrheit nicht von Anfang an die Bedeutung von Richtigkeit hat, daß Wahrheit als Unverborgenheit des Seienden in seiner Seiendheit sogar die ermöglichende Voraussetzung ist dafür, daß in der Anmessung eines Erkennens an das zu erkennende Seiende die Erkenntnis und die Aussage, in der die Erkenntnis ausgesagt wird in der Form von S ist P, wahr, d.h. richtig sein kann. Wenn Heidegger sich in seinem von der Seinsfrage geleiteten Fragen nach dem Wesen der Wahrheit mit ihrem bisherigen Wesen als Richtigkeit und Gewißheit nicht begnügt, sondern nach deren ermöglichendem Grund fragt, dann sollen Richtigkeit und Gewißheit als Kennzeichnungen der Wahrheit nicht geleugnet werden. Es soll nur gezeigt werden, daß sich das Wesen der Wahrheit in diesen schon auf Platon und Aristoteles zurückgehenden Bestimmungen der Wahrheit nicht erschöpft. Aus der zweiten Fügung „Das Zuspiel" wissen wir, daß weder die Denker des ersten Anfangs noch die unmittelbar Folgenden, mit denen die Geschichte des erstanfänglichen Seins-und Wahrheits-Denkens beginnt, Platon und Aristoteles, je nach dem *Wesen* der Alétheia gefragt haben. Weil vielmehr, mit Platon beginnend innerhalb seines Ideen-Denkens, die Alétheia zugunsten des richtigen Vernehmens der Ideen, also zugunsten der Richtigkeit zurücktritt, ohne sich gänzlich zu entziehen, sprach Heidegger vom beginnenden Einsturz der Alétheia. Wenn sich nun das Denken im Übergang zum anderen Anfang der frühgriechischen Alétheia erinnert, so „verlangt die Alétheia eine ursprünglichere Befragung" (S. 330). Um aber nach dem Wesen der Alétheia fragen zu können, „ist nötig, erst einmal die Alétheia in ihrem wesentlichen Ausmaß zu begreifen als Offenheit des Seienden" (S. 330). Die Unverborgenheit des Seienden hat ihr wesentliches Ausmaß darin, daß sie die Offenheit des Seienden als eines solchen und im Ganzen meint.

Wird nun diese gar nicht selbstverständliche Offenheit des Seienden selbst gedacht, dann zeigt diese in ihren Ort hinein. Dieser Ort ist „das gelichtete Inmitten des Seienden" (S. 330), d.h. die Lichtung inmitten des Seienden. Nur sofern das Seiende im Ganzen in diese Lichtung hereinsteht, wird es selbst offen, wird die Offenheit des Seienden selbst erfahrbar. Von dieser Lichtung heißt es: „Hierdurch aber ist die Alétheia abgelöst von jeglichem Seienden, so entschieden, dass jetzt die Frage nach ihrem eigenen durch sie selbst und aus ihrer Wesung sich bestimmenden Seyn unumgänglich wird" (S. 330). Im Übergang von der Offenheit des Seienden selbst zur Lichtung vollzieht sich der erste und entscheidende Schritt über die erstanfängliche Erfahrungsgrenze der Alétheia hinaus. Ist für das erstanfängliche Denken die Alétheia die Unverborgenheit und somit Offenheit des Seienden selbst – wird im erstanfänglichen Denken die Alétheia stets in ihrem Bezug zum Seienden erfahren, so wird durch den Schritt zurück zur Lichtung als dem Ursprung der Offenheit des Seienden erstmals im Denken die Alétheia vom Seienden abgelöst. Die Alétheia beginnt, erstmals als solche und aus ihr selbst heraus erfahren zu werden. Erst jetzt, nachdem die Alétheia über das frühgriechische Denken hinaus als Lichtung erfahren ist, wird die Frage nach „ihrem" eigenen [...] Seyn unumgänglich" (S. 330), das sich „durch sie selbst und aus ihrer Wesung" bestimmt (S. 330). Während in den Grenzen des erstanfänglichen (frühgriechischen) Denkens nur nach dem Sein des unverborgenen Seienden gefragt wurde, kann jetzt und muß jetzt erstmals nach dem ihm eigenen Seyn gefragt werden: nach dem Seyn der Lichtung, wenn diese die Lichtung für das Seyn selbst ist, das nun nicht mehr nur Sein des Seienden und am Seienden ist. Vom Seyn der Lichtung heißt es, daß es sich durch die Lichtung und aus ihrem Wesungsgeschehen bestimmt. Denn je nach der Weise, wie die Lichtung lichtend bzw. entbergend geschieht, bestimmt sich das Wesungsgeschehen des Seyns. Das Seyn als Seyn und nicht nur als Sein am Seienden braucht für sein Wesungsgeschehen die Lichtung als die ihm eigene Wahrheit. Weil im erstanfänglichen Denken nicht nach dem Wesen der Alétheia gefragt wurde, kam nur die Unverborgenheit als die Offenheit des Seienden in den Blick, nicht aber die Alétheia als die Lichtung für das Seyn selbst.

Vom Wesungsgeschehen der Lichtung bzw. der ursprünglichen Wahrheit heißt es, es könne nur erfahren werden, wenn die sich selbst gründende Lichtung „ersprungen ist in dem, *wovon* und wofür [sie] Lichtung ist, nämlich für das Sichverbergen" (S. 330). Mit anderen Worten, das Wesungsgeschehen der Lichtung zeigt sich nur dann, wenn das Seyn, dessen Lichtung sie ist, als das Sichverbergen denkend eröffnet ist. Von den drei Grundbedeutungen des Sichverbergens bzw. der Verbergung haben wir schon gesprochen: die Verbergung oder auch Versagung als die ständige Herkunft des sichlichtenden Seyns; Verbergung als die Verstellung der Lichtung des Seyns und innerhalb der Lichtung und drittens die Verbergung als das Sichbergen im unverborgenen Seienden. „Das Sichverbergen ist ein Wesenscharakter des Seyns" (S. 330). Das sichverbergende Seyn verbirgt sich freilich nicht gänzlich. Es versagt sich, aber nicht überhaupt, sondern zögernd. Das Seyn als das Sichverbergende, zögernd Sichversagende braucht die Lichtung, braucht die Wahrheit. Insofern es die Wahrheit als die Lichtung braucht, er-eignet es im er-eignenden Zuwurf das Da-sein, das gegenschwingend im ereigneten Entwurf ihm entgegnet.

Wenn sich im Rückgang von der Alétheia als der Offenheit des Seienden die Lichtung zeigt, die Lichtung als eine solche für das Seyn, für das

Seyn als das Sichverbergende, und wenn sich ferner zeigt, daß und wie das sichverbergende Seyn die Lichtung als seine ihm eigene Wahrheit braucht und insofern das Da-sein im ereignenden Zuwurf er-eignet, damit dieses in seinem ereigneten Entwerfen die zugeworfene Wahrheit des Seyns als gründenden Grund geschehen läßt und auf diesen Grund baut, dann – so zeigt sich – „ist das Wesen der Wahrheit ursprünglich zum Da-sein verwandelt“ (S. 330).

Im *206. Abschnitt* „Von der Alétheia zum Da-sein“ (S. 329) faßt Heidegger die Frage nach dem Wesen der Wahrheit in eine Folge von neun Schritten:

*1. Schritt:* „Der kritische Rückgang von der Richtigkeit zur Offenheit“(S. 329). Es ist der Schritt von der Wahrheit als Richtigkeit einer Aussage zurück zur Ermöglichung einer richtigen Aussage über ein Seiendes: Dieses Seiende muß zuvor schon an ihm selbst offen sein, damit über es ausgesagt werden kann.

*2. Schritt:* „Die Offenheit [ist] erst das wesentliche Ausmaß der Alétheia, die in dieser Hinsicht noch unbestimmt“ (S. 329). Erst wenn die Offenheit des Seienden eigens erfahren und gedacht wird, rückt das wesentliche Ausmaß der Alétheia ins Blickfeld.

*3. Schritt:* Dieses wesentliche Ausmass bestimmt selbst den ‚Ort‘ der Offenheit: „das gelichtete Inmitten des Seienden“ (S. 329). Also der Rückgang von der Offenheit des Seienden zur Lichtung.

*4. Schritt:* „Damit [ist] die Wahrheit *endgültig abgelöst von allem Seienden* in jeder Art von Auslegung, sei es als Phýsis, idéa oder perceptum und Gegenstand, Gewußtem, Gedachtem“ (S. 329). Mit der ersten Erfahrung der Lichtung ist der entscheidende Schritt in der Wahrheits-und Seinsfrage vollzogen: die erstmalige Ablösung der Wahrheit vom Seienden jeder Auslegungsart, die Erfahrung der Wahrheit nicht mehr mit Blick auf das Seiende, sondern aus ihr selbst.

*5. Schritt:* „Jetzt aber erst recht die Frage nach ihrer eigenen Wesung; diese [ist] nur aus dem Wesen bestimmbar, dieses vom Seyn her“ (S. 329). Erst wenn die Lichtung erfahren ist, kann nach dem eigenen Geschehenscharakter der Wahrheit gefragt werden. Dieser Geschehenscharakter ist aber nur bestimmbar aus dem Wesen der Wahrheit, und dieses Wesen ist nur bestimmbar vom Seyn her. Das Wesen der Wahrheit lässt sich nur bestimmen vom Seyn her, dessen Wahrheit die Lichtung ist.

*6. Schritt:* „Das ursprüngliche Wesen aber [ist] Lichtung des Sichverbergens, d.h. Wahrheit ist ursprüngliche Wahrheit des Seyns (Ereignis)“

(S. 329). Das ursprüngliche Wesen der Wahrheit zeigt sich als die Lichtung für das sichverbergende Seyn. Das bedeutet: Das ursprüngliche Wesen der Wahrheit zeigt sich darin, daß sie die Wahrheit des Seyns ist, aber die Wahrheit des Seyns als Ereignis, als ereignender Zuwurf für den ereigneten Entwurf. Der Geschehnischarakter der Wahrheit des Seyns ist das Ereignis in seiner Kehre.

*7. Schritt:* „Diese *Lichtung* west und *ist* in der gestimmten schaffenden Ertragsamkeit: d.h. Wahrheit *„ist“* als Da-gründung und *Da-sein*“ (S. 329). Die Wahrheit als die Lichtung für das sichverbergende Seyn geschieht als Da-gründung, d.h. als im ereignenden Zuwurf gründender Grund im Gegenschwung zum ergründenden Entwurf, als welcher das Da-sein existiert.

*8. Schritt:* „Das Da-sein [ist] der Grund des Menschen“ (S. 329). Hier wird deutlich unterschieden zwischen Da-sein und Mensch; der Mensch existiert in seinen besorgenden Verhaltungen zum nichtdaseinsmäßigen und in seinen fürsorgenden Verhaltungen zum anderen daseinsmäßigen Seienden. Dieser so in seiner Leiblichkeit leibende und in seinen leiblich verfaßten Verhaltungen existierende Mensch hat seinen Wesensgrund im Da-sein, so, wie dieses, das Da-sein, zum Ereignis gehört: als ereignetes Entwerfen und Sichbergenlassen des ereignet Entworfenen.

*9. Schritt:* „Damit [wird] aber neu gefragt: wer der Mensch ist“ (S. 329). Das Wersein des Menschen bestimmt sich aus dem Da-sein und dessen Zugehörigkeit zur vollen Wesung, zum vollen Wesensgeschehen der Wahrheit des Seyns als Ereignis.

### *d) Der Zeit-Raum als der Ab-grund*

Mit der Thematik des „Zeit-Raumes“ kehrt auf dem zweiten, dem seinsgeschichtlichen Ausarbeitungsweg der Seinsfrage das zentrale Thema des ersten Ausarbeitungsweges wieder, jenes Thema, das sowohl im Buchtitel „Sein und Zeit“ wie in den Überschriften des Zweiten Abschnittes „Dasein und Zeitlichkeit“ und des Dritten Abschnittes „Zeit und Sein“ genannt ist. Die Frage nach dem Sinn von Sein überhaupt findet auf dem transzendental-horizontalen Weg ihre Antwort dahingehend, daß der Sinn, d.h. der Entwurfsbereich, für das Sein überhaupt und im Ganzen die ursprüngliche Zeit ist. Diese aber ist das Ganze der existenzialen und transzendierenden Zeitlichkeit des Daseins und der horizontalen Zeit als der Temporalität des nichtdaseinsmäßigen Seins. Die ursprüngliche Zeit ist die Zeit des Seins als Zeitlichkeit und Temporalität. Dagegen ist die entsprungene Zeit die Zeit des Seienden.

Als erstes fällt auf, daß jetzt auf dem zweiten Weg nicht nur von der Zeit, sondern vom Zeit-Raum die Rede ist. Dieser wesentliche Unterschied zu „Sein und Zeit“ besteht darin, daß auf dem ersten Weg die ursprüngliche Zeit sich als ursprünglicher gezeigt hat denn der ursprüngliche Raum. Dieser wurde in „Sein und Zeit“ im Zuge der Vorbereitenden Fundamentalanalyse im Anschluß an die Analytik des existenzialen Weltphänomens unter dem Titel der „Räumlichkeit des Daseins“ in den §§ 22 bis 24 untersucht. Im Zweiten Abschnitt, der die ursprüngliche Zeit als existenziale Zeitlichkeit zum Thema hat, wird dann im § 70 aufgezeigt, wie die ursprüngliche Räumlichkeit des Daseins in der Zeitlichkeit des Daseins gründet. Zu den entscheidenden Einsichten des zweiten Weges gehört aber, daß der ursprüngliche Raum mit der ursprünglichen Zeit „gleichursprünglich“ ist.

Damit ist aber schon deutlich geworden, wie wir das Wort „Zeit-Raum“ hören müssen – nicht in der gewöhnlichen Bedeutung von „Zeitraum“. „Zeitraum“ in der Zusammenschreibung von Zeit und Raum nennt eine Bestimmung nur der Zeit: eine Spanne von Zeit, von „jetzt bis dann“, „ein Zeitraum von 100 Jahren“. „Zeit-Raum“ aber in der Bindestrich-Schreibweise nennt die ursprüngliche Zusammengehörigkeit und Gleichursprünglichkeit der ursprünglichen Zeit und des ursprünglichen Raumes. Im *238. Abschnitt* „Der Zeit-Raum“ (S. 371) heißt es wegweisend für das Verständnis des Bezuges zwischen der ursprünglichen Wahrheit und dem Zeit-Raum, der Zeit-Raum entspringt „aus dem und gehörig zu dem Wesen der Wahrheit“ (S. 371). Damit fällt ein Zweites auf, das es eigens zu sehen und zu bedenken gilt. Auf dem ersten Weg gründet die ursprüngliche Wahrheit als die Erschlossenheit von Sein überhaupt in der ursprünglichen Zeit. Auf dem zweiten Weg aber kehrt sich dieses Gründungsverhältnis um: Jetzt entspringt die ursprüngliche Zeit in ihrer Zusammengehörigkeit mit dem ursprünglichen Raum dem ursprünglichen Wesen der Wahrheit. Daraus ergibt sich, daß auf dem seinsgeschichtlichen Weg die Wahrheitsfrage eine noch größere Bedeutung für die Seinsfrage gewinnt als auf dem transzendental-horizontalen Weg. Die noch größere Bedeutung zeigt sich auch darin, daß die Wahrheitsfrage schon im „Vorblick“und dann immer wieder den Rang der „Vorfrage“ für die Seinsfrage erhält.

Wie aber wird nun der Zeit-Raum gefaßt, wenn er aus dem Wesen der Wahrheit entspringt und als solcher zum Wesen der Wahrheit gehört ? Als

Antwort fällt ein neues Grundwort, ein neuer Grundwort-Begriff des ereignisgeschichtlichen Denkens: als das *„Entrückungs-Berückungsgefüge (Fügung) des Da“*, d.h. der Offenheit und Lichtung. Der Zeit-Raum ist das Gefüge der *Entrückung* und der *Berückung* in der als Da gegründeten Wahrheit. Was hier „Entrückung“ genannt wird und uns als Wort auch aus „Sein und Zeit“ vertraut ist, bezieht sich auf die ursprüngliche Zeit, während das neu eingeführte Wort „Berückung“ den ursprünglichen Raum nennt. Der Zeit-Raum als das Entrückungs-Berückungsgefüge der als Da (des Da-seins) gegründeten Wahrheit ist noch nicht die Zeit als das Nacheinander der Jetzt und noch nicht der Raum als das Nebeneinander, wohl aber deren Ursprung.

Dem *239. Abschnitt* „Der Zeit-Raum (vorbereitende Überlegung)“ (S. 372) entnehmen wir den wichtigen Hinweis, *wie* der Zeit-Raum in das Ereignis gehört: „Der Zeit-Raum ist die ereignete Erklüftung der Kehrungsbahnen des Ereignisses, der Kehre zwischen Zugehörigkeit und Zuruf“ (S. 372). Die „Kehrungsbahnen“ sind der er-eignende Zuwurf und der ereignete Entwurf, dieser als die Zugehörigkeit des Daseins zum Geschehen der Wahrheit des Seyns und der Zuwurf als der Zuruf. Der Zeit-Raum ist „die ereignete Erklüftung der Kehrungsbahnen“, heisst: Mit dem Aufklaffen, dem Sicheröffnen der beiden Kehrungsbahnen klafft auch als Gefüge der Wahrheit (Lichtung) der Zeit-Raum auf. Das bedeutet nun aber, daß wir die ursprüngliche Zeit in ihrer Entrückung sowie den ursprünglichen Raum in seiner Berückung *innerhalb* der „Erklüftung der Kehrungsbahnen“ denken müssen. Immer wieder bestätigt sich, was wir früher schon betont haben: Alle Gedankenzüge des seinsgeschichtlichen Denkens sind innerhalb der Ereignis-Bahn, d.h. der Kehrungsbahnen des Ereignisses, zu denken, so, wie alle Gedankenzüge des transzendental-horizontalen Denkens innerhalb der transzendental-horizontalen Blickbahn zu vollziehen sind.

Der *242. Abschnitt* „Der Zeit-Raum als der Ab-grund“ (S. 379ff.) ist nicht nur der ausführlichste, sondern auch der wichtigste Abschnitt innerhalb des 4. Kapitels der vierten Fügung „Die Gründung“, weil er alle Teilgedanken dieser Thematik versammelt und zusammendenkt. Hier wird auch erläutert, was es mit der Entrückung der ursprünglichen Zeit und mit der Berückung des ursprünglichen Raumes auf sich hat.

Zunächst wird der Begriff „Abgrund“ eingeführt, der eine große Bedeutung für das seinsgeschichtliche Denken der Gründung hat. Vom Abgrund heißt es, er sei „die ursprüngliche Wesung des Grundes“ (S. 379).

„Grund“ ist das Wesen der Wahrheit, die ursprüngliche Wahrheit als gründender und zu er-gründender Grund. „Ab-grund“ nennt also eine bestimmte, ja sogar eine ursprüngliche Gründungsweise des Grundes. Wenn der Zeit-Raum als Ab-grund begriffen wird, dieser aber eine Gründungsweise der Wahrheit als gründender Grund ist, dann zeigt sich auch von hier aus die Zugehörigkeit des Zeit-Raumes zum Wesen der Wahrheit.

Nun ist aber zu fragen, welches die eigene Gründungsweise des Abgrundes ist. Was besagt die Bindestrich-Schreibweise des Begriffswortes „Ab-grund“ ? Sie besagt, daß der Grund „weg“ bleibt. Ab-grund heißt: Wegbleiben des Grundes, das Ausbleiben des Grundes, die Versagung des Grundes. „Versagung“ meint aber als eine ursprüngliche Gründungsweise „eine ausgezeichnete ursprüngliche Art des Unerfüllt-, des Leerlassens“ (S. 379). Diese geschieht aber als eine „ausgezeichnete Art der Eröffnung“ (S. 379). Weil der Ab-grund eine ursprüngliche Gründungsweise des Grundes ist, spricht Heidegger auch gelegentlich vom „Ab-gründen“ (S. 386). Der Abgrund als das Ab-gründen nennt selbst eine ausgezeichnete Weise der Eröffnung , die gekennzeichnet wird als ein Unerfüllt-und Leerlassen. Von diesem heißt es (S. 380 oben): „Sofern der Grund auch und gerade im Ab-grund noch gründet und doch nicht eigentlich gründet, steht er in der Zögerung“. In der Gründungsweise des Ab-grundes als der zögernden Versagung des Grundes „öffnet sich die ursprüngliche Leere“ (S. 380). Im Sichöffnen der ursprünglichen Leere „geschieht [aber] die ursprüngliche *Lichtung*“, aber so, daß sich in der Lichtung zugleich die Zögerung zeigt. Zusammenfassend kann Heidegger sagen: „Der Ab-grund ist die erstwesentliche *lichtende Verbergung*, die Wesung der Wahrheit“ (S. 380). Damit ist nun gesagt: Der Ab-grund gehört zum gründenden Grund dergestalt, daß das schenkende Gründen aus dem Ab-gründen, dem Ausbleiben des Grundes, hervorgeht. Der Ab-grund gehört wesenhaft in die Gründung, wenn auch in seinsgeschichtlich sich wandelnden Weisen.

Außer dem Ab-grund unterscheidet Heidegger den Ur-grund und den Un-grund (S. 380). Von der Wahrheit als dem gründenden Grund her gesehen ist das Ereignis der Ur-grund, d.h. der ursprüngliche gründende Grund. Vom Ereignis als dem Ur-grund heißt es aber, dieser öffne sich nur im Ab-grund – also nicht ohne das Abgründen. Wird aber der Abgrund völlig verstellt, so, daß sich der Ur-grund gar nicht als Ereignis öffnen kann, dann waltet der Un-grund. Der Un-grund ist die seinsgeschichtliche Selbstverstellung des Ab-grundes und des Ur-grundes: das Enteignis und die Seinsverlassenheit.

Nach der Klärung des Ab-grundes kann nun sein Bezug zum Zeit-Raum bedacht werden: „Der Ab-grund als erste Wesung des Grundes gründet (läßt den Grund als Grund wesen) in der Weise der Zeitigung und der Räumung" (S. 383). Beide Wortformen – Zeitigung und Räumung – kennen wir schon aus „Sein und Zeit". „Zeitigen" ist die Geschehnisweise der ursprünglichen Zeit, „Räumung" die Geschehnisweise des ursprünglichen Raumes. Das Zeitigen und das Räumen haben aber „ihr Wesen aus [...] dem Ereignis" (S. 383). Ebenso hieß es von der Entrückung und Berückung, daß sie in den Kehrungsbahnen des Ereignisses geschehen.

Das Wesen des Zeitigens ist die Entrückung. Auf dem ersten Weg hieß es: Der Sorgevollzug des Daseins zeitigt sich in seiner Zeitlichkeit, und diese ist eine dreifache Entrückung in die horizontale Erschlossenheit (Da). Die drei Entrückungsweisen (Ekstasen) sind das künftigende Auf-sich-zukommen, das gewesende Auf-sich-zurückkommen und das gegenwärtigende Aufgeschlossenhalten des präsentialen Horizontes, aus dem die geworfen-entworfenen Seinsweisen ihren temporalen Sinn empfangen und daher Anwesensweisen sind. Im Übergang in die seinsgeschichtliche Blickbahn wird – wie früher ausgeführt – der Horizont zurückgenommen in den ereignenden Zuwurf. Das Zeitigen der ursprünglichen Zeit muß nun erfahren werden im Ausgang vom ereignenden Zuwurf, der als ein solcher das Da-sein zeitigend dreifach entrückt in die Wahrheit als das Da, aber so, daß dieses Da gelichtet ist im zeitigenden Zuwurf für das dreifach zeitigende Sein des Da-seins. Das Sein des Da-seins, seine Inständigkeit, ist dreifach zeitigend: als Entwerfen ist es künftigend entrückt, als Ereignetsein gewesend entrückt und als bergend in den Weisen des besorgenden Umgangs gegenwärtigend entrückt. Während auf dem transzendental-horizontalen Weg das Sichzeitigen der ursprünglichen Zeit ein transzendierendes Sichzeitigen in den Zeit-Horizont ist, zeigt sich auf dem seinsgeschichtlichen Weg das Zeitigen der ursprünglichen Zeit in den Kehrungsbahnen des zeitigenden Zuwurfs und des zeitigenden Entwurfs, der ereigneter und bergender Entwurf ist.

Mit dem Zeitigen geschieht gleichursprünglich das Räumen des ursprünglichen Raumes. Während die ursprüngliche Zeit in ihrem Zeitigen entrückt und entrücktsein läßt, berückt der ursprüngliche Raum in seinem Räumen und läßt berücktsein. Auch das Berücken müssen wir innerhalb der Kehrungsbahnen denkerisch vollziehen. Auf dem transzendental-horizontalen Weg ist auch das existenziale Räumen transzendental-horizontal gedacht: ein räumendes, Raum erschließendes Erstrecktsein des Daseins in die raumhaft verfaßte Erschlossenheit, die mit der Erschlossenheit von Welt als Horizont erschlossen ist für das transzendierende Raum-erschließende Dasein. Auch hier wird im Übergang zum seinsgeschichtlichen Weg der Horizont zurückgenommen in den ereignenden Zuwurf für den ereignet-bergenden Entwurf. Die Weise, wie der ursprüngliche Raum im Ab-gründen sich öffnet für das Raumverstehende Da-sein, nennt Heidegger in Entsprechung zur zeitigenden Entrückung die räumende „Berückung". Hier ist der ereignende Zuwurf räumend-berückend im Gegenschwung zum ereigneten Entwurf, der sich jetzt vollzieht als Berückter, als berückt-räumender. Aus dem berückenden Zuwurf wird das Da-sein hinausgerissen in das ursprünglich Raumhafte der Wahrheit als des Da, um in seiner Inständigkeit als dem ereignet-bergenden Entwerfen am ereignishaften Räumen des ursprünglichen Raumes teilzuhaben.

Das räumende Berücken und das zeitigende Entrücken gehören zusammen in das Geschehnis des Zeit-Raumes, als welcher der Ab-grund sich öffnet. Die dritte Entrückungsweise, das Gegenwärtigen, die Gegenwart, nennt Heidegger auch, wie in „Sein und Zeit", den „Augenblick" (S. 384). Dieser hat sein Wesen in der Sammlung der drei Ekstasen. Der Augenblick ist der zeitlich-seinsgeschichtliche Augenblick, der Wendungspunkt in der Kehre des entrückend-zeitigenden Zuwurfs in den entrückt-zeitigenden Entwurf. Sofern mit diesem Zeitigen das Räumen gleichursprünglich ist, ist der Augenblick die „Augenblicksstätte" (S. 384), in der sich entscheidet, ob und wie es zum jeweils seinsgeschichtlichen Gründen kommt.

### *e) Die Wesung der Wahrheit als Bergung*

Die Gründung als der vierte Wesungsbereich des Ereignisses besagt, daß die Wahrheit des Seyns qua Ereignis als Gründung geschieht, d.h. als im ereignenden Zuwurf gründender Grund für das Er-gründen dieses Grundes im Vollzug des ereigneten Entwurfs. Wie innerhalb dieser Kehrungsbahnen das Ab-gründen und mit ihm das Zeitigen und Räumen geschieht, haben wir nachzuvollziehen versucht. Jetzt im letzten Kapitel der vierten

Fügung geht es darum, zu sehen, wie das gründende und er-gründende Wesungsgeschehen der Wahrheit des Seyns als Ereignis nur dann zureichend bestimmt ist, wenn gesehen wird, wie zu ihm gleichwesentlich die *Bergung* der Wahrheit des Seyns *als* Seiendes und *im* Seienden gehört.

Im *243. Abschnitt* „Die Bergung" (S. 289) heißt es: „Bergung gehört zur Wesung der Wahrheit" (S. 389). Die Bergung gehört dergestalt zum Wesungsgeschehen der Wahrheit, daß dieses kein solches ohne die Bergung ist. Die Kennzeichnung des „Wesens" der Wahrheit als „Lichtung für das Sichverbergen" (S. 389) ist vorerst nur – wie Heidegger betont – eine Anzeige für die Aufgabe, das Wesungsgeschehen der Wahrheit als der Wahrheit für das Seyn zu entfalten. Entfalten heißt hier, dem Wesenszug der Bergung eigens nachgehen. Auch wenn die Lichtung für das Seyn von allem Seienden abgelöst erfahren ist, also nicht nur Unverborgenheit und Offenheit des Seienden, sondern Lichtung für das Seyn als solches, so muß andererseits die Lichtung des Seyns „sich in ihr Offenes gründen" (S. 389). Dieses Sichgründen der Lichtung in ihr Offenes heißt, Sichgründen im Seienden, das in der Lichtung und aus ihr offen ist. Die Lichtung des Seyns „bedarf dessen, was sie in der Offenheit erhält, und das ist je verschieden ein Seiendes" (S. 389). Zunächst ein befremdlicher Gedanke, der jedoch von Heidegger in „Der Ursprung des Kunstwerkes" in großartiger Weise ausgearbeitet ist. Exemplarisch für das Seiende, worin sich die zugeworfen-entworfene Lichtung des Seyns gründen muß, nennt Heidegger: das Ding (das Naturding), das Zeug (das zuhandene Seiende), und das Werk (das Kunst-Werk als das bildnerische, das musikalische und das sprachliche Kunstwerk, aber auch das Gedanken-Werk, das zwar auch ein sprachliches Werk ist, aber Sprache als Begriff im Unterschied zur Sprache des Dichtens, die Heidegger in der Absetzung gegen den Begriff als „Bild" faßt) (S. 389). Die Bergung des je und je zugeworfen-entworfenen Gelichteten des Seyns geschieht dergestalt, daß „die Offenheit (Lichtung) seiend wird derart, daß in ihr das Sichverbergen und damit das Seyn west" (S. 389), d.h. daß in der seiendgewordenen Lichtung das sichverbergende Seyn west, d.h. geschieht.

Der Wesenszug der Bergung im Wesungsgeschehen der Wahrheit des Seyns entfaltet sich im Streitgeschehen von Welt und Erde. Denn die Erde als das Sichverschließende ist als solches das Bergende. Die Wahrheit des Seyns geschieht „nur in der Weise der Bergung nach allen Wegen und Weisen" (S. 390), die der Wahrheit in ihrem Wesungsgeschehen gehören. Damit ist etwas Wichtiges gesagt: In jedem Bereich des Seienden: Ding,

Zeug, Werk usf., geschieht die Bergung in einer eigenen und anderen Weise. Es sind die „verschiedenen Wege und Weisen" der Bergung. Diese verschiedenen Bergungswege und Bergungsweisen sind es, die „das inständliche Ausstehen des Da-seins", d.h. das Da-sein in seinem existierenden Sorge-Vollzug, „geschichtlich tragen" (S. 390). Das hier genannte Tragen gehört zu jenem Tragen, von dem wir sprachen, als wir ausführten, daß die Wahrheit als gründender und er-gründender Grund das bauende Ergründen durch das Da-sein trägt.

Im *244. Abschnitt* „Wahrheit und Bergung" (S. 390f.) wird gefragt, woher denn die Bergung „ihre Not und Notwendigkeit" habe, und geantwortet: „Aus dem Sichverbergen" (S. 390). Damit der Wesenscharakter des Seyns, das Sichverbergen, nicht beseitigt, sondern bewahrt werde, bedarf es der Bergung des Wesungsgeschehens der Lichtung des Sichverbergens. Dieses Geschehen „wird verwandelt und erhalten [...] in den Streit von *Erde und Welt*" (S. 391). In der Bestreitung dieses Streites wird die Wahrheit, die Lichtung des Seyns, ins Werk gesetzt, in das Zeug gesetzt, als Ding er-fahren, in der Tat und im Opfer vollbracht (S. 391). Das Ins-Werk-setzen, Ins-Zeug-setzen, als Ding Erfahren, In-der-Tat-und Im-Opfer-Vollbringen sind daseinsmäßige Weisen des Bergens. Im *245. Abschnitt* „Wahrheit und Bergung" (S. 391) heißt es im Anschluß an das soeben Gesagte: „Bergung der Wahrheit als Zurückwachsen in die Verschlossenheit der Erde" (S. 391). Dieses Zurückwachsen, dieses Bergen, geschieht „in der Besorgung, Verfertigung, im Werken, kurz im Weltenlassen einer Welt" (S. 391).

Der *246. Abschnitt* „Die Bergung der Wahrheit im Wahren" (S. 392) faßt denselben Gedanken so: „Bergung ist im Grunde die Bewahrung des Ereignisses durch die Bestreitung des Streites" (S. 392). Der Abschnitt schließt mit der Nennung einer denkerisch zu ergreifenden Aufgabe, die Bergung der Wahrheit zugänglich zu machen „aus ihren nächsten Weisen des Besorgens". Immer wieder wird im Zusammenhang der Bergung die daseinsmäßige Seinsweise des Besorgens als die Seinsweise der daseinsmäßigen Verhaltungen zum Seienden genannt. So wie auf dem transzendental-horizontalen Weg das Besorgen *entdeckend* ist, so ist das Besorgen auf dem seinsgeschichtlichen Weg *bergend*. Das Bergen erweist sich somit als die seinsgeschichtliche Verwandlung des transzendental-horizontalen Phänomens der Entdeckung.

Der letzte Abschnitt der vierten Fügung, der *247. Abschnitt* trägt die vielsagende Überschrift „Gründung des Da-seins und die Bahnen der Bergung der Wahrheit" (S. 392). Die verschiedenen Bahnen der Bergung sind die verschiedenen Bereiche des Seienden, die ihrerseits verschiedene Bergungsweisen der Wahrheit des Seyns als Ereignis sind. Der *247. Abschnitt* schließt mit der hochbedeutsamen Bemerkung: **„Aus diesem Bereich entnommen und deshalb hierher gehörig die gesonderte Frage nach dem „Ursprung des Kunstwerkes"**. Denn das Ins-Werk-setzen der Wahrheit des Seyns als Ereignis ist *eine* und sogar ausgezeichnete Bahn der Bergung unter den verschiedenen Bergungs-Bahnen.

Der seinsgeschichtliche Weg setzte mit der Erfahrung der Seinsverlassenheit des Seienden ein, d.h. jetzt, mit der Erfahrung, daß das Seiende aller Bereiche von der Bergung des Wesungsgeschehens der Wahrheit (Lichtung) des Seyns verlassen ist. Die Offenbarkeit dieses so seinsverlassenen Seienden ist eine solche, die durch das Weg-und Ausbleiben der sich als Offenbarkeit bergenden Wahrheit des Seyns bestimmt ist. Dieses Weg-und Ausbleiben ist es, das uns in der Erfahrung des seinsverlassenen, des wesenlos gewordenenen Seienden anweht. Der Weg über das „Zuspiel" des ersten und des möglichen anderen Anfangs in der Geschichte des Seyns führte über den „Sprung" in die Ereignis-Verfassung der wesenden Wahrheit des Seyns in die „Gründung" der Wahrheit des Seyns, in der das seins-, das bergungsverlassene Seiende wieder und in neuer Weise seine Wesentlichkeit durch die sich gründende Bergung der Wahrheit des Seyns gewinnt. Die Geschichtlichkeit der Geschichte des Seyns zeigt sich in den unterschiedlichen Wesungsweisen der Wahrheit des Seyns: in der Wesungsweise der Verweigerung von Gründung und Bergung, der Wesungsweise des Sichzuspielens des bisherigen und somit ersten Anfangs der Unverborgenheit des Seienden in seiner Seiendheit und des möglichen anderen Anfangs der Unverborgenheit des Seyns selbst, in der Wesungsweise des sich bekundenden Ereignisses als Wesungsverfassung der Unverborgenheit des Seyns selbst,in der Wesungsweise der Gründung dieser Unverborgenheit des Seyns als das Zusammenspiel von sich ereignender Unverborgenheit als gründendem Grund und ereignetem Ergründen als dem Wesenlassen dieses gründenden Grundes und des bergenden Bauens auf diesem Grund. **Die eigene Geschichtlichkeit der Seynsgeschichte darf nicht am geläufigen Begriff von Geschichtlichkeit und Geschichte abgelesen werden, sondern muß ersehen werden im denkenden Blick auf das Wesungsgeschehen der Wahrheit des Seyns.** Geschichtlichkeit und Geschichte des Seyns unterscheiden sich von der innerzeitlichen Geschichte und deren Geschichtlichkeit in derselben Weise wie sich die Wahrheit oder Lichtung des Seyns vom innerzeitlichen Seienden unterscheidet. **Ein nicht innerzeitlicher, nicht historischer Begriff von Geschichte und deren Geschichtlichkeit** ist nicht etwas, was bisher völlig unbekannt und fremd war, sondern einen vom „Sein" her sich bestimmender Begriff von Geschichte und deren Geschichtlichkeit kennen wir z.B. von Hegel her und der von ihm gedachten Geschichte des absoluten Geistes sowohl in der „Phänomenologie des Geistes" wie in seiner „Wissenschaft der Logik". So gibt es keinen Grund und kein Motiv, sich gegen das Denken der Geschichte des Seyns, gegen das seinsgeschichtliche Denken zu sträuben. **Die Geschichte des Seyns ist die Geschichte der Wesung der Wahrheit des Seyns. Die Geschichte des Seyns darf deshalb nicht gleichgesetzt werden mit der sogenannten Zeitgeschichte.** Wenn Heidegger im seynsgeschichtlichen Denken die Zeitgeschichte und deren Begebenheiten in den Blick nimmt, dann ist es allein die Untersuchung dessen, wie das Zeitgeschichtliche sich jeweils aus der Seinsgeschichte, d.h. aus der jeweiligen Wesung der Wahrheit des Seyns, bestimmt. Das seynsgeschichtliche Denken ist spekulatives Denken, wenn nach Kant das spekulative das theoretische Denken der Philosophie ist. Das Eigentümliche von Heideggers spekulativem seinsgeschichtlichen Denken zeigt sich aber darin, daß es selbst einen phänomenologischen Charakter hat, daß das Wesungsgeschehen der Wahrheit als Lichtung des Seyns mit dem phänomenologischen Blick begleitet und begriffen werden kann.

# Elftes Kapitel

## DIE ZU-KÜNFTIGEN als das Dasein des anderen Anfangs, auf die das Seyn als Er-eignis zukommt

Die fünfte und sechste Fügung sind, textlich gesehen, im Vergleich zu den vier vorangehenden Fügungen, die kürzesten. Die fünfte Fügung umfaßt nur fünf Abschnitte (*248.-252.*), die sechste Fügung „Der Letzte Gott" nur vier Abschnitte (*253.-256.*). Die fünf Abschnitte der „Zu-künftigen" tragen die vielsagenden Überschriften: *248.* Die Zukünftigen; *249.* Die Grundstimmung der Zukünftigen; *250.* Die Zukünftigen; *251.* Das Wesen des Volkes und Da-sein; *252.* Das Da-sein und die Zukünftigen des Letzten Gottes. Aus der Überschrift des letzten dieser fünf Abschnitte geht schon hervor, daß die Zu-künftigen in der Nähe des Letzten Gottes stehen.

Die Frage, wer die Zu-künftigen sind, beantwortet Heidegger über die fünf Abschnitte hinweg durch zehn Namen, die er den Zu-künftigen gibt.

Im *248. Abschnitt* (S. 395) gibt Heidegger den Zu-künftigen sieben Wesensnamen. Er nennt die Zu-künftigen jene „Fremdlinge gleichen Herzens, gleich entschieden für die ihnen beschiedene Schenkung und Verweigerung" (S. 395). „Fremdlinge" nennt er die Zu-künftigen, die sie für die Gegenwärtigen im Zeitalter der Machenschaft und Seinsverlassenheit des Seienden sind. „Gleichen Herzens" sind diese Fremdlinge, indem sie gleichgestimmt sind in einer Herzensgestimmtheit. Als so Gestimmte sind sie „gleich entschieden für die ihnen beschiedene Schenkung und Verweigerung", für die Schenkung der Wahrheit des Seyns im Wissen darum, daß zur Schenkung (Entbergung) auch die Verweigerung (Verbergung) gehört.

Deshalb werden die Fremdlinge anschließend die „Stabhalter der Wahrheit des Seyns" genannt. Der „Stabhalter", über den das Grimm'sche Wörterbuch (Bd. 17, Spalte 369) Auskunft gibt, wurde auch „Statthalter" genannt und hat hier bei Heidegger die Bedeutung des Statthalters der Wahrheit des Seyns. In der ereigneten Wahrheit des Seyns „erbaut sich das Seiende", d.h gelangt das seinsverlassene Seiende wieder in die Herrschaft seines Wesens, das Seiende als die Dinge und das Seiende jeglichen Atems, also das lebendige Seiende wie Pflanze und Tier.

Die Zu-künftigen als die Fremdlinge und Stabhalter der Wahrheit des Seyns sind drittens die „stillsten Zeugen der stillsten Stille“, die die Stille des Waltens der Wahrheit des Seyns ist, der die Zeugen in der Weise des stillsten Verhaltens entsprechen. In dieser stillsten Stille des Waltens der Wahrheit des Seyns geschieht „ein unvernehmbarer Ruck“, der „die Wahrheit aus der Verwirrung aller errechneten Richtigkeiten zurückdreht in ihr Wesen“, jener Ruck, der die Wahrheit als die Richtigkeit des rechnenden Denkens (und Verhaltens) zurückgehen läßt in ihr Wesen als die Unverborgenheit, in der das Verborgenste wissentlich verborgen gehalten wird: „die Erzitterung des Vorbeigangs der Götterentscheidung“, die als „Wesung des Seyns“ geschieht. Die „Götterentscheidung“ kommentieren wir zunächst als die aus dem Ereignis kommende, also ereignishafte Entscheidung über das Gotthafte überhaupt, von dem das durch die totale Machenschaft seinsverlassene Seiende desgleichen verlassen ist. Die Seinsverlassenheit geht einher mit einer Gottverlassenheit des Seienden im Ganzen.

Die Zu-künftigen sind viertens „die langsamen und langhörenden Gründer dieses Wesens der Wahrheit“. Als Gründer er-gründen sie die zugeworfene Wahrheit als Grund. Als diese Gründer sind sie die Langsamen, die nicht der Schnelligkeit als einer der Bahnen der Seinsverlassenheit und Seinsvergessenheit angehören. Zugleich sind sie die Langhörenden, indem sie lange in die Wesung der Wahrheit des Seyns hineinhören, um ihr gemäß zu sein.

Die Zu-künftigen sind fünftens die „Widerständigen gegen den Stoß des Seyns“, d.h. sie halten diesem Stoß der sich ihnen zukehrenden Wahrheit des Seyns Stand, um ihm in ihrem er-gründenden Entwurf zu entsprechen. Die Zu-künftigen sind sechstens „jene Künftigen, auf die als die rückwegig Erwartenden (siebentens) in opfernder Verhaltenheit der Wink und Anfall der Fernung und Nahung des Letzten Gottes zu kommt“. Sie sind die „rückwegig Er-wartenden“, weil sie sich auf dem Weg zurück in das frühe Walten der Alétheia befinden und von dorther den neuen Aufgang der Unverborgenheit als der Wesung der Wahrheit des Seyns erwarten. Darin stehen sie in der „opfernden Verhaltenheit“, in einer Gestimmtheit, in der sie sich dem Waltenlassen der Wahrheit des Seyns opfern und nur diesem dienen. Die Zu-künftigen als die rückwegig Erwartenden sind so diejenigen, auf die der Wink und Anfall, d.h der Zuwurf zu-kommt, der Zuwurf des Fernbleibens (Fernung) oder des Sichnäherns (Nahung) des Letzten Gottes. Der „letzte Gott" ist der Name für das Göttliche, das ganz der Wesung der Wahrheit des Seyns entspricht, das Göttliche oder der Gott, der in der Lichtung des Seyns erscheint oder aber sich entzieht.

Von diesen Zu-künftigen als den Fremdlingen, den Stabhaltern, den stillsten Zeugen, den Gründern, den Widerständigen, den Künftigen, den rückwegig Erwartenden heißt es, sie könnten vorerst nur ‚vorbereitet' werden, und zwar durch das „anfängliche Denken", jenes Denken, das das Anfangen der Seinsgeschichte, des ersten und des anderen Anfangs der Wesung des Seyns denkt. Dieses anfängliche Denken geschieht als die „Erschweigung des Ereignisses". Die „Erschweigung" ist die Sigetik (griechisch schweigen: sigan) im Unterschied zur Logik der Aussage. Das anfängliche, das seinsgeschichtliche Denken denkt und spricht nicht in Aussage-Sätzen, sondern spricht aus einem hermeneutischen Hineinhören in die Wesung der Wahrheit des Seyns als Ereignis. Doch Heidegger beschließt den *248. Abschnitt* mit dem Hinweis darauf, daß das Denken „nur *eine* Weise" sei, „in der Wenige den Sprung in das Seyn erspringen". Die Zu-künftigen können nicht nur die Denkenden, sondern auch die Dichtenden und darüber hinaus die künstlerisch Schaffenden sein in ihrer dichtenden und künstlerischen Besinnung.

Der *249. Abschnitt* „Die Grundstimmung der Zukünftigen" (S. 395/96) bedenkt deren Grundstimmung, aus der heraus sie das sind, was in ihren Wesensnamen von ihnen gesagt wird. Von den vier vorausgegangenen Fügungen „Anklang", „Zuspiel", „Sprung" und „Gründung" heißt es einleitend, sie haben „je ihre Leitstimmung, die aus der Grundstimmung ursprünglich zusammenstimmen". Im *50. Abschnitt* „Anklang" wurde gesagt, daß die Leitstimmungen des Anklangs „Schrecken und Scheu" sind, die der „Grundstimmung der Verhaltenheit" entspringen (S. 107). Und im *5. Abschnitt* des *„Vorblicks"* wird gesagt: *„Die Grundstimmung des Denkens im anderen Anfang* schwingt in den Stimmungen [...] *das Erschrecken, die Verhaltenheit"*, die zusammengenommen „die Ahnung" sind (S. 14). Im Erschrecken erschrickt das Da-sein vor der erfahrenen Seinsverlassenheit des Seienden, in der Verhaltenheit hält es inne im Angesicht der Seinsverlassenheit des Seienden, und in beidem, im Erschrecken und in der Verhaltenheit, ist es gestimmt in der Weise der Ahnung, indem es die Wahrheit des Seyns in ihrem möglichen Aufgang ahnt. Und die genannte „Scheu" ist die Gestimmtheit gegenüber der geahnten Wahrheit des Seyns. Die Grundstimmung „Verhaltenheit“ meint nicht das Sichverhalten, sondern nennt das Innehalten, das Anhalten gegenüber dem, was sich bekundet: die Seinsverlassenheit und die darin verweigerte Wahrheit des Seyns. Die Leitstimmung leitet jeweils diese oder jene Fügung, während die Grundstimmung der Grund aller Leitstimmungen ist, insofern diese aus der Grundstimmung ursprünglich zusammenstimmen. Die Verhaltenheit als der Name für die Grundstimmung muß „in der ganzen Ursprungsfülle genommen werden“ (S. 396). Diese Ursprungsfülle des Wortes ‚Verhaltenheit‘ wächst seinem Bedeuten „aus dem Erdenken des Ereignisses geschichtlich“ zu (S. 396).

Von der Grundstimmung der Verhaltenheit heißt es weiter, sie enthalte „das Zumutesein, das Gemüt des Mutes“, des Mutes „als des gestimmt-wissenden Willens des Ereignisses“ (S. 396). Die Grundstimmung der Verhaltenheit ist somit der gestimmt-wissende Wille, der den Aufgang der Wahrheit des Seyns als Ereignis will.

Die Leitstimmungen sind „im Einklang miteinander“ gestimmt und stimmend (S. 396). Die Leitstimmung der ersten Fügung, des „Anklangs“, ist der „Schrecken“angesichts „der sich enthüllenden Seynsverlassenheit“ des Seienden. Die Seynsverlassenheit geht das denkende Da-sein in der Weise des Erschreckens an. Wenn aber die Seynsverlassenheit als solche das denkende Da-sein anspricht, dann bekundet sich mit der Verlassenheit auch das, wovon das Seiende verlassen ist, es bekundet sich daher mit der Verlassenheit die Wahrheit des Seins als eine solche, die das Seiende verlassen hat. Soweit sich mit der Seynsverlassenheit die Wahrheit des Seyns als solche bekundet, wird das denkende Da-sein zugleich in die Scheu gestimmt – die Scheu vor der sich bekundenden Wahrheit des Seyns. Deshalb kann Heidegger sagen, daß „Schrecken und Scheu in einem erst [...] den Anklang denkerisch vollziehen“ lassen (S. 396). Das denkende Dasein muß vom Schrecken zur Scheu gestimmt sein, um aus der Erfahrung der Seinsverlassenheit des Seienden zumal die *anklingende* Wahrheit des Seyns zu erfahren.

„Der ursprüngliche Einklang der Leitstimmungen“ des Schreckens und der Scheu wird durch die Grundstimmung der Verhaltenheit „voll angestimmt“ (S. 396). In dieser Grundstimmung als dem ursprünglichen Einklang der Leitstimmungen „*sind* die Zukünftigen“ (S. 396). Sie sind in einem zumal durch den Schrecken und die Scheu gestimmt, und in dieser Gestimmtheit werden sie „vom letzten Gott bestimmt“ (S. 396). Inwiefern ? Insofern, als die sich in der Scheu ankündigende Wahrheit des

Seyns die freie Lichtung für das Erscheinen des letzten Gottes, wir sagen zunächst, des Göttlichen ist.

Der *250. Abschnitt „Die Zukünftigen“* (S. 396) handelt von diesen *als den Untergehenden.* Die Zukünftigen „stehen im herrschaftlichen als dem wahrhaften Wissen“ (S. 396). Das Wissen der Zukünftigen ist das „herrschaftliche“ und das „wahrhafte“ Wissen, weil es das Wissen von der Wahrheit des Seyns ist, einem Wissen, das das machenschaftlich bestimmte Wissen hinter sich gelassen hat. Herrschaftlich ist dieses Wissen, weil es die Herrschaft, das herrschaftliche Walten der Wahrheit des Seyns mit aufrichtet. Das herrschaftliche Wissen von der Wahrheit des Seyns und deren Walten steht außerhalb von Nutzen und Wert und damit außerhalb des „ablaufenden Betriebs“ (S. 396). Nutzen, Wert und Betrieb gehören in das Seiende, von dem die Wahrheit des Seyns unterschieden ist.

Die Zukünftigen sind „die wahrhaft Wissenden“, dies der neunte Name der Zukünftigen. Das Wissen der wahrhaft Wissenden muß anheben mit der *„eigentlichen geschichtlichen* Erkenntnis“, und diese ist das „Wissen des Bereichs“ und das fragende „Innestehen in dem Bereich, aus dem die künftige Geschichte sich entscheidet“ (S. 396). Das Wissen des Bereiches ist aber das Wissen der Wahrheit des Seyns und ihres sich ereignenden Waltens, das Wissen vom Innestehen in diesem Bereich, so, daß der Innenstehende mit zum Er-eignis als der ereignet Entwerfende und Er-gründende gehört. Aus diesem Bereich der sich ereignenden Wahrheit des Seyns entscheidet sich „die künftige Geschichte“ (S. 396). Die gegenwärtige Geschichte bestimmt sich aus der Seinsverlassenheit des Seienden im Ganzen (zu der auch die Gottesverlassenheit gehört), zu der das machenschaftliche Walten des Seins gehört. Seinsverlassenheit und Machenschaft walten aus dem Ausbleiben des Ereignens, und dieses Ausbleiben ist das Ent-eignis. Im Unterschied zum Er-eignen ist das Enteignen das Verweigern der offenen Wesung der Wahrheit des Seyns als Ereignis und mit diesem die Verweigerung der Bergung der zugeworfenen-entworfenen Wahrheit des Seins im Seienden als dessen Entborgenheit, Unverborgenheit, Offenbarkeit. Die „künftige Geschichte“ wäre die Kehre des Enteignisses in das Er-eignis, so, daß das Seiende im Ganzen wieder von der Bergung der Wahrheit des Seins bestimmt wird. Das wahrhafte Wissen der Zukünftigen „weiß die Stunden des Geschehens, das Geschichte erst bildet“ (S. 397). Die „Stunden des Geschehens“ sind die Zeiten, in denen solches geschehen muß, das beiträgt zu der erforderlichen Kehre, in der sich die Seinsverlassenheit und Machenschaft in die Bergung der waltenden Wahrheit des Seyns kehrt.

Deshalb kann Heidegger nunmehr sagen: „Unsere Stunde ist das Zeitalter des Untergangs“ (S. 397). Unter-gang hat hier nicht die geläufige Bedeutung des Untergehens, worauf schon die Bindestrich-schreibung hinweist. Heidegger betont: „Unter-gang, im wesentlichen Sinne gemeint, ist der Gang zur verschwiegenen Bereitung des Künftigen“ (S. 397). Das Künftige, dem sich die Zukünftigen opfern, ist der Aufgang der Wahrheit des Seyns als Ereignis. Die Bereitung des Künftigen ist die Bereitung „des Augenblicks und der Stätte, in denen die Entscheidung über Ankunft und Ausbleib der Götter [des Göttlichen] fällt“. Nur wenn in diesem „Augenblick“ die Wahrheit des Seyns als gründender Grund aufgeht, können die Künftigen diesem aufgehenden gründenden Grund entsprechen in ihrem ergründenden Entwerfen. Die so gründend-er-gründend aufgehende Wahrheit des Seyns ist der zeithafte Erscheinungsraum für eine mögliche Ankunft des Göttlichen. Dieser Unter-gang ist „erstester Anfang“ (S. 397), erstester Anfang im anderen Anfang. Das Ersteste dieses Anfangs ist die Bereitschaft der Zukünftigen für den anderen Anfang. Das Gegenteil zu diesem Unter-gang der Zukünftigen ist das „Un-wesen“ des Untergangs: ist das „Versacken, Nichtmehrkönnen, Aufhören“ in der Herrschaft „des Riesenhaften und Massenhaften“ in unserer Gegenwart als der neuesten Neuzeit.

Die Zukünftigen als die „Unter-gehenden“ sind diejenigen, „die das Kommende [das Künftige] unter-laufen“ (S. 397), die *unter* das Künftige *gehen*, sich ihm aussetzen, und dem Künftigen „als sein künftiger unsichtbarer Grund sich opfern“ (S. 397). Die so zu verstehenden Untergehenden sind „die Inständigen“, innestehend in der aufgehenden Lichtung des Seyns, „die unausgesetzt sich dem Fragen aussetzen“ (S. 397). Damit kennzeichnet sich der Denker Heidegger selbst als ein Zukünftiger im Sinne der vielfachen Namen und als ein Unter-gehender, der sich unausgesetzt dem Fragen nach der Wahrheit des Seyns in ihrer Wesung als Ereignis aussetzt.

Das „Zeitalter des Unter-gangs ist nur wißbar für die Zugehörigen“, d.h. für die, die Anteil haben an dem Fragen nach der Wahrheit des Seyns als Ereignis. „Die wahrhaft Unter-gehenden“ in der erläuterten Weise „kennen nicht die trübe ‚Resignation‘ [...], die kein Künftiges will“, und kennen auch nicht das Gegenteil, „den lärmenden ‚Optimismus‘, der [...] noch nicht wahrhaft will, weil er sich dagegen sperrt, über sich hinaus zu wollen und erst in der Verwandlung sich selbst zu gewinnen" (S. 397). Über sich hinaus wollen und in der Verwandlung sich selbst gewinnen hieße: über sich als Subjekt hinaus als Da-sein wollen und in dieser Verwandlung des Subjekts in das Da-sein sich selbst gewinnen.

Die Unter-gehenden, die *unter* das anklingende Künftige *gehen*, sind „die immer Fragenden". Ihre „Un-ruhe" des Fragens darf nicht verstanden werden als „leere Unsicherheit", sondern muß verstanden werden als „die Eröffnung und Hegung einer Ruhe", einer Ruhe, die die „Sammlung auf das Fragwürdigste [das Ereignis]" ist (S. 397). Diese Ruhe des Fragens als Sammlung ist es, die die „einfache Innigkeit des Zurufs erharrt" (S. 397). Der „Zuruf" nennt dasselbe wie der „Zuwurf". Im „Zuruf" ruft sich die Wesung der Wahrheit des Seyns als Ereignis zu, ruft sich das Ereignis in seinen Weisen des Er-eignens zu. Alles, was sich dem fragenden Denken von der Wesung des Ereignisses bekundet, empfängt das Denken aus dem Zuruf. Hier zeigt sich deutlich der hermeneutische Charakter des seinsgeschichtlichen Denkens, wenn das Hermeneutische gekennzeichnet ist durch die Vor-habe, Vor-sicht und den Vor-griff. Die hermeneutische Vorhabe ist im seinsgeschichtlichen Denken das, was sich diesem im Zuruf bekundet, das jeweils Zugerufene, das in die Vor-sicht des auslegenden Denkens genommen und im Vor-griff in den worthaften Begriff (den seinsgeschichtlichen In-begriff) gebracht wird. Der einfachen Innigkeit des Zurufs steht entgegen der äußerste „Ingrimm der Seinsverlassenheit", der durch den Ausbleib des Zurufs und des Zuwurfs gekennzeichnet ist.

„Das Fragen nach dem Wesen der Wahrheit", nach der Unverborgenheit, „und nach der Wesung des Seyns" als Ereignis wird nunmehr mit einem Grundbegriff aus der Daseins-Analytik in „Sein und Zeit" „als die Entschlossenheit zur äußersten Besinnung" (S. 397f.) gekennzeichnet. Im § 60 von „Sein und Zeit" wird die eigentliche, d.h. die ursprünglich aufgeschlossene Erschlossenheit in Gestalt des Da die *Entschlossenheit* genannt. Diese meint aber nicht das, was wir sonst als willentliche Entschlossenheit bezeichnen, sondern sie ist der fundamentalontologische Terminus für die ursprüngliche Aufgeschlossenheitsweise des Da aus dem Da-sein. An dieses ursprüngliche Erschlossenheits-Phänomen knüpft Heidegger im *250. Abschnitt* der „Beiträge zur Philosophie (Vom Ereignis)" an, nun aber mit dem Unterschied, daß jetzt das Da nicht wie in „Sein und Zeit" transzendental-horizontal, sondern ereignishaft aufgeschlossen ist. Das Fragen nach dem Wesen der Wahrheit als Unverborgenheit und nach der Wesung des Seyns als Ereignis ist die „Entschlossenheit zur äußersten Besinnung", d.h. ist die aus dem ereigneten fragenden Entwurf ursprünglich aufgeschlossene Unverborgenheit des Seyns. „Diese Entschlossenheit aber wächst auf aus der Offenheit für das Notwendige", d.h. für die denkerische „Erfahrung der Not der Seinsverlassenheit" (S. 398) des Seienden im Ganzen. Die Erfahrung dieser Not der Seinsverlassenheit „hängt wieder ab von der Grösse der Erinnerung" an den ersten Anfang, an die erste denkerische Erfahrung der Alétheia und Phýsis im vorsokratischen Griechentum.

Das Fragen der Zukünftigen, hier des seinsgeschichtlichen Denkers, gehört in die Grundgestimmtheit der Verhaltenheit, des Innehaltens in allem Bisherigen, und ist ein von der Grundstimmung der Verhaltenheit getragenes *„Suchen"*, und zwar ein solches, „wo und wie die Wahrheit des Seyns" sich in der Weise des Er-gründens „gründen und bergen lasse" (S. 398). Nun wird gesagt, was dieses denkerische Suchen wesensmässig ist: „das Vor-gehen in den Bereich, in dem die Wahrheit sich eröffnet oder versagt" (S. 398). *„Vor-gehen"* ist für Heidegger ein Grundwort für das Bahnen des denkerischen Weges und für das Gehen auf diesem gebahnten Weg. Das Vorgehen ist ein Gehen in die Unverborgenheit und ein Gehen in der Unverborgenheit, ein Vor-gehen, das Ausschau hält nach dem, was sich als die Wesungsweise der Unverborgenheit des Seyns zeigt. Es ist ein vor-ausblickendes Achten auf das Sichzeigende, um dieses im vorgehenden Entwerfen aufzuschließen und ins gemäße denkerische Wort zu bringen. Dieses vor-gehende Suchen ist ein hermeneutisches Mitgehen mit dem Walten der Wahrheit als der Unverborgenheit des Seyns. Als hermeneutisches Mitgehen (ohne vorausgehende Reflexion) ist es ein phänomenologisches, aber kein reflexiv-phänomenologisches, sondern ein hermeneutisch-phänomenologisches Vor-gehen. Dieses als Vor-gehen gekennzeichnete Suchen „ist in sich zukünftig" (S. 398), weil es sich dem Künftigen der Wesung der Wahrheit des Seyns anheimgibt, und ist als solches „ein In-die-Nähekommen zum Sein" (S. 398), d.h. ein in die Wesungsweise des Seyns Kommen. Dieses als Vor-gehen sich vollziehende Suchen „bringt den Suchenden erst zu *ihm selbst,* d.h. in die Selbstheit des Da-seins" (S. 398), insofern das denkende Da-sein erst aus der ihm sich ereignenden Wahrheit des Seyns sein daseinsmäßiges Selbstsein erhält. In dem durch diese Selbstheit bestimmten Da-sein geschehen „Lichtung und Verbergung des Seienden", d.h. Entbergung sowie Verdeckung oder Verstellung des Seienden.

Das „Selbst-sein“ des Da-seins, zu dem das Da-sein im vor-gehenden Suchen gelangt, „ist der schon *im* Suchen liegende Fund“ (S. 398), so daß das denkerische Suchen von diesem seinem Selbstsein schon erleuchtet wird. Dieses Selbst-sein ist somit *im* Suchen „die sichere Leuchte, die aller Verehrung voranleuchtet“, nämlich der Verehrung der Unverborgenheit des Seyns (S. 398). Kraft dieser Leuchte sind wir, die denkenden Zukünftigen, „offen [...] für den Anklang des Einzigsten und Grössten“ (S. 398), der Wahrheit des Seyns als Ereignis.

Der *251. Abschnitt* der Zu-künftigen trägt die Überschrift *„Das Wesen des Volkes und Da-sein“*. Hier wird das Wesen des Volkes im Gegenzug zum politisch-nationalsozialistischen Vorstellen seinsgeschichtlich aus dem Bezug zur Wesung der Wahrheit des Seyns als Ereignis bestimmt. „Ein Volk ist *nur* Volk, wenn es in der Findung seines Gottes seine Geschichte zugeteilt erhält“ (S. 398). Aus der Findung seines Göttlichen, d.h. eines Göttlichen überhaupt, erhält ein Volk seine Geschichte zugeteilt, und nur so ist ein Volk wahrhaft ein Volk. Das ist eine schroffe Absage an den politischen Volksbegriff. Die Findung seines Gottes, seines Göttlichen, geschieht aber in und aus dem Innestehen in der Wesung der Wahrheit des Seyns als Ereignis. Dies alles ist dem machenschaftlichen Volksbegriff des NS aufs äußerste entgegengesetzt. Nur die Findung seines Göttlichen teilt dem Volk seine Geschichte zu. Diese Geschichte des Volkes ist bestimmt aus der Wesung der Wahrheit des Seyns als Ereignis. Der Gott oder das Göttliche, von dem hier die Rede ist, ist solches, was das Volk „über sich selbst hinwegzwingt“, das Volk also nicht in sich selbst gegründet sein läßt, sondern das Volk „über sich selbst“ hinwegzwingt – in die Wesung der Wahrheit des Seyns. Und weil zu dieser Wesung die Bergung der zugeworfenen-entworfenen Wahrheit des Seyns im Seienden gehört, stellt das Göttliche das Volk „in das Seiende zurück“ (S. 398), d.h. in die Bergung der Wahrheit des Seyns im Seienden. In dieser Geborgenheit der Wahrheit des Seyns ist die Offenbarkeit dieses Seienden nicht mehr Seins-und Gott-verlassen. So gesehen „entgeht [das Volk] der Gefahr, um sich selber zu kreisen und das, was nur Bedingungen seines Bestandes sind, zu seinem *Unbedingten* zu vergötzen“ (S. 398), wie es im NS-Staat der Fall ist. Allein, das Volk kann nur seinen Gott, sein Göttliches, finden, wenn die Zukünftigen *sind,* die *für* das Volk „verschwiegen suchen“ (S. 398). Die Zukünftigen sind somit die *„Sucher“*, und diese sind zuerst *die* Denkenden, die die Wahrheit des Seyns in deren Wesung als Ereignis erdenken. Diese Sucher müssen *„gegen* das *noch nicht* volkhafte ‚Volk' stehen" (S. 398). (Heidegger verwendet bewußt nicht das Adjektiv ‚völkisch', sondern das Adjektiv ‚volkhaft' für das aus der Wesung der Wahrheit des Seyns sich bestimmende Volk.) Die Sucher oder Suchenden müssen selbst erst vorbereitet werden, und sie werden dies, wenn sie in ihrem Sein als Da-sein gegründet werden. So gesehen ist Da-sein „die Gründung des Seins *dieser* Seienden, der Zukünftigen des letzten Gottes" (S. 398f.), d.h. des Göttlichen, wie es im Ereignis erscheint. Die „Geschichtlichkeit der *Sich*gehörenden" bestimmt sich *aus* ihrer „Zugehörigkeit zu dem Gott", zu seinem Göttlichen (S. 399). Das „Wesen des Volkes"„gründet in" dieser Geschichtlichkeit der Sichgehörenden, die aus ihrer gemeinsamen Zugehörigkeit zum Göttlichen sich gehören. Im Ereignis der Wahrheit des Seyns gründet sich geschichtlich die Zugehörigkeit zum Göttlichen. Aus dem so waltenden Ereignen des Ereignisses „entspringt [...] die Begründung, warum ‚Leben' und Leib, Zeugung und Geschlecht, Stamm [...] zur Geschichte gehören" (S. 399), d.h. an der Geschichte teilhaben. ‚Leben' steht in Anführungszeichen, weil es nicht das Leben von Pflanze und Tier, sondern das daseinsmäßige ‚Leben' ist. ‚Leben' und Leib, Zeugung und Geschlecht, sowie Stamm werden zusammengenommen in dem seinsgeschichtlichen Grundwort der *Erde*,das der Leser Martin Heideggers seit der Veröffentlichung des „Ursprungs des Kunstwerkes"kennt, Erde als das Sichverschließende, das als solches die jeweils offene Bedeutsamkeitswelt in sich aufnimmt. Das zur Erde gehörende Aufgezählte gehört seinerseits zur Geschichte, sofern die Erde die Geschichte in ihrer Weise wieder in sich zurücknimmt, d.h. in sich verschließt und birgt. ‚Leben' und Leib, Zeugung und Geschlecht, sowie Stamm sind als Erde „nur dem Streit von Erde und Welt dienstbar" (S. 399). Das daseinsmäßige Leben und der daseinsmäßige Leib, die daseinsmäßige Zeugung und das daseinsmäßige Geschlecht sowie der daseinsmäßige Stamm sind „getragen von der innersten Scheu, je ein Unbedingtes zu sein" (S. 399). Inwiefern ? Insofern, als das Wesen der Aufgezählten „innig dem Streit" von Erde und Welt und „nahe dem Ereignis" der Wahrheit des Seyns ist. Damit ist angezeigt, wie das daseinsmäßige ‚Leben' und der daseinsmäßige Leib, wie die daseinsmäßige Zeugung und das Geschlecht und wie der Stamm in die Wesung der Wahrheit des Seyns als Ereignis gehören.

Im *letzten Abschnitt* der fünften Fügung, im *252. Abschnitt „Das Dasein und die Zukünftigen des letzten Gottes"*,entwirft Heidegger eine seinsgeschichtliche Vision von der Kehre der äußersten Seins-und Gottesverlassenheit *in* das Sichereignen des Ereignisses, *in* den ereignishaften Streit von Welt und Erde und *in* den Anfall des „letzten Gottes“, d.h. aber für uns zunächst, *in* die erneute Einkehr des ereignishaften Göttlichen.

Der „letzte Gott“, wir sagen zunächst: das ereignishaft bestimmte Göttliche, wird die „einfachsten, aber äußersten Gegensätze“ „über seinem Volk aufrichten“ (S. 399), und zwar „als die Bahnen, auf denen [das Volk] über sich hinauswandert, um sein Wesen einmal noch zu finden und den Augenblick seiner Geschichte auszuschöpfen“ (S. 399). Die „einfachsten, aber äußersten Gegensätze“ sind Welt und Erde in ihrem Streit, sind Liebe und Tod in ihrem Höchsten. Diese einfachsten und äußersten Gegensätze wird das ereignishaft Göttliche als die Bahnen aufrichten, auf denen das Volk über sein bisheriges Da-seins-fernes Wesen hinauswandert, um sein Wesen als Da-sein „einmal noch zu finden“ und diesen „Augenblick seiner Geschichte auszuschöpfen“ (S. 399). In diesem ereignishaften Geschehen werden Welt und Erde in ihrem Streit „Liebe und Tod in ihr Höchstes heben“ und in die Treue zum Göttlichen; sie werden das Bestehen der Wirrnis [aus der Seins- und Gottesverlassenheit] zusammenschließen „in der vielfachen Bewältigung der Wahrheit des Seienden“ (S. 399), in der vielfachen Bergung der Wahrheit des Seyns in die Wahrheit, in die Unverborgenheit des Seienden.

„Die Zukünftigen des letzten Gottes“, wir sagen zunächst: des ereignishaft Göttlichen, werden „in der Bestreitung des Streites“ von Welt und Erde „das Ereignis erstreiten“, d.h. als zugehörig zum Ereignis in Gestalt des ereigneten Entwerfens (S. 399).

Die Zukünftigen des ereignishaft Göttlichen „werden im weitesten Rückblick“ auf den frühgriechischen ersten Anfang „sich des größten Geschaffenen“, der Ereignung des Ereignisses der Wahrheit des Seyns, fortan erinnern als der nunmehr „erfüllten Einmaligkeit und Einzigkeit des Seyns“ (S. 399).

Neben dieser erfüllten Ereignung des Ereignisses „wird das Massenhafte“ des machenschaftlich bestimmten Seienden „alle Ränke seines Tobens loslassen“ (S. 399). Das Massenhafte wird „alles Unsichere und Halbe, alles nur mit dem Bisherigen Sichvertröstende abschwemmen“, d.h. wegschwemmen. Angesichts dessen fragt Heidegger, ob in diesem geschichtlichen Augenblick „die Zeit der Götter *um*“ sei, also vorbei sei, und ob „der Rückfall in das bloße Leben *welt*armer Wesen“, d.h. daseins-ferner Menschen beginne, für die „die Erde nur noch als das Ausnutzbare“ bleibt.

In der erfüllten Ereignung des Ereignisses werden dagegen „Verhaltenheit und Verschwiegenheit" der Zukünftigen „die innigste Feier des letzten Gottes", des ereignishaften Göttlichen sein. Darüberhinaus werden die Verhaltenheit und Verschwiegenheit der Zukünftigen (der Sucher) „ die eigene Weise des Zutrauens zur Einfachheit der Dinge", der die Wahrheit des Seyns bergenden Dinge, „sich erringen" (S. 400) und ferner „die eigene Strömung der Innigkeit der berückenden Entrückung ihrer Werke", der Kunstwerke, indem diese die in sie gesetzte Wahrheit des Seyns des Seienden aus diesem eigens erscheinen lassen. In der Verhaltenheit und Verschwiegenheit der Zukünftigen wird „die Bergung der Wahrheit [...] das Verborgenste [die Wahrheit des Seyns] verborgen sein lassen" und der verborgensten Wahrheit des Seyns „die einzige Gegenwart leihen" – eben in deren werkhaftem Erscheinen (S. 400).

Nun aber heißt es: „Heute sind schon Wenige dieser Zukünftigen", d.h. es gibt heute schon wenige, einige dieser Zukünftigen, die in der Grundgestimmtheit der Verhaltenheit und in der Verschwiegenheit innestehen in der waltenden Wahrheit des Seyns. Diese heutigen Zukünftigen *sind* in der Weise des ‚Ahnens und Suchens', das „für *sie* selbst" kaum kenntlich ist; ihre „echte Unruhe" ist das „ruhige Beständnis der Zerklüftung" (S. 400) des Seyns, d.h. der Aufklaffung der Verborgenheit des Seyns in seine Ereignung. Diese Unruhe „trägt eine Gewißheit, die vom scheuesten und fernsten Wink des letzten Gottes getroffen ist und auf den Einfall des Ereignisses zugehalten wird" (S. 400).

Das will sagen: Die Unruhe der Wenigen Zukünftigen schließt die Gewißheit ein, die vom noch fernsten Wink des letzten Gottes (des ereignishaft Göttlichen) schon getroffen ist und ausgerichtet ist auf den möglichen „Einfall des Ereignisses", auf die mögliche Ereignung des Ereignisses (S. 400). In der „ verhaltenen Verschwiegenheit" dieser Zukünftigen wird der fernste Wink des letzten Gottes bewahrt, und diese Bewahrung steht immer zugleich „im Abschiednehmen und Ankommen" (S. 400), im Abschiednehmen vom Bisherigen und im Ankommen des Künftigen, sie steht „in der Trauer *und* in der Freude zumal", in der Trauer um das Bisherige und in der Freude über das Künftige. In der Grundstimmung der verhaltenen Verschwiegenheit öffnet und verschließt sich „die Zerklüftung des Seyns" (S. 400).

„Die wenigen Zukünftigen zählen zu sich die wesentlich Unscheinbaren" (S. 400): diese unterscheiden sich zwar von jenen, aber sie sind mit jenen vereinigt. Diesen wesentlich Unscheinbaren (den wenig Auffallenden) eignet „keine Öffentlichkeit“. Sie aber „sammeln“ „das Vorleuchten des letzten Gottes“ und schenken dies „den Wenigen und Seltenen“, d.h. den Zukünftigen, „im Widerstrahl“ (S. 400). „Sie alle“, sowohl die Wenigen Zukünftigen wie die wesentlich Unscheinbaren, „gründen das *Dasein*“ als ein solches, „durch das der Einklang der Gottnähe [das Einklingen im Unterschied zum Anklingen] schwingt (S. 400). Diese Gottnähe der Zukünftigen und Unscheinbaren ‚überhebt sich nicht und versinkt auch nicht‘, vielmehr hat sich jene Gottnähe der Zukünftigen und Unscheinbaren „die Festigkeit der innigsten Scheu zum einzigsten Schwingungsraum genommen“ (S. 400). Mit anderen Worten: Jene Gottnähe schwingt allein in der festen innigsten Scheu vor dem sich ankündigenden ereignishaft Göttlichen. Das von den Zukünftigen und Unscheinbaren gegründete Dasein wird durchzogen von allen Bezügen der „Fernung und Nähe (Anfall) des letzten Gottes“ (S. 400), des Noch-fernbleibens und des Nahens, des Anfallens des ereigneten Göttlichen.

Das „Unmaß des nur Seienden“ ohne die Bergung seines Seins, das Unmaß „des Unseienden im Ganzen“ „und die Seltenheit des Seins“, der Bergung des Seins im Seienden, führt dazu, „die Götter *innerhalb* des Seienden“ zu suchen und nicht im Sein (Seyn). Das seinsgeschichtliche Denken sucht den letzten Gott (das ereignishaft Göttliche) im Ereignis der Wahrheit des Seyns (S. 400). „Wenn man“ innerhalb des Seienden nach den Göttern „sucht und nicht findet und daher in verzwungene Machenschaften sich einzwingt“ (S. 400), hat man „keine Freiheit des verhaltenen Wartens und Erwartenkönnens einer Begegnung und eines Winkes“ (S. 400). Das verhaltene Warten ist das seinsgeschichtlich geforderte Suchen des Göttlichen: das Warten auf eine aus der Wahrheit des Seyns geschehende Begegnung mit dem Göttlichen, auf einen Wink des Göttlichen aus der Wahrheit des Seyns. Die Zukünftigen und die Unscheinbaren sind bestimmt durch ihren „Edelmut der Fügung“und durch ihre „Rüstigkeit des Vertrauens in den Wink“ des Göttlichen. Dazwischen geschieht auch „der aufgrollende Grimm des Furchtbaren“ (S. 400). Das von den Zukünftigen und den Unscheinbaren gegründete Da-sein „sei die *innerste Ordnung*, aus der erst die Bestreitung [von Welt und Erde] ihr Gesetz nimmt“ (S. 400). Die Bestreitung des Streites von Welt und Erde (Erde und Welt) „überstrahlt alles Begegnende“, alles begegnende Seiende, indem es dieses in seine von der Bergung der Wahrheit des Seyns bestimmte Entborgenheit hervorgehen läßt. Die Bestreitung von Welt und Erde „läßt uns erst das Einfache des Wesentlichen“ (S. 401), das Seiende in seinem einfachen Wesentlichen, erfahren. Die ‚innerste Ordnung' des Da-seins, aus dem der Streit von Welt und Erde sein Gesetz erhält, ist „das Einfachste Sichzeigende", das gerade nichts „neben" und „über" den „Erscheinungen", dem erscheinenden Seienden, sondern deren Wesentlichstes ist.

Die Zukünftigen werden jetzt als „ die im gegründeten Da-sein Inständlichen" genannt (S. 401), die in der Weise der Verhaltenheit gestimmt sind. Auf die Zukünftigen allein „kommt-zu" im Denken als Sprung „das Seyn als Ereignis" (S. 401). Indem das Seyn als Ereignis auf sie „zu-kommt", er-eignet es die Zukünftigen und ‚ermächtigt' sie „Zur Bergung seiner Wahrheit" im Seienden (S. 401).

Heidegger schließt die Fügung der „Zukünftigen" ab, indem er auf den Dichter *Hölderlin* blickt: „Hölderlin [ist] ihr weitherkommender und daher zukünftigster Dichter" (S. 401). Mit diesem Ausspruch berührt Heidegger das für das seinsgeschichtliche Denken bedeutsame Thema der „Nachbarschaft" der Denker und Dichter, der Nachbarschaft von „Denken und Dichten". Denken und Dichten sind einander Nachbarn, weil beide sich in einer ausgezeichneten Nähe zum Wesen der Sprache halten und aus dieser Nähe sich vollziehen. Aber auch die Dichter müssen, wenn sie Nachbarn der Denker sein sollen, zukünftig sein im seinsgeschichtlichen Sinne. Hölderlin ist für Heidegger sogar der „zukünftigste Dichter", und zwar deshalb, weil Hölderlin ‚weit herkommend ist'. Mehr noch, „Hölderlin ist der Zukünftigste, weil er am weitesten herkommt und in dieser Weite das Größte *durchmißt* und verwandelt"(S. 401). Inwiefern ? Hölderlin kommt in seinem Dichten am weitesten her, insofern er in seinem Dichten aus Griechenland und dem Griechischen herkommt und „in dieser Weite das Grösste *durchmißt*", das heißt das Abendland von seinem Anfang bis zur geschichtlichen Zeit der Denker des Deutschen Idealismus. Damit durchmißt das Dichten Hölderlins die mit den Griechen anfangende *Geschichte des ersten Anfangs* in ihrer Weite und „verwandelt" diese in *den anderen Anfang.* Sein zum anderen Anfang gehörendes Dichten ist Hölderlins Spätddichtung der großen Elegien und Hymnen, mit denen das seinsgeschichtliche Denken spätestens seit 1934 (seiner ersten grossen Hölderlin-Vorlesung (GA 39) über die Hymnen ‚Germanien' und ‚Der Rhein') im Zwiegespräch steht. In diesen Dichtungen entwirft Hölderlin die großen Konturen der Geschichte des anderen Anfangs, die Heidegger in sein Denken des anderen Anfangs aufnimmt und ausfaltet.

# Zwölftes Kapitel

## DER LETZTE GOTT als der Gott in der Wahrheit des Seyns als Ereignis

Der letzte, der *252. Abschnitt* der Fünften Fügung *„Die Zu-künftigen"* ist überschrieben: *„Das Da-sein und die Zukünftigen des letzten Gottes"*. Dieser Abschnitt bildet den Übergang zur Sechsten Fügung „Der letzte Gott", in der die Durchgestaltung der Fuge der Wahrheit des Seyns ihren Abschluß findet. Das bedeutet: Die durch sechs Fügungen gefügte Fuge der Wesung der Wahrheit des Seyns als Ereignis thematisiert in ihrer Sechsten Fügung die Gottesfrage, die schon in der Fünften Fügung durch die Nennung der „Zu-künftigen des letzten Gottes" in wesentlicher Weise gestreift wurde. Die Sechste Fügung „Der letzte Gott" können wir vorweg kennzeichnen als den Versuch eines ‚Spekulativen Entwurfs' der Gottesfrage auf dem Boden der in ihren Grundzügen ausgearbeiteten Wesung der Wahrheit des Seyns als Ereignis. Als in unserer Kommentierung der Fünften Fügung „Die Zukünftigen" immer wieder die Wendung vom „letzten Gott" auftauchte, haben wir diese Wortprägung erläutert und zum Teil sogar ersetzt durch den Wortbegriff ‚Das Göttliche'. (Damit haben wir einen Begriff gewählt, der weiter gefaßt ist als der des „letzten Gottes". Unsere Rede vom „Göttlichen" sollte darauf hindeuten, daß für unser Verständnis des seynsgeschichtlichen Ansatzes der ‚Gottesfrage' die Blickbahn der 'Wesung der Wahrheit des Seyns als Ereignis' nicht nur ihre Bedeutung für das Göttliche in Gestalt des letzten Gottes, sondern für das „Göttliche" in einem weiteren und weiten Sinne hat. Diese unsere Verständnisperspektive wird uns *unthematisch* auf dem Weg der Kommentierung der Sechsten Fügung begleiten).

Dieser Sechsten Fügung ist ein *Motto* vorangestellt, das lautet: „Der ganz Andere gegen die Gewesenen, zumal gegen den christlichen" (S. 403). Das Motto sagt also, daß der „letzte Gott" ein ganz Anderer Gott ist gegenüber den Gewesenen Göttern und dem christlichen Gott. Diese Ankündigung sollte den Leser aufhorchen lassen und in die Bereitschaft einlassen, sich mit dem hier entfalteten denkerischen Entwurf *phi-*

*losophisch* und nur philosophisch und das heißt, nicht weltanschaulich oder gar ideologisch auseinanderzusetzen.

Ähnlich wie die Fünfte Fügung ist nun auch die Sechste Fügung „Der letzte Gott", was den textlichen Umfang anbetrifft, knapp gehalten. Die Fünfte Fügung umfaßte nur fünf Abschnitte *(248.-252. Abschnitt)* und sieben Druckseiten. Die jetzt zu kommentierende Sechste Fügung gliedert sich nur in vier Abschnitte *(253.-256. Abschnitt)* und zählt 13 Druckseiten. Die Überschriften dieser vier Abschnitte haben folgenden Wortlaut: „*253.* Das Letzte", „*254.* Die Verweigerung", „*255.* Die Kehre im Ereignis", „*256.* Der letzte Gott". Diesen Überschriften können wir schon entnehmen, daß die drei ersten die Voraussetzungen für die eingehende Thematisierung des „letzten Gottes" erarbeiten, während unter der vierten Überschrift das Thema des letzten Gottes entfaltet wird.

Die Sechste Fügung „Der letzte Gott" setzt ein mit dem *253. Abschnitt* „Das Letzte". Sie beginnt also mit einer Bestimmung des ‚Letzten' aus der Wendung „Der letzte Gott". „Das Letzte ist Jenes, was die längste Vor-läuferschaft nicht nur braucht, sondern selbst *ist,* nicht das Aufhören, sondern der tiefste Anfang, der am weitesten ausgreifend am schwersten sich einholt" (S. 405). Was hier im seinsgeschichtlichen Denken „das Letzte" heißen soll, ist nicht etwa das rechnerisch Letzte, ist „nicht das Aufhören" mit diesem Letzten, sondern das ganze Gegenteil: „der tiefste Anfang", d.h. der tiefste Anfang des anderen Anfangs, das Tiefste, das im anderen Anfang anfängt. Das Letzte ist „Jenes, was die längste Vorläuferschaft braucht", d.h. solches, was dem Gott der Wahrheit des Seyns im anderen Anfang voraus-läuft. Das Letzte ist sogar Jenes, was die längste Vor-läuferschaft „selbst *ist*" – das Letzte des letzten Gottes *ist* in der Weise der längsten Vor-läuferschaft für das Sichzeigen des letzten Gottes. Das Letzte ist das Tiefste des anderen Anfangs und so der *tiefste Anfang,* „der am weitesten ausgreifend" ist, weil er den anderen Anfang in seiner ganzen Weite durchgreift. Das Letzte als der tiefste Anfang ist aber auch jener, der „am schwersten sich einholt", d.h. der am schwersten den anderen Anfang anfangen läßt.

Der *253. Abschnitt* schließt mit der Frage: Wie wollen wir „dem seltenen Wink des letzten Gottes gewachsen sein ?" Der „Wink" ist die Weise, wie der letzte Gott sich dem daseinsmäßigen Menschen im anderen Anfang bekundet. Das Winken, das merkliche Sichbekunden dieses Gottes, ist ‚selten'. Das Letzte als der letzte Gott ist als der tiefste Anfang jenes, worin sich der Aufgang des anderen Anfangs erfüllt.

Zu Beginn des *254. Abschnitts* „Die Verweigerung" (S. 405) heißt es: „Wir rücken in den Zeit-Raum der Entscheidung über die Flucht und Ankunft der Götter", über das Ent-scheinen oder Erscheinen der Götter, des bisherigen Gottes und des letzten Gottes. Es ist die seinsgeschichtliche Entscheidung, ob der bisherige Gott aus dem Seienden im Ganzen flieht oder vielleicht in neuer Weise naht und ankommt, ob der letzte Gott gar nicht erst erscheint, sondern flieht oder ob er naht und ankommt. „Wird das Eine oder das Andere", die Flucht oder die Ankunft des Gottes, „künftiges Geschehnis", dann muß entweder die Flucht oder die Ankunft des Gottes „die bauende Erwartung bestimmen". Die „bauende Erwartung" gehört zur „Er-gründung" des tragenden Wahrheitsgrundes. Das bauende Er-gründen wird entweder von der Flucht des Gottes oder von seiner Ankunft „bestimmt", d.h. die Gottes-Flucht oder die Gottes-Ankunft bestimmt das Wie des bauenden Er-gründens. Oder – so wird gefragt – ist die „Entscheidung die Eröffnung eines ganz anderen Zeit-Raumes für [...] die erste gegründete Wahrheit des Seyns", für das Ereignis ?

Ferner wird gefragt: „Wie, wenn jener Entscheidungsbereich im Ganzen", der Entscheidungsbereich von Flucht oder Ankunft der Götter, „das Ende selbst wäre?", das Ende des seinsgeschichtlichen ersten Anfangs ? „Wie, wenn darüber hinaus das Seyn erstmals in seiner Wahrheit begriffen werden müßte", und zwar „als die Ereignung, als welche sich jenes ereignet, was wir die *Verweigerung* nennen?" Das will sagen: Über Flucht oder Ankunft der Götter bzw. des Gottes kann nur entschieden werden, wenn das Seyn in seiner Wahrheit „erstmals" begriffen wird „als die Ereignung", als das Sich-er-eignen der „Verweigerung". Was aber ist diese „Verweigerung"? Sie ist „ein Ursprüngliches" und als solches „die Fülle der Gewährung des Seyns in der Verweigerung", d.h. die Verweigerung der Fülle der Gewährung, die der Gewährung des Seyns, der Wahrheit des Seyns als Ereignis, voraufgeht. Das Seinsphänomen der Verweigerung ist die Seinsmöglichkeit der Gewährung der Wahrheit des Seyns als des Bereiches für die Entscheidung über Flucht oder Ankunft des Gottes. Deshalb ist die Verweigerung „der höchste Adel der Schenkung" und als solcher „der Grundzug des Sichverbergens" als der Herkunft der Gewährung und Schenkung der Wahrheit des Seyns als er-eignendes Ereignis (S. 406). Die „Offenbarkeit" des Sichverbergens als eines solchen „ist das ursprüngliche Wesen der Wahrheit des Seyns", sofern eben das Sichverbergen die Herkunft des Sichentbergens der Wahrheit des Seyns ist. Die aus der Verweigerung gewährte Wahrheit (Unverborgenheit) des Seyns wird „die Stille des Vorbeigangs des letzten Gottes“ genannt (S. 406). Es ist die Stille für den „Vorbeigang“, für das vorübergehende Er-scheinen und Ent-scheinen des letzten Gottes als des Gottes der Wahrheit des Seyns. „*Vorbeigang*“ ist Heideggers Grundwort für das jeweilige Erscheinen-Ent-scheinen, für das vorübergehende Sichzeigen des letzten Gottes. Vom Da-sein aber heißt es, es sei im Seyn, in der Wahrheit des Seyns, ereignet „als die Gründung der Wächterschaft dieser Stille“ für den Vorbeigang des letzten Gottes. „Die Gründung der Wächterschaft“ meint die Gründung des Sorgetragens für die Stille des Vorbeigangs des letzten Gottes. Die „Wächterschaft“ des Da-seins ist auch ein Grundwort des seinsgeschichtlichen Denkens, in die das Existenzial der Sorge aus der Daseinsanalytik eingegangen ist. „Flucht und Ankunft der Götter“, des Gottes, „rücken jetzt in das Gewesene zusammen und werden dem Vergangenen entzogen“ – das heißt, die Flucht und die Ankunft der Götter, des Gottes, rücken jetzt in das Gewesende zusammen, das Gewesende, das nicht das Vergangene ist. Das Gewesene als das Gewesende nennt das Walten von diesem für das Zukünftige und deren Gegenwart.

Das Künftige aber, die Wahrheit des Seyns [vorerst] als Verweigerung, schließt in sich ein „die Gewähr der Größe“, die Gewähr der Ereignung der Wahrheit des Seyns als Ereignis, in der der Gott zu erscheinen und zu ent-scheinen vermag. Im Hinblick auf dieses Erscheinen-Ent-scheinen ist die gewährte Wahrheit des Seyns das „Große“. Die Größe dieses Großen ist nicht das leere „Riesige“, das zur Machenschaft und Seinsverlassenheit gehört. Die „Gewähr der Größe“ ist vielmehr die Gewähr „der kürzesten Bahn“ (S. 406), eine Wortprägung Heideggers für den jeweiligen seinsgeschichtlichen Augenblick des winkenden Erscheinens des letzten Gottes.

Nun aber weist Heidegger darauf hin, daß der Verweigerung, d.h. der sich noch verweigernden Wahrheit des Seyns, „die Verschleierung des Unseienden als solchen“ und „die Losgebundenheit und Verschleuderung des Seyns“ zugehört (S. 406). Die „Verschleierung des Unseienden“ will sagen, daß das Unseiende, etwa das Seiende der Machenschaft, der machenschaftlichen Wesung des Seyns, nicht *als* das dergestalt Unseiende erfahren wird. Auch die „Losgebundenheit“ und „Verschleuderung des Seyns“ ist eine Wesungsweise des Seyns, die Wesungsweise des ‚Unwesens‘. Heidegger möchte nun sagen: „Verschleierung des Unseienden“, „Losgebundenheit und Verschleuderung des Seyns“ *gehören zur* Wesung der Verweigerung der Grösse der Wahrheit des Seyns. Mitten in jener

Verweigerung waltet noch die Verschleierung, die Losgebundenheit und die Verschleuderung und damit die Seinsverlassenheit des Seienden. Nun folgt eine Erläuterung der „Losgebundenheit des Seyns": Diese ist nicht, wie man meinen könnte, „leere Willkür und Unordnung", sondern das Gegenteil von diesem – „Alles ist jetzt eingefaßt in die geplante Lenkbarkeit und Genauigkeit des sicheren Ablaufs und der ‚restlosen' Beherrschung" (S. 406). Alles dieses Genannte gehört aber zur „Machenschaft", zur machenschaftlichen Wesung des Seyns, zum Un-wesen des Seyns. Diese machenschaftliche Wesung des Seyns „nimmt das Unseiende unter dem Schein des Seienden in seinen Schutz", d.h. sie gibt das Unseiende, das bergungslose Seiende, als das volle Seiende aus. In dieser machenschaftlichen Wesung des Seyns für das Unseiende, das bergungslose Seiende, geht die „Verödung des Menschen einher", der nicht aus der Erfahrung des seinsgeborgenen Seienden, sondern vorwiegend aus dem „Erlebnis" lebt, dergestalt, daß das „Erlebnis" die beherrschende Verhaltensweise zum Seienden ist. „Erlebnis" hier im seinsgeschichtlichen Sinne darf nicht verwechselt werden mit Heideggers frühem 'Erlebnis-Begriff' in seinen Dozenten-Vorlesungen (1915/16-1923), den Heidegger positiv in seiner hermeneutischen Phänomenologie des lebendigen, des faktischen Lebens einsetzt.

Alles, was aus der machenschaftlichen Wesung des Seyns aufgeführt wurde, wird jetzt von Heidegger selbst „als Unwesen" (S. 406) gekennzeichnet. Aber dieses „Unwesen" muß als solches, das zur „Zerklüftung des Seyns" gehört, erfahren und ausdrücklich beachtet werden, und zwar als das, was der letzte Gott „hasset" – mit diesem Wort knüpft Heidegger an den Schlußvers von Hölderlins Dichtung „Aus dem Motivkreis der Titanen" an, in der es heißt: „Denn es hasset Der sinnende Gott Unzeitiges Wachstum". Das Walten des „Unwesens" des Seyns muß als solches erfahren werden, das nicht der Bereitung für das winkende Erscheinen des letzten Gottes dient.

Angesichts der Rede vom *„letzten"* Gott fragt Heidegger, ob diese nicht „eine Herabsetzung des Gottes", *„die* Lästerung schlechthin" sei ? Aber die Antwort lautet: Der letzte Gott müsse „so genannt werden", „weil zuletzt die Entscheidung über die Götter unter und zwischen diese bringt und so das Wesen der Einzigkeit des Gottwesens ins Höchste hebt" (S. 406). Mit diesem Satz wird gesagt, inwiefern dieser Gott in der Wahrheit des Seyns der „letzte" genannt werden muß. „Zuletzt", d.h. am Ende des ersten seinsgeschichtlichen Anfangs, steigt „die Entscheidung über die Götter“ auf, die unter und zwischen die Götter bringt, und zwar so, daß sie „das Wesen der Einzigkeit des Gottwesens ins Höchste bringt“, d.h. daß die Einzigkeit des Gottwesens des „letzten Gottes“ ins Höchste gehoben wird, so daß die Rede vom „letzten Gott“ das Gegenteil von einer Herabsetzung und Lästerung, nämlich das Höchste des einzigen und einzigartigen Gottes nennt. Worin beruht aber die ‚Einzigkeit dieses Gottwesens‘ des „letzten Gottes“ ? Darin, daß sein Gottwesen, seine Gottheit, ohne jeden Rückgriff auf solches bestimmt ist, das nicht zur Wesung der Wahrheit (Unverborgenheit) des Seyns gehört.

Der *255. Abschnitt* „Die Kehre im Ereignis“ (S. 407ff.) handelt von den beiden kehrigen Bezügen im Ereignis: vom Bezug des ereignenden Zuwurfs für den daraus ereigneten Entwurf, und umgekehrt, in der Kehre vom Bezug des ereigneten Entwurfs zum Zugeworfenen des Zuwurfs. Die Kehre ist das „innerste Geschehen“ und der „weiteste Ausgriff“ des Ereignisses. Von dieser Kehre heißt es, sie sei der „verborgene Grund aller anderen, nachgeordneten [...] Kehren, Zirkel und Kreise“, so z.B. des Zirkels im Verstehen, des hermeneutischen Zirkels. Es wird gefragt: „Was ist diese ursprüngliche Kehre im Ereignis ?“Die hier und jetzt gegebene Antwort lautet so: „Nur der Anfall [Zuwurf] des Seyns als [die] Ereignung des Da bringt das Da-*sein*“, das *Sein* des Da, „zu ihm selbst“, zu seinem ereigneten Entwurf, und so auch „zum Vollzug (Bergung) der inständlich gegründeten Wahrheit in das Seiende“ (S. 407). Nur die Ereignung des *Da* aus dem *Da*-sein bringt das *Sein* aus dem Da-*sein* zu ihm selbst, d.h. zum ereigneten Entwurf und zur Bergung der zugeworfen-entworfenen Wahrheit des Seyns in das Seiende, so daß das bislang seinsverlassene Seiende das sein-bergende Seiende wird. Dieses Seiende, dessen Entborgenheit und Offenbarkeit die zugeworfen-entworfene Wahrheit des Seyns birgt, findet „seine Stätte“ „in der gelichteten Verbergung des Da“, d.h. in der die Wahrheit des Seyns verbergenden Geborgenheit, als welche das Seiende entborgen und offenbar ist. Von dieser Bergung und Geborgenheit der Wahrheit des Seyns im offenbaren Seienden sagten wir schon, daß sie eine der Weisen der zur Unverborgenheit gehörenden Verbergung ist.

Und nun folgt die *zweite Antwort* auf die gestellte Frage, was die ursprüngliche Kehre im Ereignis sei. Die zweite Antwort lautet „in der Kehre“: Nur die „Gründung des Da-*seins,*des entwerfenden-bergenden Seins des Da durch das Da-sein, nur „die Bereitung der Bereitschaft zur berückenden Entrückung“, zum Berückt-und Entrückt-werden , „in die

Wahrheit des Seyns", „bringt das [...] Zugehörige für den Wink der anfallenden Ereignung", bringt die Entworfenheit des Zugeworfenen als das „Zugehörige" zum „Wink der anfallenden Ereignung" (S. 407). Die Entworfenheit des Zugeworfenen der Wahrheit des Seyns ist das, was dem Zugeworfenen des Zuwurfs zugehört, d.h. dessen die volle Wesung der Wahrheit des Seyns bedarf: nicht nur das Zugeworfene, sondern in der Kehre auch das Entworfene dieses Zugeworfenen. Das „Zugehörige" sagt, daß das Da-*sein* als das Entwerfen der Entworfenheit zum Zuwurf des Zugeworfenen gehört, daß also das Da-*sein* das Zugehörige des Ereignisses ist, daß das Ereignis der ereignende Zuwurf des Zugeworfenen *und* das ereignete Entwerfen des Entworfenen ist. Dies sagt Heidegger so: „Wenn *durch* das Ereignis [die Ereignung] das Da-sein als offene Mitte der Wahrheit gründenden Selbstheit erst *sich* zugeworfen und zum Selbst wird, muß das Dasein wiederum als verborgene Möglichkeit der gründenden Wesung des Seyns dem Ereignis zugehören" (S. 407). Hier wird gesagt: Durch die zuwerfende Ereignung der Wahrheit des Seyns wird das Da-sein *als Selbst in seiner Selbstheit sich zugeworfen,* welches Selbst in seiner Selbstheit an der Gründung der Wahrheit des Seyns teilhat.

In dieser Teilhabe, in dieser seiner Möglichkeit der teilhabenden Gründung der Wesung der Wahrheit des Seyns *gehört* das Da-sein dem Ereignis *zu* – das Da-sein als das dem Ereignis Zugehörige.

Das heißt aber „in der Kehre: Das Ereignis muß das Da-sein brauchen", d.h. „seiner [des Da-seins] bedürfend" stellt es das Da-sein „in den Zu-ruf" und bringt es so „vor den Vorbeigang des letzten Gottes". Hier fällt das Grundwort vom „Brauchen" oder auch „Brauch": das Ereignis als die Ereignung *braucht* das Da-sein, das Ereignen bedarf des Da-seins für seinen dem Da-sein geltenden Zuruf, das Ereignen bringt das Da-sein „vor den Vorbeigang des letzten Gottes", vor das Erscheinen und Entscheinen dieses Gottes.

Nun kann gesagt werden: „Die Kehre west zwischen dem Zuruf, (dem Zugehörigen) und der Zugehör (des Angerufenen)" (S. 407). Das will sagen: Die Kehre im Ereignis west zwischen dem Zuruf, der als solcher dem daseinsmäßigen Entwerfen zugehört, und der Zugehör des angerufenen entwerfenden Da-seins zum Zuruf (und Zuwurf). Diese im Ereignis waltende kehrige Bezüglichkeit wird dann gefaßt als „Widerkehre" (S. 407). Der in der Ereignung waltende Anruf ruft das Da-*sein* an auf dessen „Zu-sprung in die Ereignung" (S. 408). Der Anruf des Da-seins aus der Ereignung in den Zu-sprung in die Ereignung „ist die große Stille des verborgensten Sichkennens" (S. 408), des Sichkennens der zurufenden Ereignung und des zu-springenden Ereignetseins des Da-seins in seinem Entwerfen und Bergen.

Im anschließenden Absatz blickt Heidegger auf den *Bezug der Sprache zum Ereignis.* Von dieser Wider-kehre des ereignenden Anrufs und des ereigneten Zusprungs her „nimmt alle Sprache des Da-seins ihren Ursprung". Anders gewendet: Im Ereignis von Zuruf und Zu-sprung, in dieser Wider-kehre hat die Sprache, genauer das Wesen der Sprache, ihren Ursprung. Und so der Ereignis-Kehre von Zuruf und Zu-sprung entspringend ist die Sprache in ihrem Wesen „das Schweigen" (S. 408). Die verlautende Sprache hat ihre Herkunft aus dem Schweigen, das zwischen Zuruf und Zu-sprung im Ereignis, zwischen dem ereignenden Zuruf und dem ereigneten Zu-sprung waltet.

Nun kann Heidegger sagen: „Das Ereignis ‚ist' so die höchste Herrschaft als Widerkehre über Zukehr und Flucht der gewesenen Götter" (S. 408). Denn „Zukehr und Flucht" geschehen *im* Ereignis, d.h. innerhalb der Widerkehre von Ereignung und Ereignetsein, von ereignendem Zuwurf und ereignetem Entwurf. In dieser Widerkehre öffnet sich die Offenheit als Unverborgenheit des Seyns, in der allein so etwas wie Zukehr eines Gottes und Flucht eines Gottes geschehen kann. Man beachte, daß Heidegger hier nicht etwa nur von der ‚Flucht', sondern von der möglichen ‚Zukehr' eines gewesenen Gottes spricht. (Eine solche ‚Zukehr' geht einher mit der Bergung der Wahrheit des Seyns in dem bislang seinsverlassen gewesenen Seienden. Damit ist rein denkerisch die seinsgeschichtliche Möglichkeit gegeben, daß der bisherige geflohene Gott, geflohen aus dem Seienden im Ganzen, mit der Ereignung der Bergung der Wahrheit des Seyns in das so offenbar werdende Seiende sich erneut zukehrt und mit der zugeworfen-entworfenen Wahrheit des Seyns in die Offenbarkeit des Seienden einkehrt.)

Ebenso wie die Zukehr und die Flucht gewesener Götter der Wahrheit des Seyns als des ‚Raumes' ihres Erscheinens und ihres Ent-scheinens bedürfen, so bedarf der „äußerste Gott", d.h. der letzte Gott „des Seyns", der Wahrheit als der Unverborgenheit des Seyns (S. 408).

Dieser *Grundgedanke* Heideggers, daß der Gott nur erscheinen könne, sofern sich die Wahrheit des Seyns gelichtet hat, ist dem aufmerksamen Leser Heideggers seit der Veröffentlichung des „Briefes über den Humanismus" (1947) vertraut. Vergegenwärtigen wir uns die beiden Textstellen aus diesem „Brief".

Die *erste Textstelle* lautet: „Die Heimat dieses geschichtlichen Wohnens ist die Nähe zum Sein. In dieser Nähe vollzieht sich, wenn überhaupt, die Entscheidung, ob und wie der Gott und die Götter sich versagen und die Nacht bleibt, ob und wie der Tag des Heiligen dämmert, ob und wie im Aufgang des Heiligen ein Erscheinen des Gottes und der Götter neu beginnen kann. Das Heilige aber, das nur erst der Wesensraum der Gottheit ist, die selbst wiederum nur die Dimension für die Götter und den Gott gewährt, kommt dann allein ins Scheinen, wenn zuvor und in langer Vorbereitung das Sein selbst sich gelichtet und in seiner Wahrheit erfahren ist." (Wegmarken. GA 9, S. 338f.).

Die *zweite Textstelle* hat den Wortlaut: „Erst aus der Wahrheit des Seins läßt sich das Wesen des Heiligen denken. Erst aus dem Wesen des Heiligen ist das Wesen von Gottheit zu denken. Erst im Lichte des Wesens von Gottheit kann gedacht und gesagt werden, was das Wort „Gott" nennen soll. Oder müssen wir nicht erst diese Worte alle sorgsam verstehen und hören können, wenn wir als Menschen, das heißt als eksistente Wesen, einen Bezug des Gottes zum Menschen sollen erfahren dürfen ? Wie soll denn der Mensch der gegenwärtigen Weltgeschichte auch nur ernst und streng fragen können, ob der Gott sich nahe oder entziehe, wenn der Mensch es unterläßt, allererst in die Dimension hineinzudenken, in der jene Frage allein gefragt werden kann ? Das aber ist die Dimension des Heiligen, die sogar schon als Dimension verschlossen bleibt, wenn nicht das Offene des Seins gelichtet und in seiner Lichtung dem Menschen nahe ist" (a.a.O., S. 351f.).

Der letzte als der äußerste Gott bedarf der Wahrheit des Seyns, um im Da des Daseins erscheinen zu können. Der ereignende „Zuruf" ist Anfall *und* Ausbleib im Geheimnis der Ereignung" (S. 408), das heißt: Der ereignende Zuruf ruft sowohl den Anfall des letzten Gottes wie auch dessen Ausbleib zu – sein Zugerufenes ist nicht nur der Anfall, sondern auch der Ausbleib. Solches ereignende Zurufen geschieht im unbetretbaren Geheimnis der Ereignung. „In der Kehre [des Ereignisses] spielen die Winke des letzten Gottes als Anfall und Ausbleib der Ankunft und Flucht der Götter", als Anfall der Ankunft der Götter bzw. des Gottes und als Ausbleib der Ankunft sowie als Anfall der Flucht des Gottes und als Ausbleib dieser Flucht.

In den Winken des letzten Gottes „wird das Gesetz des letzten Gottes zugewunken": „das Gesetz der großen Vereinzelung im Da-sein", das Gesetz „der Einsamkeit des Opfers" und „das Gesetz der Einzigkeit der

Wahl der kürzesten und steilsten Bahn" des Erscheinens des Gottes (S. 408).

„Im Wesen des Winkens" des Gottes „liegt das Geheimnis der Einheit innigster Näherung in der äußersten Entfernung" – daß somit in der erfahrenen äußersten Entfernung des Gottes sich die innigste Näherung bekundet. Die Einheit der innigsten Näherung in der äußersten Entfernung ist „die Ausmessung des weitesten Zeit-Spiel-Raumes des Seyns" (S. 408).

Das „Innerste der Not der Seinsverlassenheit" fordert jene „äußerste Wesung des Seyns" (S. 408). Diese Not der Seinsverlassenheit muß dem ereignenden „Zuruf der Herrschaft jenes Winkens"des letzten Gottes „zugehörig sein" (S. 408). „Was in solcher Hörigkeit" der Not der Seinsverlassenheit „aufklingt und Weite bereitet", ist das, das „dem Streit von Erde und Welt" und dem Urstreit von Wahrheit und Unwahrheit „die Augenblicksstätte der Entscheidung" und „der Bestreitung und [mit dieser] der Bergung" jenes Streites „im Seienden" zu bereiten vermag (S. 408).

Angesichts des Ausgeführten stellt Heidegger nun die Frage: „Ob *dieser Zuruf* des äußersten Winkens" des letzten Gottes, welcher Zuruf „die verborgenste Ereignung" ist, „je noch offen geschieht oder ob die Not [der Seinsverlassenheit] verstummt und alle Herrschaft [der Ereignung] ausbleibt, und ob, wenn der Zuruf geschieht, er dann noch vernommen wird, ob der Einsprung [des Menschen] in das Da-*sein* [in das ergründende Sein des Da] und damit aus dessen Wahrheit [aus der Wahrheit des Daseins] die Kehre noch Geschichte wird, darin entscheidet sich die Zukunft des Menschen" (S. 408). Der gegenwärtige Mensch „mag noch jahrhundertelang mit seinen Machenschaften den Planeten ausrauben und veröden, das Riesenhafte dieses Treibens mag in das Unvorstellbare sich ‚entwickeln' und die Form einer scheinbaren Strenge, die Maßregelung des Öden als solchen, annehmen, die Größe des Seyns bleibt verschlossen" (S. 408f.), die Größe des Sichereignens der Wahrheit des Seyns. In all dem jetzt Aufgeführten bleibt die Größe des Sichereignens der Wahrheit des Seyns verschlossen, „weil keine Entscheidungen mehr fallen über Wahrheit und Unwahrheit und deren Wesen", keine Entscheidungen in und aus der Wesung der Wahrheit des Seyns als Ereignis (S. 409). Das, was bleibt und sich fortsetzt, ist „die Verrechnung des Gelingens und Mißlingens der Machenschaften. Dieses Rechnen mit dem Seienden innerhalb der Herrschaft der Machenschaft „erstreckt sich in eine angemaßte ‚Ewigkeit', die keine Ewigkeit ist, sondern nur das endlose Undsoweiter des ödesten Flüchtigsten" (S. 409).

Wenn „die Wahrheit des Seyns nicht gewollt, nicht in den Willen des Wissens und Erfahrens – das Fragen – gerückt wird, ist dem *Augenblick* als dem Erblitzen des Seyns aus dem Beständnis des einfachen und nie errechenbaren Ereignisses aller Zeit-Raum entzogen" (S. 409). Zum Augenblick als dem Erblitzen des Seyns kann es nur kommen, wenn der Mensch in seinem Wesen als Da-sein inständig ist in der Wahrheit des Seyns, wenn er die Wahrheit des Seyns in den Willen seines Wissens, Erfahrens und Fragens rückt.

Es könnte aber auch geschehen, daß der Augenblick des Erblitzens der Wahrheit des Seyns „nur noch den einsamsten Einsamkeiten", z.B. dem einzelnen Denker (Martin Heidegger) gehört, dem „das gründende Einverständnis [der Mitmenschen] der [gemeinsamen] Stiftung einer Geschichte" des anderen Anfangs „versagt bleibt" (S. 409).

Auf den *256. Abschnitt* „Der letzte Gott" gingen die vorausgegangenen *Abschnitte 253 bis 255* zu, indem in ihnen sachliche Voraussetzungen wie „Das Letzte", „Die Verweigerung" und „Die Kehre im Ereignis" für die jetzt anstehenden Ausführungen zum letzten Gott geklärt werden mußten.

Wir kommentieren den Text des *256. Abschnitts* (S. 409ff.), indem wir die Abfolge der Absätze verfolgen. Der erste Absatz handelt von der „Wesung" des letzten Gottes im Wink sowie vom Verhältnis des letzten Gottes zum Ereignis. „Seine *Wesung*" hat der letzte Gott im Wink" (S. 409), und zwar in dem vom daseinsmäßigen Menschen *erfahrenen* Wink. Dieser Wink geschieht als „Anfall und Ausbleib der Ankunft", als Anfall der Ankunft des letzten Gottes und als Ausbleib dieser Ankunft. Der Wink geschieht aber auch als Anfall „der Flucht der gewesenden Götter" und als Ausbleib dieser Flucht.

Nun aber wird betont: „Der letzte Gott ist nicht das Ereignis selbst" (S. 409). Bisher hatte es auch stets geheißen, daß der letzte Gott *im* Ereignis winkt und erscheint. Daß jetzt betont wird, der letzte Gott sei *nicht* das Ereignis selbst, besagt, daß zwischen dem letzten Gott und dem Ereignis ein Wesensunterschied waltet. Der letzte Gott und das Ereignis, die Wesung der Wahrheit des Seyns als Ereignis, halten sich in einer *Differenz,* in einem *Unterschied.* Diese Differenz von letztem Gott und Ereignis können wir interpretativ als *„theologische Differenz"* kennzeichnen. So wie die Ontologische Differenz der Unterschied von Sein und Seiendem ist, so meint die theologische Differenz den *Unterschied von Gott und Wahrheit des Seyns.* Aber der letzte Gott ist für seine Wesung im Wink und sein Erscheinen oder Ent-scheinen des Ereignisses „bedürftig" (S. 409). Er bedarf der Wahrheit der Lichtung des Seyns, um im Wink erscheinen zu können. Aber der letzte Gott ist des Ereignisses bedürftig „als jenes, das dem Dagründer zugehört" (S. 409). Der „Dagründer" ist der daseinsmäßige Mensch. Wie wir aus der vierten Fügung erfahren haben, gründet der daseinsmäßige Mensch das Da, die gelichtete Offenheit des Seyns, in der Weise des Er-gründens, des ergründenden Entsprechens dem gründenden Zuwurf der Wahrheit des Seyns. Das Ereignis, die Wesung der Wahrheit des Seyns, schließt als ereignender Zuwurf den darin ereigneten Entwurf des daseinsmäßigen Menschen ein. Das Sein des Da gehört als ereignetes Entwerfen zum Ereignis. Wenn aber der letzte Gott für sein winkendes Erscheinen des Ereignisses bedarf, dem der daseinsmäßige Mensch als der Dagründer zugehört, dann bedarf der letzte Gott auch des Dagründers. Ohne die teilhabende Mitgründung des Da, der Gelichtetheit des Seyns, durch den daseinsmäßigen Menschen kann der Gott nicht in seinem Winken erscheinen. Der daseinsmäßige Mensch ist nicht nur derjenige, dem der Gott im Da erscheint, sondern das ergründende Sein des Menschen gehört zur Voraussetzung des Erscheinenkönnens des Gottes.

Schon im *7. Abschnitt* des „Vorblicks" wird von der Differenz von Seyn und Gottt gehandelt: „Erst wenn wir ermessen, wie einzig notwendig das Seyn ist [für den Wink und das Erscheinen des Gottes] und wie es doch nicht als der Gott selbst west" (S. 26). Später heißt es: „Schließlich und zuerst kann das ‚Ereignis' nur er-dacht [vor das anfängliche Denken gezwungen] werden, wenn das Seyn selbst begriffen ist als das 'Zwischen' für den Vorbeigang des letzten Gottes und für das Da-sein. Das Ereignis übereignet den Gott an den Menschen, indem es diesen [den Menschen] dem Gott zueignet" (S. 26). Das Seyn ist also „einzig notwendig" für den Gott, obwohl es nicht als der Gott selbst west" (S. 26). Dieses „nicht" nennt wieder die Differenz von Seyn und Gott. Zugleich wird hier gesagt, daß die Ereignung des Ereignisses den Gott an den Menschen „übereignet" und den Menschen dem Gott „zueignet". Das will sagen, die Ereignung des Ereignisses ‚übergibt' den Gott dem Menschen, läßt den Gott dem Menschen begegnen, und umgekehrt, die Ereignung läßt den Menschen dem Gotte begegnen. Das Ereignis ereignet sich als die „übereignende Zueignung" (S. 26).

Im zweiten Absatz des *256. Abschnitts* wird dann gesagt: „Dieser Wink als Ereignis", d.h. die Ereignung des Winkes, „stellt das Seiende in die äußerste Seinsverlassenheit",d.h. läßt das seinsverlassene Seiende in dieser seiner Seinsverlassenheit erscheinen, aber dergestalt, daß der Wink zugleich die Wahrheit des Seyns „durchstrahlt" als der Wahrheit des Seyns „innigstes Leuchten" (S. 410).

„Im Herrschaftsbereich des Winkes treffen sich neu zum einfachsten Streit Erde und Welt" (S. 410): der göttliche Wink läßt Erde und Welt neu „zum einfachsten Streit" sich treffen, die Erde in ihrer ‚reinsten Verschlossenheit' und die Welt in ihrer ‚höchsten Verklärung', und so schwindet die Seinsverlassenheit. Der Streit von Erde und Welt läßt „die holdeste Berückung und furchtbarste Entrückung" (S. 410) als Zeit-Raum aufgehen. Dieses ereignende Geschehen geschieht „geschichtlich in den Stufen und Bereichen und Graden der Bergung der Wahrheit" des Seyns im Seienden. In diesem seinsgeschichtlichen Geschehen wird das Seiende „wieder seiender", indem es dem bisherigen „maßlosen, aber verstellten Verlöschen ins Unseiende" entgeht. Sein Verlöschen ins Unseiende war bislang ‚verstellt', insofern das seinsverlassene Seiende in dem Schein des wahrhaft Seienden stand.

In dieser „Wesung" des sich ereignenden göttlichen Winkes „kommt das Seyn selbst zu seiner *Reife*" (S. 410), und diese Reife des Seyns ist „die Bereitschaft, eine Frucht zu werden und eine Verschenkung" (S. 410). Die ‚Frucht' und ‚Verschenkung' zeigt sich in dem *Wiedergeborgensein* der Wahrheit des Seyns in allen Bereichen des bislang seinsverlassenen, bergungslosen Seienden. In der Ereignung von 'Frucht und Verschenkung' „west das *Letzte* „ als „das *wesentliche Ende*" der machenschaftlich bestimmten Seinsverlassenheit, das „aus dem Anfang geforderte, nicht ihm [dem Anfang] zugetragene *Ende*"(S. 410). In diesem ereignenden Geschehen „enthüllt sich die innerste Endlichkeit des Seyns", die Endlichkeit der jeweiligen Ereignung der Wahrheit des Seyns – nicht aber die Endlichkeit des Ereignisses als eines solchen. Die innerste Endlichkeit des Seyns enthüllt sich „im Wink des letzten Gottes" (S. 410), sofern der sich ereignende Wink ein *jeweiliger* ist: der je und je seinsgeschichtlich sich ereignende Wink.

Von dieser Reife heißt es, daß in ihrer „Mächtigkeit zur Frucht" und ihrer „Größe der Verschenkung"„das *verborgenste* Wesen des *Nicht,* als Noch-nicht und Nicht-mehr" liegt: das Noch-nicht oder Nicht-mehr der ‚Frucht' und der ‚Verschenkung' (S. 410).

Vom Nicht als dem Noch-nicht und dem Nicht-mehr in der Mächtigkeit der Frucht und der Größe der Verschenkung aus „ist die Innigkeit der Einwesung des Nichthaften im Seyn zu erahnen“, will sagen, daß die Wesung des Nicht und des Nichts zum vollen Wesen und zur vollen Wesung des Seyns gehört (S. 410). In „der Wesung des Seyns“ als Anfall und Ausbleib „hat das Nicht selbst verschiedene Gestalten seiner Wahrheit“, d.h. seiner Unverborgenheit. Aber auch das „Nichts“ west in seinem Nichten in verschiedenen Gestalten (S. 410). Hier steht die Zusammengehörigkeit von Seyn und Nichts im Blick, die als wesentliche Frage erstmals in Heideggers Freiburger Antrittsrede „Was ist Metaphysik?“ (in „Wegmarken“ GA 9) exponiert wurde.

Der „Entscheidungsbereich der Frage nach der wesentlichen Endlichkeit des Seyns“ (S. 410) „wird nur betretbar kraft der Vorbereitung einer langen Ahnung des letzten Gottes“ (S. 410). Das Göttliche in der Gestalt des ‚letzten Gottes‘ ist der Hinweis auf die Endlichkeit des Seyns, d.h. auf die *jeweilige* und insofern *endliche* Ereignung des Winkes des letzten Gottes. Für das im Wink Erscheinen des letzten Gottes bedarf es der Zu-künftigen (siehe die fünfte Fügung). Aber diese Zukünftigen müssen „vorbereitet“werden (S. 410). Wie aber können und müssen sie vorbereitet werden? Nur und erst durch die „Rückwegigen“, d.h. durch jene, „die den *Rückweg* aus der erfahrenen Seinsverlassenheit finden, ausmessen und bauen“ (S. 411). Dieser Rückweg stellt sich nicht von selbst ein, sondern er muß ‚gefunden‘, sodann ‚ausgemessen‘ und ‚gebaut‘ werden. Hierfür müssen die Rückwegigen das „Opfer“ auf sich nehmen. Die Ereignung des Winkes des letzten Gottes und damit die Ereignung der Wahrheit des Seyns geschieht *nicht ohne* das Da-sein, nicht ohne die Zukünftigen und nicht ohne die Rückwegigen, die allererst den Rückweg aus der von ihnen erfahrenen Seinsverlassenheit suchen, finden und bauen. Ohne diese Rückwegigen „kommt es nicht einmal zu einer Dämmerung der Möglichkeit des Winkens des letzten Gottes“ (S. 411). Diese Rück-wegigen sind „die wahren Vorläufer der Zukünftigen“ (S. 411). (Heideggers Besinnung auf die Rückwegigen ist in jedem Fall von hoher Bedeutung. Diese Besinnung richtet sich an uns selbst, sofern wir das *Seinsphänomen* der Seinsverlassenheit des Seienden erfahren und aus dieser Erfahrung heraus auf die eine oder andere Weise Rückwegige werden, d.h. teilhaben an der Überwindung der Seinsverlassenheit, der Verödung des Seienden im Ganzen, inmitten dessen wir existierend leben. Der Denker Martin Heidegger ist selbst existenziell zu tiefst von dieser Erfahrung des Seinsverlustes des

Seienden getroffen worden. Aus dieser existenziellen Erfahrung der Seins- und Gottverlassenheit des Seienden in all seinen Bereichen ist sein seinsgeschichtliches Denken hervorgegangen bis hin zur „Frage nach der Technik“, nach dem Wesen der modernen Technik als dem Ge-stell. Übrigens ist Heidegger nicht der einzige Autor, der die Seinsverlassenheit des Seienden zu tiefst erfahren hat. Der Dichter Rainer Maria Rilke schreibt 1925 an seinen Briefpartner Witold v. Hulewicz von den leeren, gleichgültigen Dingen, von den Schein-Dingen, den Lebens-Attrappen und erfährt in seiner dichterischen Erfahrung das, was Heidegger in seiner denkerischen Erfahrung die Seinsverlassenheit des Seienden nennt.

Heidegger betont: „Der letzte Gott hat seine einzigste Einzigkeit, die außerhalb dessen steht, was „Monotheismus“, „Pantheismus“ oder „A-theismus“ genannt wird. Wenn er selbst von einer Vielfalt von Göttern spricht, von den Göttern im Plural, dann werde diese Vielheit „keiner Zahl unterstellt, sondern dem inneren Reichtum der Gründe und Abgründe in der Augenblicksstätte des Aufleuchtens und der Verbergung des Winkes des letzten Gottes“ (S. 411).

Nun folgt wieder eine entscheidende Bestimmung dessen, wer oder was der „letzte“ Gott ist. Er heißt der „letzte“, nicht weil er „das Ende“ der Götter-Folge wäre, sondern als der „letzte“ ist er in seiner ‚einzigsten Einzigkeit‘ „der andere Anfang“, und zwar der andere Anfang „unermeßlicher Möglichkeiten unserer Geschichte“, der Menschen-Geschichte (S. 411). Die „unermeßlichen Möglichkeiten unserer Geschichte“ sind solche jenseits der Seinsverlassenheit, jenseits der Machenschaft der modernen Technik. „Um seinetwillen“, umwillen des anderen Anfangs unermeßlicher Möglichkeiten der Menschen-Geschichte, „darf die bisherige Geschichte“, die Geschichte des ersten Anfangs, „nicht verenden“, d.h. nicht auf dem Wege der äußersten Seinsverlassenheit und der schließlichen Aushöhlung des Seienden zu Ende gehen, sondern [sie] muß zu ihrem Ende gebracht werden“ (S. 411), um ‚übergehen‘ zu können in den anderen Anfang. Dazu bedarf es der „Verklärung ihrer wesentlichen Grundstellungen in den Übergang“. Die „wesentlichen Grundstellungen“ sind die der Geschichte des ersten Anfangs, die verklärt werden, wenn sie denkerisch gefaßt werden als „ragende Berge, unbestiegen und unbesteigbar“, wenn sie als solche gekennzeichnet werden, die „dem Land sein Höchstes“ gewähren und „in sein Urgestein“ weisen, wie solches im *93. Abschnitt* der „Beiträge zur Philosophie (Vom Ereignis)“ geschieht (GA 65, S. 187). Die wesentlichen Grundstellungen des ersten Anfangs wurden und werden in den seinsgeschichtlichen Vorlesungen Heideggers in den Übergang zum anderen Anfang ‚hineingeschaffen' (S. 411).

„Die Vorbereitung des Erscheinens des letzten Gottes" zunächst durch die Rückwegigen und dann durch die Zukünftigen „ist das äußerste Wagnis der Wahrheit des Seyns", das äußerste Wagnis, das die Rückwegigen und die Zukünftigen aufsichnehmen. Denn „kraft [der Wahrheit des Seyns] allein" ‚glückt dem Menschen' die Wiederbringung des Seienden" (S. 411). Die „Wiederbringung des Seienden" ist Heideggers seinsgeschichtliches Grundwort für das, was in der Bergung der ereigneten Wahrheit des Seyns im bislang seinsverlassenen Seienden geschieht. Es ist der Wandel der Seins-und Gottesverlassenheit des Seienden in jene Offenbarkeitsweise dieses Seienden, die sich ergibt aus der Bergung der ereigneten Wahrheit des Seyns.

„Die größte Nähe des letzten Gottes ereignet sich dann", wenn diese Ereignung „als das zögernde Sichversagen", als die endliche Entbergungsweise, „zur Steigerung" der Ereignung „in die *Verweigerung* kommt" (S. 411). Was ist *diese Verweigerung?* Im *254. Abschnitt* „Die Verweigerung" wurde die Verweigerung „ein Ursprüngliches" genannt, nämlich „die Fülle der Gewährung des Seyns in der Verweigerung" (S. 405). Deshalb heißt es nun im *256. Abschnitt:* Die Verweigerung „ist etwas wesentlich anderes als die bloße Abwesenheit" (S. 411). Die Verweigerung ist „zugehörig zum Ereignis" und „läßt sich nur erfahren aus dem ursprünglicheren Wesen des Seyns", so, wie dieses „im Denken des anderen Anfangs aufleuchtet" (S. 411). Die „Verweigerung" ist „zugehörig zum Ereignis" als „die Gewährung" der Seins-Entbergung. Als das zögernde Sichversagen ist die Verweigerung die *ständige Herkunft* aller Entbergung (Lichtung). Insofern ist sie „ein Ursprüngliches", gehört sie zum ursprünglichen Wesen (Wesung) des Seyns. Die Verweigerung ist jene primäre Verbergungsweise, die allererst die jeweiligen Entbergungsweisen gewährt. Die herkünftige Verbergung heißt Verweigerung, obwohl sie als zögernde Versagung die Entbergungsweisen gewährt, weil sie sich einer erschöpfenden Entbergung verweigert. In all ihren Entbergungsweisen, die ihre Herkunft aus der verbergenden Verweigerung haben, erschöpft sie sich nicht, sondern bleibt die Unerschöpfliche.

Die so gekennzeichnete Verweigerung ist die „Nähe des Unab-wendbaren" (S. 412), insofern diese herkünftige Verweigerung nicht abgewendet und nicht umgangen werden kann. Als dieses so Unab-wendbare reißt die gewährende Verweigerung das Da-sein „hinauf in die Gründung seiner

Freiheit“ (S. 412). Inwiefern ? Insofern, als sie in der Gewährung endlicher Entbergungsweisen sich an die Freiheit des ergründenden Entwerfens des Da-seins wendet.

Heidegger stellt nun die Frage, ob „ein Mensch beides bewältigen“ könne: „das Ausstehen des Anklangs des Ereignisses als Verweigerung“, d.h. das Ausstehen der Erfahrung der Seinsverlassenheit des Seienden, in der das Ereignis als die gewährende Verweigerung anklingt, „und den Vollzug des Übergangs zur Gründung der Freiheit des Seienden als solchen, zur Erneuerung der Welt aus der Rettung der Erde“ (S. 412), d.h. den Vollzug des Übergangs zur er-gründenden Befreiung des Seienden von seiner bisherigen Seinsverlassenheit, was einer „Erneuerung der Welt aus der der Rettung der Erde“ aus ihrem Verlust, als die Sichverschließende und darin die Welt in sich Aufnehmende offenbar zu sein, gleichkäme.

Die erfahrene „äußerste Ferne des letzten Gottes in der Verweigerung“, die dessen Erscheinen gewähren könnte, „ist [zugleich] eine einzigartige Nähe“ (S. 412), zwar nicht des faktischen Erscheinens, wohl aber in der Möglichkeit, sich nähern zu können in der Weise seines faktischen Erscheinens.

Diese Nähe des letzten Gottes in der erfahrenen äußersten Ferne „klingt an im Anklang des Seyns aus der Erfahrung der Not der Seinsverlassenheit“ (S. 412). Im Anklang der *Seins*verlassenheit klingt das Seyn in seiner Wahrheit an und mit diesem die mögliche faktische Nähe in der Weise seines Erscheinens in der gewährten Wahrheit des Seyns. Diese Erfahrung der „Not der Seinsverlassenheit“ und der äußersten Gottesferne „ist [zugleich] der erste Aufbruch zum Sturm in das Dasein“ (S. 412). Dies ist der Aufbruch zur Er-gründung des Da-seins, das in seinem ergründenden Entwerfen an der Gründung der Wahrheit des Seyns und am Erscheinen des letzten Gottes in dieser Wahrheit teilhat. Nur „wenn der Mensch aus dieser Not“ der Seinsverlassenheit „herkommt, bringt er die Notwendigkeiten zum Leuchten“, die Notwendigkeiten, die in seiner Ergründung der Wahrheit des Seyns, in seiner Gründung dieser Wahrheit als des Erscheinungsraumes für den letzten Gott beruht. Mit diesen Notwendigkeiten bringt der Mensch (als der Rückwegige und Zukünftige) „die Freiheit [seiner] Zugehörigkeit zur ereignishaften Gründung der Wahrheit des Seyns „zum Jubel des Seyns“ (S. 412). Die so gegründete Wahrheit des Seyns für das faktische Erscheinen des Gottes und für den Neuanfang der Welt steht insofern im Jubel, als sie frei ist von jeglicher machenschaftlichen Verstellung.

Die „volle Kehre des Seyns“, die volle Kehre im Ereignis, gewinnen wir nur dann, wenn wir die Freiheit der er-gründenden Teilhabe an der Gründung der Wahrheit des Seyns ergreifen. Nur dann finden wir „das Maß des Da-seins“, d.h. das Maß für das er-gründende Sein des daseinsmäßigen Menschen (S. 412).

Die als Ursprüngliches, Herkünftiges zum Ereignis gehörige Verweigerung „nötigt das Da-sein zu ihm selbst als Gründung“, d.h. zur Gründung „der Stätte des *ersten* Vorbeigangs des Gottes“, der sich bislang verweigert hat (S. 412). „Erst aus diesem „zeit-räumlichen Augenblick“ kann ermessen werden, wie das Seyn als Ereignisbereich“ jener Nötigung des Da-seins „das Seiende wiederbringen muß“, wiederbringen als das die Wahrheit des Seyns bergende Seiende, „und in welcher Bewältigung des [so] Seienden die Würdigung des Gottes sich vollziehen muß“ (S. 412). Diese Bewältigung muß derart sein, daß die neue Offenbarkeit des Seienden den Schein des erscheinenden letzten Gottes in sich birgt.

In diesem seinsgeschichtlichen Geschehen, wie es jetzt skizziert wurde, stehen wir Menschen der Gegenwart „in diesem Kampf um den letzten Gott“ (S. 412). Das aber heißt, wir stehen im Kampf um „die Gründung der Wahrheit des Seyns als des Zeit-Raumes“, d.h. als der zeiträumlich verfassten Wahrheit (Lichtung), für die „Stille seines [des letzten Gottes] Vorbeigangs“. In Klammern fügt Heidegger hinzu, daß wir „nicht um den Gott selbst“, wohl aber um dessen Vorbeigang kämpfen können. „Vorbeigang“ ist das Grundwort für das vorübergehende Erscheinen und Entscheinen des Gottes.

Wir müssen als die Rückwegigen „die Gründung der Wahrheit vorbereiten“ (S. 413), der Wahrheit für das Seyn, die Lichtung des Seyns. Diese Vorbereitung steht im Anschein, daß mit ihr schon „die Würdigung“ und die „Bewahrung“ des Gottes „vorbestimmt“ ist. Wir „müssen zugleich wissen“, „daß die Bergung der Wahrheit in das Seiende [in die und als dessen Offenbarkeit] und damit die Geschichte der Bewahrung des Gottes erst durch ihn selbst“ und das heißt durch „die Weise, wie er uns als daseinsgründende braucht, gefordert wird“ (S. 413). Denn weil der Gott der Wahrheit als der Lichtung für sein Erscheinen bedarf, die Lichtung jedoch nicht nur durch den gründenden Zuwurf, sondern kehrig auch durch den er-gründenden Entwurf aufbricht, *braucht* er den da-seins-gründenden Menschen. In diesem Brauchen liegt seine an die Menschen ergehende Forderung der *Bergung* der Lichtung in das Seiende und der *Bewahrung* des Gottes im Seienden. Der Vorbeigang dieses Gottes fordert „eine Beständigung des Seienden"und mit diesem auch eine Beständigung des Menschen inmitten des Seienden (S. 413). Erst in dieser *Beständigung* (im Gegenzug gegen die Hinfälligkeit des seinsverlassenen Seienden und des seinsvergessenen Menschen). Erst in dieser Beständigung gewinnt das Seiende die Einfachheit seines Wesens zurück: das Seiende als „Werk", d.h. Kunstwerk, als „Zeug" für den besorgenden Umgang, als „Ding" der unzerstörten Natur, als „Tat" für die Polis und in der Polis, als „Blick"im zwischenmenschlichen Verhältnis und als „Wort"in der Gesprochenen Sprache jenseits des Geredes. Erst in der vom Gott geforderten Beständigung des Seienden dieser genannten Bereiche ‚hält' das Seiende „dem Vorbeigang" des Gottes ‚stand', d.h. entspricht es jener Forderung des Gottes in Bezug auf die Wahrheits-Bergung des Seienden, worin das Seiende den „Gang" des Vorbeigangs „walten läßt" (S. 413).

In diesem skizzierten seinsgeschichtlichen Geschehen geschieht „die *Einsetzung* des ursprünglicheren Wesens" des Menschen, d.h. der „Daseinsgründung in das Seyn selbst" (S. 413). Dies aber ist die „Anerkennung der Zugehörigkeit des Menschen in das Seyn durch den Gott" (S. 413). Diese Anerkennung ist zugleich „das sich und seiner Größe nichts vergebende Eingeständnis des Gottes, des Seyns zu bedürfen" (S. 413). „Die „Zugehörigkeit" des Menschen zum Seyn und das „Bedürfen des Seyns" des Gottes „enthüllt erst das Seyn in seinem Sichverbergen" als die „kehrige Mitte", „in der die Zugehörigkeit [des Menschen] das Bedürfen [des Gottes] übertrifft und das Bedürfen [des Gottes] die Zugehörigkeit [des Menschen] überragt" (S. 413). Dies aber waltet als das Seyn qua Ereignis. Dieses, das Seyn als Ereignis, geschieht „aus diesem kehrigen Übermaß seiner selbst" und wird „zum Ursprung [...] des Streites zwischen dem Gott und dem Menschen", d.h. „zwischen dem Vorbeigang des Gottes und der Geschichte des Menschen" (S. 413).

Dem „gott-losen und unmenschlichen Rechnen [mit dem Seienden] und Betreiben [des Seienden] erscheint alles Seiende „aufdringlich", „einzig", „selbst-und erst-ständig", und dennoch und diesem Schein entgegen ist dieses Seiende „nur der Hereinstand in das Ereignis", in welchem Hereinstand „die Stätte des Vorbeigangs des letzten Gottes und die Wächterschaft des Menschen [über das Ereignis] eine Beständigung suchen" (S. 413/414). Die Suche nach der Beständigung geschieht, „um zur Ereignung bereit zu bleiben und dem Seyn nicht zu wehren". Dieses, dem Seyn wehren, mußte „das bisherige Seiende [das seinsverlassene Seiende] „in der bisherigen Wahrheit"[die nicht die Wahrheit als Lichtung war] „ausschließlich betreiben" (S. 414).

Der nun folgende, der 2. Absatz auf der Seite 414 führt aus, wann das Erdenken der Wahrheit des Seyns glückt. Es „glückt erst, wenn im Vorbeigang des Gottes die Ermächtigung des Menschen zu seiner Notwendigkeit [der Notwendigkeit seiner Daseinsgründung] offenbar wird; wenn „die Er-eignung im Übermaß der Kehre zwischen menschlicher Zugehörigkeit [zum Seyn] und göttlichem Bedürfen [des Seyns] ins Offene kommt" (S. 414). Dieses wiederum geschieht, „um ihr Sichverbergen [der Zugehörigkeit und des Bedürfens] als Mitte zu erweisen und um sich als Mitte des Sichverbergens zu erweisen und die Erschwingung [als Kehre] zu erzwingen. Damit wird „die Freiheit [des Menschen] zum Grunde des Seyns" in der Weise der „Da-gründung zum Sprung" gebracht (S. 414).

Nun folgt im nächsten Absatz wieder eine grundsätzliche Kennzeichnung des letzten Gottes: „Der letzte Gott ist der Anfang der längsten Geschichte in ihrer kürzesten Bahn" (S. 414). Das will sagen: Wenn es zur Ankunft dieses Gottes kommt, so, daß das Seiende im Ganzen in seiner Offenbarkeitsweise statt seinsverlassen seinsbergend und gottnah ist, dann ist dieser seinsgeschichtliche Gott der Anfang des anderen Anfangs und damit das Anfangen der längsten Geschichte des wiedergebrachten Seienden und des nunmehr daseinsmäßigen Menschen. Die längste Geschichte „in ihrer kürzesten Bahn" sagt, daß diese neue Epoche der Seinsgeschichte auf der kürzesten Bahn des erstmaligen Vorbeigangs und Erscheinens des seinsgeschichtlichen Gottes anbricht. Aber dieser Anfang der neuen seinsgeschichtlichen Epoche steht jetzt, in unserer Gegenwart, noch aus. Für den „großen zeit-räumlichen Augenblick" des faktischen geschichtlichen Vorbeigangs des Gottes bedarf es „langer Vorbereitung" (S. 414). Über diese Vorbereitung ist in den voraufgehenden Textseiten schon Wesentliches und Eindeutiges gesagt worden. Bisher standen die Rückwegigen und die Zukünftigen im Blick. Man kann nun aber auch fragen, ob die notwendige Vorbereitung für den seinsgeschichtlichen Augenblick einer tiefgreifenden Wandlung der Seinsverlassenheit des Seienden und der Seinsvergessenheit des gegenwärtigen Menschen nicht auch auf der Ebene der „Völker und Staaten" geschehen könnte und damit nicht nur durch einzelne Rückwegige und Zukünftige. Auf diese Frage antwortet Heidegger: Für eine derartige, geschichtliche, nicht historische, sondern seinsgeschichtliche Vorbereitung „für den großen Augenblick seines [des Gottes] Vorbeigang" sind „Völker und Staaten" „zu sehr schon allem Wachstum entrissen und nur noch der Machenschaft ausgeliefert" (S. 414). Dem ,Wachstum entrissen sein' heißt: nicht mehr in der Möglichkeit sein, sich grundlegend zu wandeln, um in eine seinsgeschichtliche Aufgabe hineinzuwachsen. Ohne Übertreibung wird man diesem Urteil des Denkers Martin Heidegger zustimmen müssen. Die heutige Zielsetzung der Völker und Staaten liegt in dem, was die Politik und die Öffentlichkeit ,die Globalisierung' nennen und was sie darunter verstehen. Obwohl Heidegger jenen Satz über die „Völker und Staaten" in den dreißiger Jahren gedacht und ausgesprochen hat, gilt dieser Satz nicht weniger für das Heute. Die Überlegungen Heideggers dieser Art sind keine politischen und keine historischen Betrachtungen, sondern sind seinsgeschichtliches Denken, und dieses ist spekulatives-theoretisches Denken, ,spekulativ' nicht in dem banalen Sinn von bloßen Spekulationen, sondern ,spekulativ' im Sinne von ,theoretisch', so, wie Kant die theoretische Philosophie auch spekulative Philosophie genannt hat. Heideggers seinsgeschichtliche Überlegungen und Betrachtungen sind überhaupt nicht mit historischen, politischen, weltpolitischen oder soziologischen Betrachtungen vergleichbar. Wenn überhaupt, dann ist Heideggers seinsgeschichtliches Denken über Völker und Staaten, über Gegenwärtiges, Vergangenes und Zukünftiges, was die Denkebene anbetrifft, nur mit Hegels spekulativem Denken der Geschichte des Seins als des absoluten Geistes und seinem spekulativen Durchdenken der Weltgeschichte zu vergleichen. Aber dieser Vergleich betrifft nur den Anspruch, mit dem einerseits Heidegger und andererseits Hegel denkt. Nicht Völker und Staaten werden den seinsgeschichtlichen Augenblick des Vorbeigangs des Gottes und der seinsgeschichtlichen Wende (Kehre) vorbereiten können, weil ihr Denken und Handeln nicht mehr von einem Wissen um das Wachstum dessen, was ist, bestimmt sind, sondern dem allein seinsgeschichtlichen Wesen dessen, was als Gegenbegriff zum Wachstum die „Machenschaft" ist, „ausgeliefert" sind (S. 414). ,Machenschaft' aber besagt nicht das, was wir im menschlichen Bereich darunter verstehen, sondern ist eine Wesungsweise des Seyns als des Un-Seyns, das die Wesung der Wahrheit (Lichtung) des Seyns in die Wesung des machenschaftlichen Seyns wandelt. Diese Machenschaft ist jenes Seinsverständnis des Menschen, das besagt, daß alles Seiende und auch der Mensch ,machbar' ist.In der Herrschaft der seinsgeschichtlichen Machenschaft ist das ,Machen' das Leitbild für das Herstellen und Umwandeln von allem Seienden, des nichtdaseinsmäßigen wie des daseinsmäßigen Seienden (vgl. die Gentechnik und alles, was zu dieser gehört).

Weil die Menschen der Völker und Staaten grundsätzlich von diesem machenschaftlichen Seinsverständnis geleitet sind, können Völker und Staaten nicht die seinsgeschichtliche Aufgabe der Vorbereitung eines epochalen Wandels im Sinne des anderen Anfangs übernehmen. Als Heidegger 1936/37 diesen Gedanken in das Manuskript der „Beiträge zur Philosophie (Vom Ereignis)“ aufnahm, dachte er auch an den NS-Staat Deutschland. So wie die Mehrheit der Deutschen 1933 die Hoffnung hegten, daß der NS-Staat Deutschland aus der wirtschaftlichen Not herausführen würde , so faßte Heidegger auf der Ebene des von jeglichem Antisemitismus freien seinsgeschichtlichen Denkens die Hoffnung, daß der NS in sich die Tendenz trage , den Geist der Neuesten Neuzeit, den Geist des machenschaftlich-rechnenden Denkens, zu überwinden. Aber schon im Herbst 1934 gesteht sich Heidegger ein, daß er sich in dieser Erwartung geirrt habe, daß der NS-Staat im Gegenteil den machenschaftlich-rechnenden Geist der Moderne vollenden werde. Im Augenblick dieser Einsicht ging Heidegger in die innere Emigration (Vgl. GA 96, S. 127)).

Deshalb sagt Heidegger in einem neuen und knapp gehaltenen Absatz der „Beiträge“, wer nunmehr allein in unserer seinsgeschichtlichen Gegenwart der machenschaftlichen Herrschaft die seinsgeschichtliche Aufgabe übernehmen kann: „Nur die großen und verborgenen Einzelnen werden dem Vorbeigang des Gottes die Stille schaffen und unter sich den verschwiegenen Einklang der Bereiten“ (S. 414). Wer sind diese „Einzelnen“? Hier denkt Heidegger zuerst an den Denker und den Dichter, aber auch an die Vertreter der Schönen Künste , insonderheit an den Maler, er denkt somit an die denkerische, an die dichterische und an die künstlerische Besinnung, die an der Vorbereitung eines Wandels des machenschaftlichen Seinsgeschicks in einen anderen Anfang , in den seinsgeschichtlichen Anfang der Wiederbringung des Seienden aus der Seinsverlassenheit in die Seins-bergung und Bergung des Göttlichen sowie in den Anfang des Wandels des Wesens des Menschen aus der bisherigen Subjektivität in die Da-seinsverfaßtheit.

Wenn es zu einem solchen seinsgeschichtlichen Wandel käme oder einst kommen sollte, dann würde das „Seyn als das Einzigste und Seltenste gegen das Nichts [...] sich aus der Massenhaftigkeit des Seienden zurückgezogen haben“ (S. 414) – das Seyn als „das Einzigste“, weil mit keinem Vergleichbare, das Seyn als „das Seltenste gegen das Nichts“, weil seine Wesung als Ereignis nur selten geschieht. Würde sich dieses ereignen, dann würde „alle Geschichte [...] dort, wo sie in ihr eigenes Wesen hinabreicht, nur diesem Entzug des Seyns“ aus der Massenhaftigkeit des Seienden „in seine volle Wahrheit dienen“ (S. 414). Zugleich würde „alles Öffentliche [...] in seinen Erfolgen und Niederbrüchen schwärmen und sich jagen“, dabei aber „nichts [...] ahnen von dem, was geschieht“ (S. 414). „Nur zwischen diesem [machenschaftlichen] Massenwesen und den eigentlich Geopferten [den Rückwegigen, Zukünftigen und Einzelnen] werden sich die Wenigen [die für den Wandel Bereiten] und ihre Bünde [Vereinigungen] suchen und finden“ (S. 414). Denn sie sind es, die „ahnen, dass ihnen etwas Verborgenes geschieht“, und dieses „Verborgene“ ist der sich ereignende „Vorbeigang“ des Gottes, mit dem ein seinsgeschichtlicher Wandel einhergeht. Käme es so oder sollte es so kommen, dann würde die „Verkehrung und Verwechslung der Ansprüche und Anspruchsbereiche [...] nicht mehr möglich sein, weil mit dem „Vorbeigang“ des Gottes „die Wahrheit des Seyns selbst in der schärfsten Ausfälligkeit seiner Zerklüftung [seiner entbergenden Aufklaffung] die wesentlichen Möglichkeiten zur Entscheidung gebracht hat“ (vgl. hierzu den *44. Abschnitt* „Die ‚Entscheidungen‘“, S. 90ff.).

Dieser mit dem Vorbeigang des Gottes eintretende geschichtliche „Augenblick ist die Ereignung jener Kehre“ (S. 415): In dieser Kehre kommt „die Wahrheit des Seyns zum Seyn der Wahrheit“; denn der Gott „braucht das Seyn“ und „der Mensch [muß] als Da-sein die Zugehörigkeit zum Seyn gegründet haben“ (S. 415). Für diesen seinsgeschichtlichen Augenblick ist dann „das Seyn als das innigste Zwischen“ für den Gott und den Menschen, das Seyn „gleich dem Nichts“, das zu seiner Wesung gehört. In dieser Kehre „übermächtigt“ der Gott den Menschen und „übertrifft“ der Mensch den Gott. Beides geschieht „nur im Ereignis“, d.h. in der Wahrheit des Seyns (S. 415).

Bis zu diesem „unerrechenbaren Augenblick“ – sollte dieser einmal eintreten – wird, wie Heidegger nüchtern betont, „eine lange und viel rückfällige und viel verborgene Geschichte [...] sein“ (S. 415). Aber „die Schaffenden“, die Denker, Dichter und Künstler, müssen „stündlich“, also jetzt schon und ununterbrochen, „in der Verhaltenheit der Sorge“, in der Grundstimmung des Übergangs vom ersten zum anderen seinsgeschichtlichen Anfang, „sich selbst zur Wächterschaft im Zeit-Raum“ des Vorbeigangs des Gottes „bereit machen“ (S. 415). Diese Sorge ist das Sorgetragen für die daseinsmäßige Wächterschaft über die sich ereignende

Wahrheit des Seyns und deren Zeit-Raum-Verfaßtheit. Die „denkerische Besinnung [aber] auf „die Wahrheit des Seyns", Heideggers eigene seinsgeschichtliche Besinnung, „kann nur ein Pfad sein", nur ein versuchter Weg, „auf dem das Unvordenkliche [das Unvorhersehbare] dennoch gedacht" und im Denken „angefangen wird": „die Verwandlung des Bezuges des Menschen zur Wahrheit des Seyns" (S. 415). Das Denken der denkerischen Besinnung kann und ist selbst ein Anfangen, das das faktische Anfangen vorbereitet.

„Mit der Seynsfrage" [als der Frage nach der Wahrheit des Seyns], „die die Frage nach dem Seienden [nach der Seiendheit] und somit alle ‚Metaphysik' überwunden hat, ist die Fackel entzündet" (S. 415). Es ist die Fackel, mit der „der erste Anlauf zum weiten Lauf gewagt" ist. Derjenige, der die Fackel entzündet hat: die Seinsfrage als Frage nach der Wahrheit des Seyns, ist der Denker Martin Heidegger. Er hat aber die Fackel nicht nur für sich und *sein* Fragen entzündet, sondern für die Weitergabe der Fackel an den nächsten Fackelträger, den Vor-läufer, und mit diesem für einen weiten Lauf von immer neuen Fackelträgern, die Heidegger als Vor-gänger bezeichnet. Sein Entzünden dieser Fackel ist der erste Anlauf zum weiten Lauf" (S. 415). Damit ist von Heidegger gesagt, daß das Fragen der Frage nach der Wahrheit des Seyns nicht bei ihm endet, sondern von Fackelträger zu Fackelträger als diese Frage aufgenommen werden muß. Deshalb fragt nun Heidegger: „Wo ist der Läufer, der die Fackel aufnimmt", um sie weiter zu tragen ? Als Heidegger diese Frage in den dreißiger Jahren gestellt hat, zeigte sich kein weiterer Fackelträger, der die Fackel von ihm übernimmt. Wird es überhaupt einmal einen solchen Fackelträger geben, der die von Heidegger gestiftete Frage nach der Wahrheit des Seyns dergestalt übernimmt, indem er diese Frage „ursprünglicher" fragt. Wo ist jener Läufer, der die Fackel nicht nur aufnimmt, sondern „seinem Vor-gänger", jenem Läufer, der nunmehr von ihm die Fackel übernimmt, „zuträgt?" (S. 415). „Die Läufer müssen alle [...] stärkere *Vor*-läufer sein, „und je später sie sind, umso stärkere *Vor*läufer" (S. 415). Die Silbe ‚Vor-' wird von Heidegger kursiv geschrieben, um damit zu betonen, daß die immer neuen *Vor*läufer keine bloßen „Nachläufer" sein dürfen, d.h. solche, „die das Erstversuchte" des Denkers Heidegger „nur ‚verbessern' und widerlegen". „Die Vor-läufer müssen je und je ursprünglicher „als die hinter ihnen Laufenden *„anfängliche* sein". Alle Läufer fragen ‚anfänglich', aber jeder spätere sollte ursprünglicher anfänglich die Frage nach der Wahrheit des Seyns fragen. Ursprünglicher anfänglich Fragen soll heißen:"das Eine und Selbe zu Fragende (die Frage nach der Wahrheit des Seyns) noch einfacher, reicher und unbedingt einzig denken" (S. 415). Das jeweils im Ergreifen der Fackel Übernommene „kann nicht das Gesagte als ‚Lehre' und ‚System' sein" (S. 415). In der Lehre und im System ist das immer ursprünglichere, anfänglichere Fragen, um das es Heidegger allein geht, stillgelegt und verfestigt und schließlich ein bloßer Lehrgehalt, der immer nur in dieser Verfestigung weitergetragen wird. Vielmehr ist das Eine und Selbe zu Fragende „das Gemußte, das sich nur jenen eröffnet, die selbst [...] zu den Gezwungenen gehören", zu denen, die von der Wahrheit des Seyns selbst zum Fragen nach dieser gezwungen sind.

„Das Zwingende [...] ist allein das Unberechen-und Unmachbare des Ereignisses", die Wahrheit des Seyns in ihrer Wesung als Ereignis. Diese Wesung ist das machenschaftlich Unberechenbare und Unmachbare (S. 416). „Selig" ist der, der „der Unseligkeit" der Zerklüftung des Seyns „zugehören darf", zugehörig als der ereignete Entwurf im Gegenschwung zum ereignenden Zuwurf. Als so ereignet Entwerfender ist er „ein Höriger [...] in der immer anfänglichen Zwiesprache der Einsamen", der Einzelnen, „in die der letzte Gott hereinwinkt, weil er durch sie [die Einzelnen] in seinem Vorbeigang erwunken wird" (S. 416). Hier waltet also in der Kehre des Ereignisses die Kehre zwischen den erwinkenden Einzelnen und dem erwunkenen Vorbeigang des Gottes. Die Einzelnen – die Denker, Dichter und Künstler – erwinken in ihrem denkenden, dichtenden und künstlerischen Schaffen den Vorbeigang des Gottes, der seinerseits in die einsamen Einzelnen hereinwinkt.

Der letzte Gott ist als der letzte nicht ein Ende,"sondern das Insicheinschwingen des Anfangs" (S. 416). Als das Insicheinschwingen des Anfangs ist dieser Gott „die höchste Gestalt der Verweigerung" (S. 416). Inwiefern ? Insofern als Anfängliches (wie es der letzte Gott ist) „allem Festhalten sich entzieht" und insofern sich verweigert. Alles Anfängliche wie der letzte Gott west nur „im Überragen alles dessen, was schon als Künftiges in ihn [den Gott] eingefangen und seiner bestimmenden Kraft überantwortet ist" (S. 416).

„Das Ende", das der letzte Gott als das Insicheinschwingen des Anfangs gerade nicht ist, „*ist* nur dort, wo sich das Seiende aus der Wahrheit des Seyns losgerissen" hat und „jede Frag-würdigkeit und d.h. jede Unterscheidung verleugnet hat, um sich in endlosen Möglichkeiten des so Losgelassenen in endloser Zeit zu gebärden" (S. 416). „Das Ende" ist daher nichts anderes als „das unaufhörliche Und-so-weiter" im machenschaftlich bestimmten Seienden. Einem solchen Ende hat sich „das *Letzte* als das Anfänglichste von Anfang an und längst entzogen" (S. 416). „Das Ende" [...] hält sich für die Vollendung" (S. 416). Als solche Vollendung wird das Ende „am wenigsten bereit und bereitet sein, „das *Letzte*", den Vorbeigang des Gottes in der aufklaffenden Wahrheit des Seyns, „zu erwarten" oder „zu erfahren".

Solange wir herkommen aus einer „durch die ‚Metaphysik' bestimmten Stellung zum Seienden, werden wir nur schwer und langsam das Andere wissen können, „daß weder im ‚persönlichen' noch im ‚massenweisen' ‚Erlebnis' [des Subjekts in seiner Subjektivität] der Gott noch erscheint" (S. 416). Der Gott der Wahrheit des Seyns erscheint nicht dem Subjekt in dessen subjektivem Erleben, sondern nur in der Wahrheit des Seyns. Dieser Gott erscheint „einzig in dem abgründigen ‚Raum' des Seyns", in der Wahrheit als dem Abgrund der Wahrheit des Seyns. „Alle bisherigen ‚Kulte' und ‚Kirchen' und solches überhaupt kann nicht die wesentliche Bereitung des Zusammenstoßes des Gottes und des Menschen in der Mitte des Seyns werden" (S. 416). (Dennoch gilt es zu bedenken, ob nicht auch für den alttestamentarisch-neutestamentarischen Gott, der sich zweifach den Menschen faktisch geoffenbart hat, der ‚Raum' des Seyns als die Wahrheit oder Lichtung des Seyns für den ‚Zusammenstoß' des Gottes und des Menschen bereitet werden kann. So wurden nach dem Erscheinen des „Briefes über den Humanismus" 1947 die bereits hier zitierten zwei Textstellen zum Gefüge der Lichtung des Seyns, der Gottheit und des Gottes in der amerikanischen (James M. Robinson in *Neuland in der Theologie*), deutschen (Ebeling, Gogarten) und Schweizer (Heinrich Ott) Theologie gelesen und von Martin Heidegger teilweise im Zwiegespräch begleitet. Denn die Lichtung als die Wahrheit des Seyns in seinsgeschichtlichem Verständnis hat ihre Herkunft aus der Erschlossenheit, dem Da des Da-seins in „Sein und Zeit" und ist dort hermeneutisch-phänomenologisch zum Aufweis gebracht worden.)

Für eine wesentliche Bereitung des Zusammenstoßes des Gottes und des Menschen muß zuerst „die Wahrheit des Seyns selbst gegründet werden" (S. 416). Für diese Aufgabe muß „alles Schaffen einen anderen Anfang nehmen" als bisher, als im bisherigen Denken, für das die Lichtung (Wahrheit) des Seyns und mit dieser die Daseinsverfaßtheit des Menschen verschlossen blieb.

Nur wenige (nur die Rückwegigen, die Zukünftigen und die Einzelnen) wissen davon, „daß der Gott wartet auf die Gründung der Wahrheit des Seyns und somit auf den Einsprung des Menschen in das Da-sein" (S. 417). Ansonsten herrscht die Meinung, „als müßte und würde der Mensch auf den Gott warten" (S. 417). Seinsgeschichtlich gedacht verhält es sich jedoch in gewisser Weise umgekehrt. Für das Erscheinen des Gottes für den Menschen bedarf es zunächst einer Vorbereitung für das Erscheinen des Gottes. Diese Vorbereitung beruht in dem erforderlichen Wandel des Menschen aus seiner bisherigen neuzeitlichen Subjektivität in das Dasein. Denn das Da dieses Wesens des Menschen ist die Erschlossenheit, die Lichtung, die Offenheit, die Unverborgenheit des Seyns, die aber von Seiten des Menschen gegründet sein muß. In „Sein und Zeit" wurde als erstes für das Fragen nach dem Sinn, nach dem Entwurfsbereich, nach der Lichtung des Seyns das Da-sein, das Sein des Da gegründet. Diese Da-seinsgründung wurde in den seinsgeschichtlichen Wandel der Seinsfrage als Frage nach der Wesung der Wahrheit des Seyns qua Ereignis festgehalten und ansatzmäßig übernommen. Der Gott wartet auf die Gründung der Wahrheit des Seyns dergestalt, daß der Mensch auf den gründenden Zuwurf der Wahrheit als Grund mit seinem er-gründenden Entwerfen jenem Zuwurf antwortet und darin an der Gründung der Wahrheit für das Seyn teilhat. In diesen 'Raum' der Lichtung des Seyns kann allererst der Gott erscheinen. Das Erscheinen des Gottes, sein seinsgeschichtlicher Vorbeigang, ist gleichsam die Antwort auf die menschliche Teilhabe an der Gründung der Wahrheit für das Seyn und für das Erscheinen des Gottes. Die sonst herrschende Meinung, der Mensch müsse nur auf das Erscheinen, das Wiedererscheinen des Gottes warten, nennt Heidegger im letzten Absatz der sechsten Fügung und somit der durchgestalteten Fuge der Wahrheit des Seyns „die verfänglichste Form der tiefsten Gottlosigkeit" (S. 417). Die Meinung, der Mensch müsste ohne eigene Vorbereitung nur auf den Gott warten, betäubt seine „Ohnmacht zur Er-leidung der Ereignung [der] Da-zwischenkunft des Seyns" – jener Da-zwischenkunft, die „erst dem Hereinstand des Seienden in die Wahrheit [Lichtung] eine Stätte bietet" und darüberhinaus dem Seienden „die Gerechtsame [das Vorrecht] zuteilt, in der weitesten Ferne zum Vorbeigang des Gottes zu stehen" (S. 417). Was damit gesagt ist, wird durch die Fortsetzung dieses Satzes klar. Diese Zuteilung der Gerechtsame an das Seiende in der Lichtung des Seyns geschieht nur „als Geschichte", als jene seinsgeschichtliche Geschichte (die keine Historie des Seienden ist), die sich ereignet als „Umschaffung des Seienden in die Wesentlichkeit seiner Bestimmung [die Wahrheit des Seyns in der Weise seiner Offenbarkeit zu bergen] und in die Befreiung aus dem Mißbrauch der Machenschaften [welche Befreiung eine Wesensfolge der Bergung der Wahrheit des Seyns ist]. Der Mißbrauch der Machenschaften beruht darin, daß sie die Bestimmung des Seienden, die Wahrheit des Seyns zu bergen, verkehren in die Seinsverlassenheit, indem die Machenschaften „das Seiende in der Nutznießung erschöpfen“ (S. 417).

Mit diesem Gedanken, daß das seinsverlassene Seiende nur durch eine seinsgeschichtliche Da-zwischenkunft der Wahrheit des Seyns aus seiner bisherigen Seinsverlassenheit befreit wird und in seine seinsgeschichtliche Bestimmung, die Wahrheit des Seyns in seiner Offenbarkeit zu bergen, eingehen kann, enden die „Beiträge zur Philosophie (Vom Ereignis)“, endet deren sechste Fügung „Der letzte Gott“. Nach dem vorbereitenden und hinführenden „Vorblick“ setzten die „Beiträge“ mit der ersten Fügung „Der Anklang“ ein. In dieser Fügung steht die Erfahrung der Seinsverlassenheit des Seienden und der Seinsvergessenheit des Menschen im Zentrum des anfangenden seinsgeschichtlichen Denkens. In der Erfahrung der Seinsverlassenheit des Seienden klingt erstmals das an, wovon das Seiende verlassen ist: von der Bergung der Wahrheit des Seyns. Der Gang der „Beiträge zur Philosophie (Vom Ereignis)“ ist der Weg von der Seinsverlassenheit des Seienden zur Wiederbringung des Seienden in seiner seinsgeschichtlichen Bestimmung, die Wahrheit des Seyns in sich zu bergen, um zum seinserfüllten Seienden zu werden. Der seinsgeschichtliche Weg setzt ein mit dem „Anklang“ der Wahrheit des Seyns in der Erfahrung der Seinsverlassenheit des Seienden und der Seinsvergessenheit des Menschen; er setzt sich fort im „Zuspiel“ des ersten und des anderen Anfangs“; im „Sprung“ des Denkens in die Wahrheit des Seyns als Ereignis; in der „Gründung“ der Wahrheit des Seyns als gründender Grund und daseinsmäßiges Er-gründen; im Denken der „Zu-künftigen“, auf die das Seyn als Er-eignis zu-kommt, und endet im spekulativen Entwurf des „Letzten Gottes“, der in der Lichtung des Seyns in der Weise seines geschichtlichen Vorbeigangs dem da-seinsverfaßten Menschen erscheint. Obwohl alle seinsgeschichtlichen Gedankenfelder auch in den folgenden seinsgeschichtlichen Abhandlungen zu finden sind, ragen die „Beiträge zur Philosophie (Vom Ereignis)“ aus der Reihe jener Abhandlungen durch ihr sechsfach gefügtes Gefüge sichtbar heraus. Die „Beiträge zur Philosophie (Vom Ereignis)“ führen die Grundlegung des seinsgeschichtlichen Denkens durch, weshalb sie das zweite Hauptwerk Heideggers genannt werden können, während das erste Hauptwerk „Sein und Zeit“ die Grundlegung des fundamentalontologischen, transzendental-horizontalen Denkens der Seinsfrage ist. Der Kommentar hat mit der Erläuterung des seinsgeschichtlichen Weges durch die „Beiträge zur Philosophie (Vom Ereignis)“ zugleich Heideggers *Weg von der Transzendenz zum Ereignis* interpretatorisch nachgezeichnet. Beide Wege der Seinsfrage, der transzendental-horizontale Weg von „Sein und Zeit“ und der seinsgeschichtliche Weg der „Beiträge zur Philosophie (Vom Ereignis)“ zeichnen sich durch einen denkerischen Rang aus, der nur mit den großen Werken der abendländischen Philosophie vergleichbar ist.

# Literaturverzeichnis

## I. SCHRIFTEN MARTIN HEIDEGGERS

M. Heidegger, *Beiträge zur Philosophie (Vom Ereignis).* Gesamtausgabe (GA) Bd. 65. Hrsg. v. Friedrich-Wilhelm v. Herrmann Vittorio Klostermann Frankfurt a.M. 1989.

M. Heidegger, *Sein und Zeit.* GA Bd. 2. Hrsg. v. F.-W. v. Herrmann Vittorio Klostermann Frankfurt a.M. 2018 , 2. Auflage. (Am Seitenrand stehen die Seitenzahlen der Einzelausgabe).

M. Heidegger, *Sein und Zeit.* Einzelausgabe. Fünfzehnte, an Hand der Gesamtausgabe durchgesehene Auflage mit den Randbemerkungen aus dem Handexemplar des Autors im Anhang. Max Niemeyer Verlag Tübingen 1979. (Die Seitenzahlen der Einzelausgabe stehen am Seitenrand der Gesamtausgabe).

M. Heidegger, *Zur Sache des Denkens.* GA Bd.14. Hrsg. v. F.-W. v. Herrmann Vittorio Klostermann Frankfurt a.M. 2007.

M. Heidegger, *Besinnung,* GA Bd. 66. Hrsg. v. F.-W. v. Herrmann Vittorio Klostermann Frankfurt a.M. 1997.

M. Heidegger, *Die Grundprobleme der Phänomenologie.* Marburger Vorlesung Sommersemester 1927. GA Bd. 24. Hrsg. v. F.-W. v. Herrmann Vittorio Klostermann Frankfurt a.M. 1975.

M. Heidegger, *Die Metaphysik des deutschen Idealismus. Zur erneuten Auslegung von Schelling: Philosophische Untersuchungen über das Wesen*

*der menschlichen Freiheit und die damit zusammenhängenden Gegenstände (1809).*
Freiburger Vorlesung I. Trimester 1941. GA Bd. 49. Hrsg. v. Günter Seubold.
Vittorio Klostermann Frankfurt a.M. 1991.

M. Heidegger, *Schelling: Vom Wesen der menschlichen Freiheit (1809).*
Freiburger Vorlesung Sommersemester 1936. Hrsg. v. Ingrid Schüßler.
Vittorio Klostermann Frankfurt a.M. 1988.

M. Heidegger, *Wegmarken.* GA Bd. 9. Hrsg. v. F.-W. v. Herrmann.
Vittorio Klostermann Frankfurt a.M. 1976.

M. Heidegger, *Metaphysische Anfangsgründe der Logik im Ausgang von Leibniz.*
Marburger Vorlesung Sommersemester 1928. GA 26. Hrsg. v. K. Held.
Vittorio Klostermann Frankfurt a.M. 1978.

M. Heidegger, *Die Grundbegriffe der Metaphysik. Welt – Endlichkeit – Einsamkeit.*
Freiburger Vorlesung Wintersemester 1929/30. GA Bd. 29/30. Hrsg. v. F.-W. v. Herrmann.
Vittorio Klostermann Frankfurt a.M. 1994.

## *II. SCHRIFTEN DES VERFASSERS*

v. Herrmann, F.-W.: *Wege ins Ereignis. Zu Heideggers „Beiträgen zur Philosophie (Vom Ereignis)“.*
Vittorio Klostermann Frankfurt a.M. 1994.

v. Herrmann, F.-W.: *Die „Beiträge zur Philosophie (Vom Ereignis)“ als Grundlegung des seinsgeschichtlichen Denkens,* in: Heideggers Beiträge zur Philosophie.
Internationales Colloquium vom 20. bis 22. Mai 2004 an der Universität Lausanne (Schweiz).

Herausgegeben von Emmanuel Mejía und Ingeborg Schüßler.
Vittorio Klostermann Frankfurt a.M. 2009.

v. Herrmann, F.-W.: *Heideggers Philosophie der Kunst. Eine systematische Interpretation der Holzwege-Abhandlung „Der Ursprung des Kunstwerkes"*. 2., überarb. und erw. Auflage 1994.
Vittorio Klostermann Frankfurt a.M.

v. Herrmann, F.-W.: *Wahrheit – Freiheit – Geschichte. Eine systematische Untersuchung zu Heideggers Schrift „Vom Wesen der Wahrheit" (1930).*
Vittorio Klostermann, Frankfurt a.M. 2002.

v. Herrmann, F.-W.: *Weg und Methode. Zur hermeneutischen Phänomenologie des seinsgeschichtlichen Denkens.*
Vittorio Klostermann Frankfurt a.M. 1990.

v. Herrmann, F.-W.: *Die zarte, aber helle Differenz. Martin Heidegger und Stefan George.*
Vittorio Klostermann Frankfurt a.M. 1999.

v. Herrmann, F.-W.: *Hermeneutische Phänomenologie des Daseins. Ein Kommentar zu „Sein und Zeit"*. Band 1: „Einleitung: Die Exposition der Frage nach dem Sinn von Sein".
2., unveränderte Auflage 2016; Band 2: „Erster Abschnitt: Die vorbereitende Fundamentalanalyse des Daseins" § 9-§ 27. 2005. Band 3: „Zweiter Abschnitt: Dasein und Zeitlichkeit" § 28-§ 44. 2008.
Alle Bände Vittorio Klostermann Frankfurt a.M.

v. Herrmann, F.-W.: *Hermeneutik und Reflexion. Der Begriff der Phänomenologie bei Heidegger und Husserl.*
Vittorio Klostermann Frankfurt a.M. 2000.

v. Herrmann, F.-W.: *Subjekt und Dasein. Grundbegriffe von „Sein und Zeit"*.4. Auflage, 2004.
Vittorio Klostermann Frankfurt a.M.

v. Herrmann, F.-W.: *Heideggers „Die Grundprobleme der Phänomenologie". Zur „Zweiten Hälfte" von „Sein und Zeit".*
Vittorio Klostermann Frankfurt a.M. 1991.

## *III. FREIBURGER DISSERTATIONEN ZUM SEINSGESCHICHTLICHEN UND ZUM FUNDAMENTALONTOLOGISCHEN DENKEN MARTIN HEIDEGGERS*

Coriando, Paola-Ludovica: *Der letzte Gott als Anfang. Zur abgründigen Zeit-Räumlichkeit des Übergangs in Heideggers „Beiträgen zur Philosophie (Vom Ereignis)".*
Wilhelm Fink Verlag München 1998.

Augsberg, Ino: *„Wiederbringung des Seienden". Zur ontologischen Differenz im seinsgeschichtlichen Denken Martin Heideggers.*
Wilhelm Fink Verlag München 2003.

Neu, Daniela: *Die Notwendigkeit der Gründung im Zeitalter der Dekonstruktion.*
*Zur Gründung in Heideggers „Beiträgen zur Philosophie" unter Hinzuziehung der Derrida'schen Dekonstruktion.*
Philosophische Schriften Bd. 20. Duncker & Humblot Berlin 1997.

Gedinat, Jürgen: *Werk oder Produkt. Zur Frage nach dem Seienden der Kunst.*
Philosophische Schriften Bd. 25. Duncker & Humblot Berlin 1997.

Kalariparambil, Tomy S.: *Das befindliche Verstehen und die Seinsfrage.*
Philosophische Schriften Bd. 29. Duncker & Humblot Berlin 1999.

Neumann, Günther: *Die phänomenologische Frage nach dem Ursprung der mathematisch-naturwissenschaftlichen Raumauffassung bei Husserl und Heidegger.*
Philosophische Schriften Bd. 32. Duncker & Humblot Berlin 1999.

Müller, Christian: *Der Tod als Wandlungsmitte. Zur Frage nach Entscheidung, Tod und letztem Gott in Heideggers „Beiträgen zur Philosophie“.*
Philosophische Schriften Bd. 38. Duncker & Humblot Berlin 1999.

Cheong, Eunhae: *Die Geschichtlichkeit des Menschen und die Geschichte des Seins.*
Philosophische Schriften Bd. 39. Duncker & Humblot Berlin 2000.

De Gennaro, Ivo: *Logos – Heidegger liest Heraklit.*
Philosophische Schriften Bd. 42. Duncker & Humblot 2001.

Knödler, Alfred: *Das Denken des Festes: Das Fest des Denkens. Heideggers seinsgeschichtliche Wesensbestimmung des Festes im Ausgang und Abstoß von der Tradition.*
Philosophische Schriften Bd. 44. Duncker & Humblot Berlin 2001.

Platte, Jürgen: *Die Konstellation des Übergangs. Technik und Würde bei Heidegger.*
Philosophische Schriften Bd. 55. Duncker & Humblot Berlin 2004.

Uscatescu Barrón, Jorge: *Die Grundartikulation des Seins. Eine Untersuchung auf dem Boden der Fundamentalontologie Martin Heideggers.*
Epistemata – Reihe Philosophie Bd. 104. Königshausen & Neumann Würzburg 1992.

McDonald, Peter: *Daseinsanalytik und Grundfrage. Zur Einheit und Ganzheit von Heideggers „Sein und Zeit“.*
Epistemata – Reihe Philosophie Bd. 195. Königshausen & Neumann Würzburg 1997.

Rodríguez, Augustín: *Wahrheit und Befindlichkeit in der Fundamentalontologie.*
Epistemata – Reihe Philosophie Bd. 332. Königshausen & Neumann Würzburg 2003.

Michalski, Mark: Fremdwahrnehmung und Mitsein. Zur Grundlegung der Sozialphilosophie im Denken Max Schelers und Martin Heideggers. Bouvier Verlag Bonn 1997.

Minca, Bogdan: *Poiesis. Zu Martin Heideggers Interpretationen der aristotelischen Philosophie.*
Epistemata – Reihe Philosophie Bd. 411. Königshausen & Neumann Würzburg 2006.

Mahoney, Barbara: *Denken als Gelassenheit.*
Dissertationsdruck Freiburg i.Br. 1993.

Lambrou, Athanassios: *Von der Umkehr in die Herkunft der Kunst. Zu einer neuen Wesensbestimmung der Kunst im Horizont der Frage nach der Technik.*
Reihe Philosophie Bd. 440. Peter Lang Frankfurt a.M. 1994.

Knapp, Natalie: *Herz – Raum – Geschehen im Augenblick. Erfahrungen mit dem Wesen des Menschen in der Begegnung von Dichten und Denken (Heidegger – Derrida – Rilke)* .
Verlag Neue Wissenschaft Frankfurt a.M. 2001.

Kazmierski, Sergiusz: *Die Anaximanderauslegung Heideggers und der Anfang des abendländischen Denkens.*
Studia Classica et Mediaevalia 3. Verlag T. Bantz Nordhausen 2011.

# Personenregister

# Sachregister